U0908116

百科學術文庫

百科全书编纂纵横

黄鸿森 著

中国大百科全书出版社

图书在版编目（CIP 数据）

百科全书编纂纵横 / 黄鸿森著 . —北京：中国大百科全书出版社，2020.5

（百科学术文库）

ISBN 978-7-5202-0735-5

Ⅰ . ①百… Ⅱ . ①黄… Ⅲ . ①百科全书－编辑学 Ⅳ . ① G237.4

中国版本图书馆 CIP 数据核字（2020）第 059602 号

策 划 人 杨牧之
责任编辑 张若楷
责任校对 窦红娟
责任印制 李　鹏
出版发行 中国大百科全书出版社
地　　址 北京市阜成门北大街 17 号　　邮政编码　100037
电　　话 010-88390625
网　　址 http://www.ecph.com.cn
印　　刷 北京汇瑞嘉合文化发展有限公司
开　　本 710 毫米 ×1000 毫米　1/16
印　　张 25.25
印　　次 2020 年 5 月第 1 版　2020 年 5 月第 1 次印刷
书　　号 ISBN 978-7-5202-0735-5
定　　价 95.00 元

本书如有印装质量问题，可与出版社联系调换。

《百科学术文库》编委会

主　　编：杨牧之

副 主 编：刘国辉　刘晓东

　　　　　刘　杭　朱杰军

执行编辑：张若楷　王　丽

总　序

杨牧之

《百科学术文库》是关于百科全书编纂的理论与实践的学术性、知识性、资料性文库。其编纂宗旨在于收集和整理有关百科全书编纂的文章和著作，特别是围绕《中国大百科全书》编纂的文章和著作，从理论与实践的结合上探讨百科全书的编纂理论，总结百科全书的编纂经验，同时进一步探讨在数字化网络化条件下百科全书的编纂模式和编纂规律，为实现百科全书从传统到现代的转型做出贡献。

资料的收集和整理是学术研究的初步和基础，也是木文库的主要任务。

作为后学，我在阅读前贤著作的过程中，得到如同耳提面命般的教益。关于百科全书的渊源，似可从中西两方面去谈。一般认为，西方百科全书式的书籍始于公元前 4 世纪前后的古代希腊。之后，百科全书大体上经历了三个阶段：以教科书为基本性质的古代百科全书，以教育作用为主、兼顾查检功用的中世纪百科全书和以工具书作用为主的近现代百科全书。这样三个演变阶段，前后大约经过了 2000 多年。在这 2000 多年的发展过程中，西方出现过林林总总的百科全书，但直到 1772 年以狄德罗为首的百科全书派编纂的法国百科全书（《百科全书，或科学、艺术与手工艺大词典》）28 卷出齐，才从根本意义上奠定了现代百科全书的基石，被公认为百科全书编纂史上的重要里程碑，而狄德罗则被誉为现代百科全书的奠基人。在此同时及之后，世界上著名的百科全书陆续出版。如代表了西方知识体系的、历经250年编纂的《不列颠百科全书》（总共出版纸版15版），以及随后出版的《布罗克豪斯百科全书》《美国百科全书》《迈耶百科全书》《钱伯斯百科全书》《拉鲁斯百科全书》《苏联大百科全书》《俄罗斯大百科全书》等等，形成了一个庞大的丰富多彩的西方百科全书大家族。说到中国的百科全书，在漫长的古代历史中，也出现过许许多多百科全书性质的类书。世界著名的《不列颠百科全书》就认为中国古代类书已具有百科全书性质；认为中国第一部类书《皇览》成于三国时期，即公元220年前后，至今有一千七八百年历史了；还认为明初《永乐大典》“是有史以来世界上最大的百科全书”。不过，从严格的百科全书概念去衡量，应该说，直到20世纪80年代《中国大百科全书》编纂之前，中国一直没有真正意义上的现代百科全书出现。20世纪的最后20年，是中国现代百科全书的创世纪。从那时开始到现在40年过去，《中国大百科全书》第一版、第二版先后问世，伴随其间的是各种类型的百科全书百花齐放、硕果累累。进入21世纪的最初20年，《中国大百科全书》第三版则开启了中国网络百科全书的崭新时代。从事第三版策划、编纂的同志们接过一版、二版专家学者和编辑们开创的现代百科事业大旗，积极探索，继续前进。

回望百科全书编纂发展的漫长过程，我们似乎看到，不同时代不同国家的百科编纂者，一直不屈不挠地探索百科全书编纂的奥秘，积累了丰富的经验，给我们留下了厚重而又宝贵的百科全书编纂的财富，等待着我们去叩门，去发掘，去继承。

2011年末，《中国大百科全书》第三版经国务院批准正式立项。一个新的追求与探索的征程开始了。

《中国大百科全书》第二版编纂完成，筹划进行编纂第三版的时候，中央领导明确指出要不断前进，不断创新，特别提出“传播力决定影响力”的观点，要求我们改进传播方式，不但要搞纸质版，还要数字化，搞网络版，要跟上世界的潮流。特别要提出的是，在文化出版领域，《中国大百科全书》第三版这样的项目，可以说是近10年仅有的一个由国务院立项的工程。这个工程是中办和国办印发的《国家“十三五”时期文化发展改革规划纲要》中仅有的三个“国家重大出版工程”之一，而且是名列第一位的工程。可见，党中央国务院对这项工程的重视和期待。

2017年，第一次在中国科学院的科学网上披露三版编纂工作情况，迅即引起海内外媒体的广泛关注。国内的《参考消息》《中国新闻出版广电报》《中华读书报》《环球时报》《南华早报》（香港），国外的美联社北京分社、新加坡的《联合早报》、英国的BBC、《新西兰先驱报》等纷纷发表消息和评论，可见世界对中国编制新一版“中国大百科全书”的特别关注。

在这样一个幸运、兴奋与艰难前行、苦苦探索相交织的过程中，我们越来越明显地感受到，总结世界各国百科全书编纂经验，尤其是中国百科全书40年来的编纂经验，对探索百科全书编纂理论，对编纂一部高质量高水平的百科全书是多么必要；在实际的编纂实践中，我们越来越清晰地认识到，集中、全面、深度地整理与描写百科全书的编纂理论和实践，是百科全书编纂研究的基础性工作，此项工作不到位，继承和发展百科全书编纂理论就缺少材料基础。为此，2018年下半年，我们开始了《百科学术文库》的选题设计和基本资料的收集整理工作。在将近一年的编选过程中，我们感觉百科全书编纂研究需要补做两个基础性的工作：一是摸清百科全书编纂研究的理论家底，梳理出符合中国特色的百科全书编纂理论体系；二是在百科全书编纂人才的培养方面，需要有一套实用的百科全书编纂指导工具书，以帮助新的百科人从中提炼出适用的编纂理论和编纂方法，对百科全书的编纂工作起导向和指引作用。这是《百科学术文库》的目的和任务，也是《百科学术文库》的价值和意义所在。

百科全书的编纂是一项实践性很强的规模巨大的系统工程，这决定了百科全书编纂研究也是一项繁复的学术研究工程。百科全书作为一种包括一切门类知识或全面介绍某一门类知识的工具书，如何汇集人类知识并对之作出明白易懂的叙述，中外百科人进行了长期地探索，不同类型、不同系列的百科全书性质不同、作用不同，编纂方法也不同。百科全书与普通图书、与字典词典、与年鉴志书、与教材专著等等，异同何在？无论什么类型、什么系列的百科全书都有一个从总体设计开始的编纂过程，都必须经过确定编纂方针、制订编写体例，设计框架（知识分类）、选收条目，组织作者、统一撰稿，培训编辑、审稿加工，专项核实、统编成书，维护更新、修订再版、版权保护等等繁复细致的编纂流程。进入网络化时代，则让百科全书的面貌焕然一新，出现了知识传承的更多可能。这其中的每一个环节和变化，都是百科全书编纂研究的对象。古今百科全书编纂的演变，中外百科全书编纂的异同，未来百科全书编纂发展的趋势，也都是百科全书编纂研究的课题。

如上所述，《百科学术文库》的编选和出版是中国百科全书编纂研究最为初步的工作，我们希望以此构筑百科全书编纂研究的基础。为此，文库遴选了20世纪末中国第一代百科人筚路蓝缕，在编纂《中国大百科全书》第一版，填补中国百科全书空白，铸造中国文化丰碑的过程中留下来的艰辛探索和编纂实践的宝贵论著；同时也遴选了21世纪最初10年中国第二代百科人继往开来，编纂《中国大百科全书》第二版，与世界百科全书编纂模式接轨，再造中华文化丰碑的研究成果；此外，还将遴选国内外关于各类百科全书的编纂理论和实践的研究成果，并希望由此伴随《中国大百科全书》第三版网络版和纸质版的编纂，收获到数字化网络化条件下百科全书编纂理论和编纂实践的新发现、新理论和新成果，以推进中国百科全书编纂研究的发展。

《百科学术文库》将分批陆续出版，计划每种（册）大体30万字。目前第一批陆续出版的有：姜椿芳先生的百科全书文集《〈中国大百科全书〉的编纂缘起与研究》，金常政先生的《百科全书编纂学》，黄鸿森先生的《百科全书编纂纵横》，孙关龙先生的《百科全书编纂是一门学问》，胡人瑞先生的《百科全书编纂研究》，军事科学院军事百科全书研究室编纂的《军事百科编纂概论》，以及文库编委会编辑的《马克思 恩格斯 列宁与百科全书》等。此后，将视资料收集整理和作者的写作情况陆续推出。

由于文库所收的文章和著作时间跨度很大，在整理编辑过程中，我们大致掌握以下几个原则：一是所收文章和著作，尽量保持原貌，各卷的结构不作硬性统一；对不同作者的语言文字习惯，给予最大程度的尊重。二是所收文章和著作，除作者已去世外，皆请原编著者编选过目和订正，并选用较为完备的底本，或经作者修订的新本。三是所收文章和著作，皆保留原文或原著的注释。四是所收文章皆保留或注明文章原始出处和发表日期，以便读者查阅。

为了做好本文库的编纂出版工作，我们组建了“百科学术文库编辑委员会”。在收集整理和编辑出版过程中，编委会同仁做了大量艰苦细致的工作，调研、访谈、核对、校勘、版权和文字编辑、排版，不敢有丝毫怠慢。我们希望文库的出版能发挥它应有的作用，达到我们的目的，实现我们的初心。

由于《百科学术文库》编纂出版的工程规划追求完美，所收文章和著作力求有用，诚请各位专家、学者惠予支持，热情荐稿。在编选整理过程中，疏漏或不妥之处恐也难免，敬请读者批评指正。

2019 年 7 月 10 日

黄鸿森

黄鸿森　1921年生。浙江瑞安人。中国大百科全书出版社编审。《现代汉语词典》特约审读员，《剑桥百科全书》编译委员会顾问，《辞书研究》特约撰稿人，《新闻出版报》《中华新闻报》专栏撰稿人。著有《百科全书编纂求索》《回顾和前瞻——百科全书编纂思考》《当代辞书过眼录》《报海拾误录》《报刊纠错例说》《文章病案》；译有《世界通史》《近代史》《神话辞典》《古巴地理》《圣西门学说释义》等十余种。获得国务院授予的政府特殊津贴，中国辞书学会授予的辞书事业终身成就奖，中国出版集团授予的首批编辑名家称号。

目　　录

建言篇

审读篇

拾零篇

卷首

金玉渊海之书

——关于《中国大百科全书》

世纪将终，回眸百年，有许多可记可述之事。要问中国在20世纪最宏大、最辉煌的出版工程是什么？那就是《中国大百科全书》（以下简称《全书》）。

这部书是全国两万多位著名专家学者参与，历时15年（1978～1993年）编纂而成的。它的特点可用大、全、精、新四字概括。

大。这部书名为“中国大百科全书”。它的“大”，是名副其实的，74卷，1.3亿字。厚度近4米，可装满一个书橱。论篇幅，在当今世界百科全书之林中，也是数一数二的，仅次于西班牙的《插图欧美大百科全书》（不断补卷，已超过百卷）。中国古代的类书如明代的《永乐大典》3.7亿字，清代的《古今图书集成》1.6亿字，诚然都是卷帙浩繁的巨大工程。不过类书是辑录古籍，分门别类“编”成的，百科全书则是归纳各种知识，融会贯通，一字一句“写”成的，难度自然大得多。

全。百科全书之“全”，并非巨细不遗，涓埃必纳，而是覆盖人类的全面知识。《全书》囊括了哲学、社会科学、人文科学、文学艺术、文化教育、自然科学、应用技术方面的66个学科，而成为集古纳今、博大浩瀚的知识总汇。

精。《全书》之“精”在于它的条目释文都是浓缩的知识，有很高的含金量。大量条目的主题可以写成一部以至多部著作，经过专家的概括，压缩成千字上下以至万字左右的释文。从事撰稿工作的是我们时代的精英，当时中国科学院400位院士，有84%参加了《全书》工作。“几何”条是苏步青教授写的，“力学”条是钱伟长教授写的，“导弹”

条是钱学森教授写的，“佛教”条是赵朴初先生写的，“语言和语言研究”一文是吕叔湘教授写的，“罗摩衍那”条是季羡林教授写的，等等。这些精品体现了《全书》无可置疑的权威性。这些一代宗师不仅自己撰写条目，而且主持了有关学科的编纂，审改稿件，指导写作。

新。《全书》遵循既重视基础又重视前沿的编辑方针。重视前沿，就要汇集当代最新的科学技术知识和人文科学的研究成果。在科技前沿方面，《全书》着重介绍了高分子合成、原子能、电子计算机、半导体、激光、航天等方面的系统知识，表现出《全书》的时代性。百科全书不同于科技情报，侧重点仍然是关于前沿的基本理论和基础知识。

还应该提到，《全书》是分类分卷出版的并具有中国特色。

当今世界主要的百科全书大都采取统一字顺编排的方式，而《中国大百科全书》则采取分类分卷方式出版。数、理、化，天、地、生，农、工、医，文、史、哲，政、法、经，剧、美、音及其他学科和知识门类各自单独编成一卷或数卷出版，其中的“工”还细分为机械、冶金、化工、电工、纺织等卷出版。这样做的好处是能够迅速出书，在“辞书荒”的80年代充分满足了社会需求，也适应我国知识界多数人的购买力水平，而且充分发挥了百科全书的教育功能，如《法学》卷就发行50多万册。

世界上主要的百科全书中关于中国的内容都是比较单薄的，我们自己编纂的百科全书就不同了。除了在兼跨中外的学科卷实事求是地介绍中国的事物外，还编了纯中国内容的8卷书：《中国历史》（3卷）、《中国文学》（2卷）、《中国地理》（1卷）、《戏曲·曲艺》（1卷）、《中国传统医学》（1卷）。这样既便于国人认识自己的祖国，也有利于让世界了解中国。当然也有纯属外国内容的学科卷，如《外国历史》（2卷）。

我们的先人希望编出中国自己的百科全书已有百年之久。国人最早提到“百科全书”之名的是康有为著《日本书目志》，康氏称百科全书为“金玉渊海”之书，其时间不晚于 1897 年。海外百科全书传入中国后，有编纂类书（古代类型的百科全书）传统的中国的知识分子为之心动，从 20 世纪初开始就试作编纂，几经努力，均未成功。著名出版家王云五先生就是其中一位。1975 年，他已年近九旬，在《中山自然科学大辞典》序言中十分伤感地说：“半个世纪来余两度主编综合性之百科大辞典（指百科全书——引者），均功败垂成，乃退而编纂专科大辞典。”

50 年代初，出版总署胡愈之署长就倡议编百科全书，1956 年还列入科学发展 12 年规划，都未能付诸实施。原因何在？在于缺少一个太平盛世。20 世纪上半叶战火连绵，社会动荡；50 年代开始，运动频仍，人心不安。编纂百科全书所需要的安定的社会环境，饱学之士的聚集，必要的物质保障，广阔的图书市场，都是那些年代所没有的。

盛世修典，此言不虚。《中国大百科全书》这座中华文化丰碑终于在 20 世纪 90 年代巍然屹立于世界百科之林，为我们先贤圆了百年之梦。

（原载《北京日报》1999 年 8 月 4 日）

求 索 篇

百科全书的条目标题

百科全书的条目标题又叫条头，是条目内容的概括。条目标题的拟定，也就是条头设计，是百科全书编纂过程中的一个重要步骤。编纂百科全书在编辑方针确定后，就要制定框架。这个过程分两步：第一步是设置条目，就是根据知识的分类、科学的发展和检索的需要选定适当的事物作为条目的内容；第二步是设计条头，就是根据条目的内容用适当的词语标引出来。同样的内容在不同出版物中标题的表达方式是不同的。例如关于高血压病问题，在《十万个为什么》中设计的标题可以是“血压为什么会‘高’？”“为什么有的人血压会时高时低？”等。在百科全书中只须设立一个“高血压病”的条目，病因、症状、治疗方法等都可以在条目释文中作系统阐述。条头设计得当与否，不但会影响到作者的撰写，编辑的加工，尤其会影响到读者的使用。本文侧重谈条目标题的用词、构词问题。

条目标题的特点

百科全书的条目标题同一般知识性辞书的条目标题大致相似，主要有下述一些特点。

名词性　百科全书条目标题必须是名词和名词性词组。包括：①纯粹的名词，如“细胞”“太阳”“共产主义”；②名词化的动词，如“继承”（法学用语）、“消化”（生物用语）；③偏正词组，如“师范教育”“恒星的起源”；④联合词组，如“本质和现象”“同源和同功”（生物用语）；⑤偏正加联合词组，如“公民基本权利和义务”“热带和亚热带果树”；⑥结构较复杂但已凝成为成语或术语，如“兄终弟及”“告诉乃论”。“兄终弟及”为商代一种王位继承制度，已成为固定的成语；“告诉乃论”是法学用语，《中华人民共和国刑法》第 179 条的措词是“告诉的才处理”。这两个术语不妨作为一个词看待。

《中国大百科全书》某些卷在制定框架过程中曾出现一些非名词结构的条目标题，如“利用自然力”，这是个动宾结构。动宾结构也有作为条目标题的，那只限于已经名词化了的，如《生物学》卷的“授乳”“结果”，《法学》卷的“恤刑”。“利用自然力”则不是这种情况。还有更复杂的条目标题，如“从固体废物中回收能源”“重证据，不轻信口供”，前者是介词结构状语加动宾结构，后者是个复合命令句。

这些非名词结构是不能作为百科全书条目标题的。其原因有三：

第一，是因为不符合知识性辞书的要求。知识性辞书只收名词性的条目。《简明哲学辞典》有形容词“心智的”这样一个条目，因为它是一个唯心主义哲学用语，所以收了。这种情况是个别的。语言性辞书例如《现代汉语词典》则兼收动词、形容词、副词、数词、介词、助词等等，但只收单词，不收词组，即使收了词组和句子，如“套交情”“丁是丁，卯是卯”之类，都限于熟语。百科全书条头所要求回答的首先是一个“什么”（what），释文开头部分所解答的就是这个“什么”，至于回答其他几个 W——“什么时候”（when）、“什么地方”（where）、“什么情况”（how）和“什么原因”（why），则是释文展开部分的任务。这就决定了条目标题是名词性的。

第二，是因为非名词结构语词，组合很不稳定。名词是凝固的，不能扩展，中间不能插入别的成分，短的如“恒星”，长的如“同步稳向回旋加速器”都是如此。而“利用自然力”则可拆开加词变成“利用强大的自然力”“利用……自然力”，等等。至于句子就更不稳定了。

第三，是因为查阅寻检不便，也就是缺乏检索性。下面就来讨论条目标题的第二个特点——检索性。

检索性 百科全书包罗万象，卷帙浩繁，能够从头至尾通读全书的人固属少数，《中国大百科全书》分学科出版，耐心看完全卷的也不会很多。广大读者是把百科全书作为工具书使用，所以要充分考虑条目的检索性。

所谓“检索性”有两层意思：一是这个主题或概念能不能构成被检索的对象，如果这一点没有问题，那就要考虑到第二层意思，即设计的条头能不能被人想到是表示这个主题或概念的。

我们常说某一条目标题缺乏检索性，不好查，这样说往往出于直觉。不过这种直觉是可以进行分解的。文字学家周有光先生在《百科知识》1981年第5期发表的《“知识爆炸”和“大海捞针”》一文认为《中国大百科全书·天文学》卷的“路路通”的索引方法是我国索引技术的创举。他说的“路路通”指的是《中国大百科全书·天文学》有六条道路可以检索：“条目分类目录”——分类索引；“条目汉字笔画索引”——笔形索引；“条目外文索引”——罗马字母索引；“内容分析索引”——主题索引；“正文”——音序索引；此外还有“外国人名对照表”。“路路通”可以作为检验条目标题是否便于检索的标准。那些非名词结构的条头，可以说难以做到“路路通”的。

“从固体废物中回收能源”这个条头，在《环境科学》卷的“条目分类目录”中可以在“固体废物”这个类中试查。要是在“汉字笔画索引”或以音序排列的“内容分析索引”中查找，有一个先决条件，就是要知道条目名称是以什么字打头的。使用知识性辞书的读者是不习惯于这种介词结构开头的，即使想到了，还要猜测一番：是“从……中”，还是“在……中”，抑或“由……中”，大伤脑筋。头一字摸不准，音序、笔画、主题索引都无法查，“外国人名对照表”用不上，四条路不通了。至于外文，原译作“Energy recover from solid wastes”，对于通英文的读者首先想到的是solid wastes，而不去查energy，又一条路不通。六条路，只通一条。

“从固体废物中回收能源”这个条头尚可从其中的“固体废物”几个字找到可以检索的信息，而“利用自然力”连这一点信息也没有，很难判别属于哪个学科的用语。“路路通”变成路路不通。这种路路不通的条目，只能像“驿外断桥边”的梅花那样乏人问津，只好留待通读全书或者随便翻书的读者来光顾了。

检索性要求表达概念的条目标题在用语上的稳定。“导弹”“攀援植物”“中华人民共和国宪法”都是一字不可更易的，检索性就强。这说明检索性和稳定性的一致性。按照排列组合的规则，组成条头的词越少，组合变化也就越少，就越稳定。一个词只有一种排列法；两个词有两种排列法；三个词 $1\times2\times3=6$，有六种排列法；四个词以上，$1\times2\times3\cdots\times N=N!$ 排列法就更多了。当然，汉语名词中的词的排列法不会像数的排列法那样多。大体说来，条头用词越少，条头越短，就越稳定。各国百科全书关于条头设计都强调简明扼要，就是这个道理。下面来讨论条目标题的第三个特点——简明性。

简明性 怎样才算简明？书目文献出版社出版的《汉语主题词表》关于做检索用汉语主题词，提出以十个字以内为好。有的国家百科全书规定一般以二至三个词为度。两三个外语词译成汉语一般也不会超过十个字，可以说中外标准大致相似。

笔者对《不列颠百科全书》第 15 版简编（EB15）A 部和《苏联大百科全书》第 2 版（БСЭ2）Л 部各抽查了 500 条连续排列的条目，构成条目标题的词数如下表：

EB15条头组成统计

词数	1	2	3	4	5 以上	合计
条数	291	159	33	8	9	500
%	58.2	31.8	6.6	1.6	1.8	100

БСЭ2条头组成统计

词数	1	2	3	4	5 以上	合计
条数	294	162	34	6	4	500
%	53.8	32.4	6.8	1.2	0.8	100

从上表可以看出，这两家百科全书的条头组成非常接近。一个词的各占近 60%，两个词的各占 30% 强，两者合起来共占 90% 左右，可以说是简明的。把这些条目译成汉字，EB15 的 500 条中有两条，其中一条是一个印度哲学用语："难以想象的区别和没有区别"，БСЭ2 的 500 条中有四条，最长的是一个校名："阿尔汉格尔斯克古比雪夫林业技术学院"，可以说都是无法压缩的。要简明，对于有些概念来说，要进行归纳概括，下面就讨论条目标题的第四个特点——概括性。

概括性 所谓概括，在条目标题上有两方面的含义，一是把有共同点的下位概念归纳成含义更宽的上位概念；一是抓住主干，剪除骈枝，舍弃一些次要的东西。《世界经济》卷原拟框架中有"单独浮动汇率与联合浮动汇率"条目，后改为"浮动汇率"。这是因为：第一，原框架中没有"浮动汇率"条目，要讲"单独浮动汇率"还得从"浮动汇率"讲起。第二，"浮动汇率"这个概念较为常见，而"单独浮动汇率""联合浮动汇率"则较专门。第三，一般读者利用辞书的习惯方法是，当查检下位概念无着时，就会去查上位概念。查检"单独浮动汇率""联合浮动汇率"的读者，如果发现百科全书中没有这些条目，自然会去查"浮动汇率"，正如同在《辞海》中找不到"西柏林"这个条目，自然会去查"柏林"条一样。反之，如果查"浮动汇率"无着，就很少可能去查"单独浮动汇率与联合浮动汇率"条了。

《环境科学》卷原拟框架中有讲无机物污染的条目，如"汞及汞化合物污染""镉及镉化合物污染"，等等。措词十分严密，但是不够简明。一个因汞污染而致病的患者送到医院，医生会诊断为"汞中毒"，而不会诊断为“汞化合物中毒”，尽管元素汞是基本无毒性的，致病的是由甲机汞引起的。因为汞化合物是汞的一种存在形式，所以把这些条目名称改为“汞污染”。另一条则改成“镉污染”。

概括要有一个限度。生物种属何止万千，层层概括上去，只成一条“生物”了。凡是具有独立性的常用基本概念，应该在百科全书的框架中保有地位。下面就讨论条目标题的第五个特点——单义性。

单义性 单义性就是尽可能一题一义，在语言性辞书中多义项是常见的现象。“打”字在《现代汉语词典》中有24个义项。知识性辞书也有多义项的，如“经线”在纺织工业中指织机上的直线，在大地测量中指连接南北极的子午线。《中国大百科全书》按学科分卷出版，这种一词多义的条目只能是个别的。这里所说的单义性，是指独立的概念，能自立门庭的，不归入大户或集体户去。概括性是避免过细，防止庞杂琐碎；单义性是避免过粗，防止含混笼统。何者宜合，何者宜分，必须慎重权衡。

第一，不能任意地把下位概念的并入上位概念。《数学》卷有些不等式，如“詹森不等式”“契比雪夫不等式”“马尔可夫不等式”等都是可以独立成条的。但是嫌它们释文短，也许是受到“中条目主义”思想的影响，一度打算并成一条“几个重要的不等式”。经过研究，这样一个模糊的概念，是没有检索性的。还是分开列条。

人物条目“聚族而言”，也须慎重。《天文学》卷的“斯特鲁维家族”介绍了六位天文学家，他们祖孙四辈，先后涉足俄、德、美三国，可是其中有两位在一些百科全书中难以查到。如果分别列条，论成就，这两位未必能跻身于《中国大百科全书》所列的天文学家之林。“祖冲之父子”合传，祖冲之之子祖暅便失去在条头露面的机会。如果认为祖暅的成就不够独立成条，而又不能不提，那么仍不妨在“祖冲之”这一条内把儿子的事迹写上几笔，做个索引。

第二，不能把不宜于并立的概念并立做条头。两个概念并立做条头，只有少数是必要的，如生物学的“遗传和变异”、天文学的“岁差和章动”，它们有密切的相互关联的关系。有的就没有必要了，如“阻尼材料和阻尼结构”。总的说来，这种“A+B”的结构要尽量减少。

第三，凡是可以归纳成单义的概念，不用复义的概念。《环境科学》卷的“植物对大气污染抗性和敏感性”，讲的是植物受到大气中污染物侵袭后，有的经受得住，表现出抗性；有的经受不住，表现出敏感性。“抗性”分三级，第一级为“抗性强”，第二级为“抗性中等”，第三级为“敏感”。可见，“敏感”只是“抗性”中的一个等级。这样就把条目名称改为“植物对大气污染的抗性”。

条目标题诸忌

拟定条目标题，下述几种情况是要避免的。

忌雷同　《中国大百科全书》是分学科出版的，有的条目标题在不同学科中出现，势不可免。“惯性参考系”“I. 牛顿”，在《天文学》《物理学》两卷中都有条目。《教育》卷在初拟框架中，一个分支条目表中有“奖赏”“惩罚”两个条目，另一分支有“奖励和惩罚”条目;《法学》卷初拟框架中既有“证据种类”条目，又有“证据的分类”条目。在调整框架中这些条目分别实行并条。

忌冗长　条目标题以简明为贵。《环境科学》卷曾经拟过一个条目标题：“废水处理的单元操作、单元过程、处理过程和处理系统”，不计标点共 22 字，缺乏概括，自不适宜。不过也不是见长就砍。《天文学》最长的标题“《关于托勒玫和哥白尼两大世界体系的对话》”是个书名，不宜删节。

忌戴帽　帽子往往是定语，起限制作用。有的非加不可，如“卫生经济学”不加“卫生”，成了“经济学”，词义就泛了。有的就可不必戴帽，如《园林学》中的“承德避暑山庄”就可不冠“承德”，同“颐和园”可以不冠“北京”一样。

忌水分　条目标题只那么几个字，含不得半点水分。《教育》卷原拟框架中有一条目叫作“适应学生个性特点因材施教原则”。因材施教，本身已含有“适应学生个性特点”的意思，因此就把这几个字删去了，成为“因材施教原则”。

忌附件　有的条目标题往往有个尾巴。《环境科学》卷原拟框架中有一条叫“生物学富集及富集系数”。这里的“富集系数”只是生物学富集的一项内容，它可以在释文中阐述而不必上条头。这个标题后来改为“生物富集”（并删去“学”字）。

忌空格　有的卷条目标题留有空格。如“一 人 永 占”，查到“李玉”条推知是《一捧雪》《人兽关》《永团圆》《占花魁》四个戏的简称。这种表达形式是无法在释文中出现的。旧式书信或公文中遇到对方名称为表示尊敬而有另起一行或空一格的规矩。除此以外，行文中是不空格的。至于用汉语拼音写东西则是另一码事。

忌混合　把不同范畴的概念合在一起设条，大多是不适宜的。《教育》卷曾经拟过一个条目标题：“知识、智力、能力”。这样就使“智力”“能力”隐在屏风后面，不易找到。经过讨论，“智力”“能力”都设立专条，而把“知识”并入他条。

忌俚语　《中国大百科全书》要求用规范化的现代汉语。凡是过小范围内使用的行话，是不宜做条头的。《戏曲•曲艺》卷初拟框架中曾经有过“缺腿”条，后来删去了。

忌标点　条目标题中含有顿号和逗号会在参见系统的安排上造成困难。例如《矿冶》卷有一条目“中国古代采矿、选矿技术”，如果别的条目释文要参见这个条目，写上“见中国古代采矿、选矿技术”（这在《中国大百科全书》中要排楷体字），就很难判别是参见一条还是参见两条。如果去掉这个顿号，就可省却误会了。

拟定条目标题所受的几种影响

《中国大百科全书》一些学科卷在制定框架中所拟的条目标题之所以不能适应百科全书的要求，可能是受到以下几个方面的影响。

第一，受一般书报杂志的影响。书报杂志上的书名和文章题目从语言形式说是相当自由的。它可以是各种词：名词（如《北京人》《家》）、动词（如《追求》《毁灭》）、形容词（如《被侮辱和被损害的》）；可以是各种词组：动宾结构（如《论人民民主专政》）、主谓结构（如《“猪仔”出洋》）、偏正结构（如《当代英雄》）、联合结构（如《李白和杜甫》）；可以是各种句子：描述句（如《地质科学孕育着新的飞跃》）、疑问句（《怎么办？》），等等。耳濡目染，不能不对百科全书的条目标题发生影响。

第二，受教科书的影响。百科全书和教科书不同之处在于：百科全书是工具书，主要供阅读检索之用；教科书主要供教学用，供学生从第一章读到最后一章。百科全书按音序排列，上一条和下一条有时风马牛不相及，而教科书的上一章和下一章、上一节和下一节是紧紧衔接的。我们提笔起草体系井然、层次分明的框架，无意中会把它当作教科书的目录了，也就出现教科书章节标题式的标题。

第三，受行政工作的影响。《中国大百科全书》有的卷编纂时，因为借重于有关行政部门，这也会在条目标题上留下痕迹。某卷出现过“干部福利”“油料勤务”这种条头，可能是因为行政机构有这些部门，打算写个条目使这些单位的工作有所遵循。

编纂百科全书的过程中，拟框架、定条目是一项相当复杂的任务，是不可能一蹴而就的。几乎没有例外，《中国大百科全书》的每个学科卷对于框架都是一再修订，几番易稿，可以说整个编辑过程就是条目标题的修订过程，从不完善逐步走向完善。

1981年5月初稿

1985年11月修改

（原载《辞书研究》1986年第3期）

百科全书条目的定义和定性叙述

从“太阳”条的定义谈起

古往今来，人们对于太阳的说明、解释是很多的。幼儿园老师答复小朋友的询问时说：“太阳是个大火球。”科普作家写道：“太阳是一团运动着的炽热的气体。”在热情诗人笔下则是：“啊，太阳！您是万物的主宰，光和热的源泉！”这些说法都没有错，但不能说是科学的定义。

中国古代著作家对太阳也作过解说。《淮南子•天文训》说：“日者，阳之主也。”东汉科学家张衡说：“日者，太阳之精也。”都是从阴阳的概念出发作出解释的。《晋书•天文志》说：“日为太阳之精，主生养恩德，人君之象也。”进一步用自然界事物类比社会事物，颂扬封建君主。

《中国大百科全书•天文学》卷“太阳”条初稿的定义是：

> 太阳是一颗普通的恒星，九大行星和太阳系的一些天体围绕它运动。

这种先泛说后作具体解说的下定义方式是可以的，不乏例子。不过后半句只说明“九大行星和太阳系的一些天体”在运动时同太阳的关系，未能明确指明太阳是什么，感到不够完备。

不妨看一下国内外一些工具书关于太阳的定义。《辞海》是这样的：

> 太阳系的中心天体。是一颗恒星。

《不列颠百科全书》第15版“太阳”条的定义是：

太阳系的主宰天体，太阳是离地球最近的恒星，同地球的距离光要走8分钟（9300万英里）。

《美国百科全书》的定义是：

太阳系中居支配地位的中心天体。

《苏联大百科全书》第三版“太阳”条的定义是：

太阳系的中心天体，炽烈燃烧的火球；离地球最近的恒星。

以上四例，都有“太阳系的中心天体”一语。我们把这几个字补充到我们的“太阳”条定义中去了。这不是随大流，而是因为它用简洁的语言说明了太阳的特性。

下定义的方法

要给一个概念下定义，首先要具备知识，也就是了解这个概念所反映的事物。

逻辑学家们写逻辑学著作往往先讲概念，总是谈到如何给概念下定义。他们指出下定义的方法一般是属概念（母类概念）加种差（子类差）。列为公式就是：

被定义概念=种差+邻近的属概念。

式中的“被定义概念”不用说明；“种差”就是被定义概念跟与之并列的其他概念的差别；“邻近的属概念”就是比被定义概念大一级的概念。

举“人是会制造和使用劳动工具的动物”这个定义为例。“被定义概念”是“人”；“种差”是“会制造和使用劳动工具”（这是其他动物所不具有的能力，表示人同其他动物的差别）；“邻近的属概念”是“动物”（如同生物学分类法一样，属大于种）。“生物”虽然也是大于“人”的概念，但不是“邻近的属概念”。生物—动物—人，中间是隔档的。当然上面这个关于“人”的定义是从社会观点出发的，而不是从生物学观点出发的。按照生物分类法，动物和人之间还有一些层次：

动物界—脊索动物门—脊椎动物亚门—哺乳纲—灵长目—狭鼻亚目—人科—人属—现代人。

《天文学》卷有些条目的定义是下得很好的。例如《百科知识》1979 年第 2 期发表的戴文赛先生的遗作“太阳系”的定义：

> 由太阳、行星及其卫星、小行星、彗星、流星体以及星际物质构成的天体系统。

又如王绶琯先生撰写的“射电天文学”的定义：

> 通过接收天体的无线电波来研究天文现象的一门学科。

这两条定义就内容说是满足了对于定义的两项要求：（一）说明了被定义概念所指事物的性质；（二）把被定义概念所指事物与其他事物区别开来。就形式说，语言简洁，结构紧凑。看了前一条定义，知道指的是太阳系，而不是银河系、地月系之类；看了后一条定义，知道指的是射电天文学，而不是空间天文学、球面天文学或其他。

两位天文学家未必事先商量过怎样给各自撰写的条目下定义，也不大可能按照逻辑学上关于定义的公式下定义，可是他们所下的定义却同上述公式完全一致，这是思维的逻辑性决定的。

上面所说的是从概念的内涵下定义。还有一种方法叫作“发生定义”，是从被定义的概念是怎样产生的、形成的角度来下定义。例如，有人这样给“日食”下定义：

> 月球运行到地球和太阳的中间时太阳光被月球挡住而引起的天文现象。

发生定义也有种差，也有邻近的属概念，这是与内涵定义相似的地方。

下定义中的一些问题

逻辑学家给下定义定了四条必须注意的规矩：

第一，被定义概念的外延和定义概念的外延必须相等，不能过宽或过窄。“正方形是四个角的几何图形”就失之过宽，因为属于四个角的几何图形还有平行四边形、菱形，等等。“天文学是研究天体运动的科学”就失之过窄。

第二，定义不能是否定的。“词缀是既非词干，也非词尾的一种词素”，这不合定义要求。因为它没有说明词缀是什么。

第三，定义不能是一个比喻。“教师是辛勤的园丁”，这个比喻很生动、很形象，可是不能作为定义。

第四，定义不能同语反复。“奇点”定义为“时空度规 gur 中的奇点”，就有这个同语反复的缺陷。

就接触到的条目来说，多数定义符合下定义的规矩，但是也有某些定义还存在另外一些问题。

出场较晚 定义应该是开宗明义的。一般说来，释文要从定义开始，可是有些条目不是这样，例如“临边昏暗”条初稿的开头是：

> 对太阳进行大量的白光观测和单色观测（波长从紫外一直到红外）都表明：太阳圆面上各点的亮度各不相同，日面中心最亮，从日面中心向日面边缘逐渐变暗。也就是：太阳圆面上各点出射的总辐射强度 I（θ）和单色辐射强度 I_λ（θ）从日面中心（θ=0）向边缘（$\theta\to\pi/2$）逐渐减少，这就是太阳圆面的临边昏暗。

修改后的开头是：

> 太阳圆面的亮度从日面中心向日面边缘逐渐变暗的现象。对太阳进行大量的白光观测和单色光观测（波长从紫外一直到红外）表明：太阳圆面上各点出射的总辐射强度和单色辐射强度从日面中心向边缘逐渐减少。

离开实际 “冕洞”条的定义是：

> 在X射线（或远紫外线）的日冕照片上，有一些比周围背景暗得多的区域称为冕洞。它是日冕中辐射很弱的区域。

这个定义值得商榷的地方是：没有从条目概念所反映的事实出发。冕洞是客观存在，而不是存在于照片上。如果说因为它只有借助于X射线才能看到，所以要强调观测手段，那么在海王星一条的定义中也得加上“借助于望远镜”之类的字样。显然，这是不必要的。一般说来，观测手段可以放到下文去讲。初步修改后的定义是：

日冕中一些辐射很弱、亮度比周围低得多的区域，从X射线或远紫外线的日冕照片上都可以看到。

用语矛盾 “日冕”条初稿的释文开头是：

由太阳边缘向外延伸到几个太阳半径$R_{\odot}$处的太阳大气最外层。分内冕和外冕。内冕只延伸到离太阳表面约$0.3R_{\odot}$处，外冕则可达到好多个$R_{\odot}$以外……

这条定义就形式说是符合定义公式的，而就内容说有值得商榷的地方是：（1）定义中引进的概数值（几个$R_{\odot}$）和下文中的概数值（好多个$R_{\odot}$）重复而且有矛盾。整个日冕的延伸度才“几个$R_{\odot}$”，而其中的外冕延伸度却有“好多个$R_{\odot}$”。我们知道一般用法“几个”是10以内的，而“好多个”则可以超出“10”的（试比较“开会来了几个人”，“开会来了好多人”。后者甚至可以超出百数）。（2）太阳大气一共分为3层（从内到外：光球、色球、日冕），外层就不必“最”了。（3）既然是“太阳大气”的外层，其延伸的起始界就不能是“太阳边缘”，而只能是太阳大气的中层——色球的边缘。初步修改后的释文开头是：

太阳大气的外层，从色球边缘向外延伸到几个太阳半径（$R_{\odot}$）处。分内冕和外冕。内冕只延伸到离太阳表面约$0.3R_{\odot}$处，外冕则可达几个$R_{\odot}$。

附带说说定义中是否要引进数据的问题。我们以为除了用数字才能把该事物与他事物区别开来以外（如“复韵母是由2个或3个元音构成的韵母”），一般可不引进数据。

未写定义 有的学者写惯了文章，对辞书条目往往也用一般的开篇法而不写定义。“潮汐”条初稿是这样开头的：

在滨海的地方，海水每日涨落各二次或一次的现象，很早就有人知道是和月亮有关的。汉代哲学家王充（公元27～97）在他的《论衡》一书里已经提出“涛之起也，随月盛衰”，说明了月相变化与潮汐涨落的关系。在欧洲至17世纪牛顿才利用他的引力定律，正确地说明潮汐是月亮和太阳对于海水的吸引作用而引起的。

这是一段好文章，短短百余字，征古论今，内容丰富，写得引人入胜，可惜未下定义。因此在开头增写了一个定义：

因月球和太阳对地球各处引力不同所引起的水位、地壳、大气的周期性升降现象。

这条定义从潮汐的成因出发，写得完全符合“发生定义”的要求。

互不对应 “星族”条初稿的定义是：

银河系（以及任一河外星系）内大量天体的某种集合。这些天体在年龄、化学组成、空间分布和运动特性等方面十分接近。

这个定义不足之处，是被定义概念（星族）同定义概念（集合）不对应。下定义不仅要求两者意义相等，而且要求用语在词类上前后一致。如“银行是办理存款、放款、发行货币、公债等业务的金融机构。”其中的“银行”“金融机构”两者都是名词；又如“讽刺是用比喻、夸张等手法对于不良行为和愚蠢行为进行揭露或批评。”其中的被定义概念——讽刺是动名词，因此用动词——揭露、批评作为定义的中心词。“星族”是名词，定义落到“集合”这个动名词上是欠妥的。似可修改成：

银河系（以及任一河外星系）内大量天体按它们在年龄、化学组成、空间分布和运动等方面彼此接近的特点而划分成的星体群。

百科全书的“定性叙述”

一般辞书因为受到篇幅限制，对一个字、词、术语解释得很简单，往往只有几个字、几十个字。读者对于它也只要求释疑、解惑。百科全书则不同，它是大型的工具书，要向读者提供充分的知识。几百字的算是短条目，长的条目超万字。百科全书的类型和任务决定了它的条目释文的开头部分，在写法上与其他辞书有所不同，不是单纯地下一个定义，而是要作“定性叙述”。况且百科全书所选的条目也和一般辞书不同，不只是收单词，而且收具有比较复杂内容的条目，例如“黑子的本影和半影”。对这样的条目名称，就不是下个定义概括得了的。

“定性叙述”大体上有下述几种情况。一种是以定义为中心展开的叙述，从而提供给读者关于一个概念的基本知识；一种是对不必下定义的条目则作出概括性的统领全篇、提挈释文的叙述；还有一种是对某一条目远非简单地下个定义所能讲清楚的，则需分层叙述。

第一种“定性叙述”，除了下定义外，还要有所伸展。以前面引过的“太阳”条定义为例，一般辞书只要说明它是“太阳系的中心天体”也就够了，而作为百科全书就不能局限于此。《不列颠百科全书》“太阳”条的开头叙述是“太阳系的主宰天体，太阳是离地球最近的恒星，同地球的距离光线要走 8 分钟（9300 万英里）。”其中的后两句话就是展开的部分。又如“行星际物质”条，如下定义，只要说“存在于行星际空间的极稀薄的气体和极少量的尘埃”足矣，但是我们的“定性叙述”则是这样写的：

> 行星际空间虽然空空荡荡，但并非真空，其中分布着极稀薄的气体和极少量的尘埃；在地球轨道附近的行星际空间中每立方厘米约有五个正离子和五个电子。

第二种“定性叙述”一般适用于“望题生（定）义”的条目。如“地球内部结构”这个名词不难懂，但要下个定义却不容易。如果勉强写成“我们星球内部物质的结构状况”，无异于原词的扩写，就没有必要了。这一条的“定性叙述”是这样写的：

> 地球是一个非均质体，内部具有分层结构，每层的物质成分、

性质、密度、温度各不相同。

这段话不是定义，却有概括、总摄全文的作用。

第三种情况是一个名词包含有不止一层的意思，采取“定性叙述”方式，就可从容不迫地加以说明。例如“吉林陨石雨”一条释文的“定性叙述”是这样写的：

1976年3月8日15时1分，降落在中国吉林地区的一场世界罕见的陨石雨，陨石在地球大气层中高速下降时，因受高压气流冲击而发生爆炸，它的碎块像雨一样散落到地面，这种现象称为陨石雨。

有关定义的几点看法

第一是跟其他工具书（国内的和国外的）定义雷同的问题。常听见说：“××已经这样下了定义，得换个写法。”我们的意见是：既要避免雷同，又要不怕雷同。如果别的工具书定义下得好，而舍此又没有更适当的，雷同又有何妨！上面提到的“太阳”条的定义，可能是执笔者为了避免雷同，而不用“太阳系的中心天体”一语。当然要广开思路，尽可能避免雷同。以“正方形”为例，可以下几种定义：①“四边相等和四角为直角的平行四边形”；②“对角线相等、互相垂直、互相平分的四角形”；③“邻边相等的矩形”；④“四边相等、四角为直角的四边形”；⑤“对角线相等的菱形”。这些不同的定义，差别就在于把正方形分别归属于这五个属概念。如果要避免雷同，也不妨想想被定义概念有无这种“兼祧几房”的可能。因为我们百科全书条目释文的开头部分是采取“定性叙述”方式的，并不拘泥于定义，还有“展开”部分可以下笔，这就可以更有避免相同的余地了。

第二是有些条目是否可以不下定义的问题。如“土星卫星”，意思一望而知。当然给它下个定义，也不困难：“围绕土星运行的天体”。

像这种情况，不下定义，也未始不可。我们在这一条释文的开头部分就直截了当地写道：

土星的卫星已确认的有10颗。

第三是一气呵成，还是分开叙述的问题。这要看具体情况，不拘一格。有的定义可以一气呵成，例如有人给“圆”这样下定义：

平面上的点对一个中心保持相等距离的运动所形成的封闭曲线。

这个定义中的“封闭曲线”前的二十多字很难拆得开，拆散了，就不严密了。有的定义则可以把定语拆开，从容叙述。例如“地冕”的定义：

离地面约1000千米的高层大气，主要由氢和氦组成，因发出很微弱的辐射而称为地冕。

第四是有的概念找不到在它之上的属概念问题。物质是个根本概念，物质可以一层一层地分下去，可是在物质之上就没有高一层的概念，似乎就无法下定义。下面是三本工具书关于“物质”的定义和定性叙述，可以看到它们是怎样另辟蹊径的。

“物质是标志客观实在的哲学范畴，这种客观实在是人通过感觉感知的，它不依赖于我们的感觉而存在，为我们的感觉所复写、摄影、反映。”（《列宁选集》第2卷第128页）（《辞海》）

独立存在于人的意识之外的客观实在。（《现代汉语词典》）

世界按其本质来说是物质的。我们在自然界中观察到的多种多样的现象，都是运动着的物质的各种不同形式。物质是自然界中一切过程的惟一源泉和最终原因。（《简明哲学辞典》）

（原载《辞书研究》1980年第4期）

定性叙述三题

准确的释义是一切辞书的灵魂，是辞书科学性的体现，对于百科全书来说也是这样。百科全书把条目释文的开头部分称为定性叙述。《中国大百科全书》的编写体例规定："定性叙述是所介绍的知识主题或概念的定义和展开说明。定性叙述是条目的开宗明义，放在释文的开端。"因此，写好定性叙述便成为百科全书编纂者的重要任务。

定性叙述的切题性

定性叙述要求紧扣条头（条目标题）。除了给出明确的定义外，还要求对每个不易理解的词（字）作出说明，因为辞书的使用者总希望知道条头每个字（词）的究竟。例如"宇宙"这个条头标引词，在现代是一个天文术语（且不说它是哲学术语），必须先对它作整体的说明。《中国大百科全书·天文学》对"宇宙"这个概念作出的解释是：

广漠空间和其中存在的各种天体以及弥漫物质的总称。

然而如果从汉语构词方法加以分析，"宇宙"是由"宇""宙"两字组成的复合词，所以还要进一步对每个组分作出诠释，也可以说是追溯词源。《天文学》卷"宇宙"条的释文援引了《淮南子·原道训》中对"宇宙"一词所作的注：

四方上下曰宇，古往今来曰宙，以喻天地。

这样就满足了既有合释，又有分解的要求。

在《宗教》卷，有“北七真”这个条目。北七真指的是道教的一个流派——全真道开创时期的七个道士。条目的定性语是：

道教全真道创始人王重阳的七位嫡传弟子。

这个定性语是正确的。可是读者还会感到不够豁亮，因为条头的“北、真”两字还未有着落。作者在下文作了说明。从而知道他们之所以称“北”，因为全真道有南宗、北宗之分，这七位道士属于北宗；之所以称“真”，因为他们都曾被元世祖诰封为“真人”。可惜这些说明没有写在开头。

我们在读稿中，也遇到定性叙述未能紧扣条头的例子。

《天文学》卷的“极光”条原来的定义是：

高纬度地区上空大气中常常出现的彩色发光现象。

这个定义没有错。极光词的英语为 aurora，国外辞书对此词的解释也大体如上，不过一追溯语源，便追到大写 Aurora（奥罗拉）——罗马晨光女神那里去了。而汉语“极光”是个偏正结构，看了上述定义，会有人询问“极”字含义。理解力强的读者固然会知道高纬度地区是靠近南北极的。尽管如此，我们考虑还是点明为好，所以把这一定义改为：

常常出现于纬度靠近地磁极地区上空大气中的彩色发光现象。

上面这个例子只要修改一下“地区”的定语就行了，而有的条目，为了点明条头中的一个词素，就要作些解说。例如《天文学》卷的“农历”条，原来的定性叙述是：

中国采用的一种传统历法，又名夏历、旧历、中历，民间也有称为阴历的。它用严格的朔望周期来定月，又用设闰月的办法使年的平均长度与回归年相近，兼有阴历月和阳历年性质，因此在实质上是一种阴阳合历。

这个定性叙述对于农历的解释正确而周到，并且对别称也表达得很好。它只把夏历、旧历、中历作为别称；对于“阴历”只说是“民间也有”的叫法，这样便能与下文“实质上是一种阴阳合历”相呼应。美中不足的是没有点出“农历”的“农”字来。为了释名，我们对原来的定性叙述作了补充：

> 中国采用的一种传统历法，这种历法中安排有二十四节气，以指导农事活动，而且主要在广大农村中使用，因此称为农历。又名夏历……

通过推敲条头每个词的下落，有时也能使原写的定性叙述表达得更好。《天文学》卷“行星视运动”条原写的定性语是：

> 指行星在天球上位置的移动。

因为没有点出“视”字，所以修改成为：

> 观测者所见的行星在天球上位置的移动。

行星在天空中运行的实际状态称为行星真运动。行星在天空中运行，我们观测所在的地球也在运行（既有自转，又有绕太阳公转），因此观测者所见到的行星位置的变化不是行星的真运动，而是行星的视运动。天文学家通过长期观测，从行星视运动中总结出行星真运动的规律。“行星视运动”条的定性叙述添上“观测者所见的”字样，就会使意思更加明确。

被定义概念的属概念

百科全书条目的定性叙述大多采取定义式，或定义加展开式，写好定义最为关键。下定义最常用的是“种差加属概念”的方法。这种方法是晚期罗马逻辑学家波爱修（A.M.T.S.Boethius，约 480 ～ 524）提出的，至今仍在应用。用公式表示就是：

被定义概念 = 种差 + 属概念。

列宁说过：“下‘定义’是什么意思呢？这首先就是把某一个概念放在另一个更广泛的概念里。”（《列宁全集》第 14 卷，第 146 页，1963 年版）这个“更广泛的概念”就是“属概念”，也叫“上位概念”。

（一些逻辑学教科书常用“人是能创造和使用工具的动物”为例指出“人”是被定义概念，“能创造和使用工具的”是种差，“动物”是属概念。）一个概念可以有多层次的属概念。例如：印刷工人—工人—体力劳动者—劳动者—人。给一个概念下定义时选择哪个层次的属概念，要看解决什么问题。有的概念比较容易选定属概念，例如各种生物很容易在生物分类系统中找到属概念；有的概念则不然。在读稿中，我们在这方面遇到下述几种情况：

一种是条头概念被归入不适当的属概念中去。例如“占星术”条初稿的定义是这样的：

> 根据天象来预卜人间事务发展的一种学术，又称占星学或星占学、星占术。

所谓学术是指有系统的专门学问，把占星术定义为一种学术，诚欠妥当。占星是发端于人类社会发展早期的社会现象，尽管出于占卜的需要积累了一些天象观测资料，但就占星术本身而言，是缺乏科学依据的迷信活动，按中国古代的传统，应归之于方术。因此，这个定义改为：

> 根据天象来预卜人间事务的一种方术，又称……

改学术为方术，虽字之差，却非同小可，为科学和迷信划清了界线。初稿原有“发展”一词，既曰“预卜”，必然是未来的事情，“发展”二字也就可有可无了。

另一种情况是把条头概念归入两个属概念，一个合适，一个不合适。例如“天文年历”条的定性叙述初稿是这样的：

> 历书天文学的组成部分，按年出版，反映天体运动规律的历表。

说“天文年历”是一种“历表”是对的，不过“种差”写得松散些。开头说天文年历是“历书天文学的组成部分”，则值得斟酌。“××为××的组成部分”，是局部和整体的关系，前后两概念必须是同类事物。作为某种“学”的组成部分，只能是它的分支学科。如果天文年历的编算工作将来发展成为一门分支学科，那就要给它起个学科名称。因此，定稿时把这个定性叙述修改成为：

按年度出版、反映天体运动规律的历表。编算天文年历是历书天文学的任务之一。

经过修改，属概念明确了，表达也紧凑了。

第三种情况是没有给出属概念，也就下不了定义。百科全书的体例并不要求任何条目释文都用定义开头，因为有些条目的条头标引词是无法下定义的，例如“中国古代历法”“月球火箭运行理论”。如下定义，势必造成同义反复，徒增篇幅。这些条目的定性语，一般取叙述方式。例如“中国古代历法”条释文的开头一句是：“中国古代历法绝大多数是阴阳合历。”可是有的条头标引词是个术语，宜用定义开篇，却没有这样做。例如“共生星”条初稿的定性叙述是：

这类星的主要特点是光谱中既出现低温的吸收线，又出现高温发射线。

百科全书要求一般条目（不包括像“中国古代历法”那样见词明义的条目）开宗明义说明是什么，可是这个定性叙述没有作出回答。其原因就在于没有把“共生星”这个概念放在属概念里。共生星是一种恒星，可以“恒星”作为属概念，以共生星的主要特点作为“种差”，把初稿的叙述形式改写成为定义形式：

一种在光谱中既出现低温吸收线又出现高温发射线的恒星。

定性叙述的统一性

凡是两个对举的词或几个成为系列的词，认真的辞书编纂者对于它们的释义常常设法使之规范化，模式化。《现代汉语词典》在这方面做得相当出色。“上、下”这一对词的释义是（上、下都是多义词，此处仅摘录其中一个义群的一部分，可见一斑）：

上　①位置在高处的（例略，下同）。②等级或品质高的。③次序或时间在前的……

下　①位置在低处的。②等次或品级低的。③次序或时间在后的……

我们不妨举《现代汉语词典》（1979）和台湾出版的《辞汇》（1980）这两部篇幅相当的汉语语文辞书中对五味——甜、酸、苦、辣、咸这一组词的释文作一比较。

《现代汉语词典》：

甜　像糖和蜜的味道（例略，下同）。

酸　像醋的气味或味道。

苦　像胆汁或黄连的味道（跟“甘”相对）。

辣　像姜、蒜、辣椒等有刺激性的味道。

咸　像盐那样的味道。

《辞汇》：

甜　味甘。

酸　醋的味道。

苦　和甜相反的滋味。

辣　浓烈的辛味叫辣；如姜、蒜、秦椒的味。

咸　盐的味道。

笔者无意评论两本辞书释义的高下，只是说明《现代汉语词典》在谋求释义统一工作方面下的功夫。它把五味的解说都纳入“像……的味道”这个构架中。

《中国大百科全书》在编辑中对同型条目的定性叙述，也做了一些规范化工作。《天文学》卷的太阳系的行星条目，因出自众家之手，它们的定性叙述（初稿）是多种多样的：

金星　按太阳的距离计，它是第二颗大行星。

地球　离太阳第三个行星——它是目前所知存在生命的唯一

行星。

火星 按与太阳的距离排行，火星为第四个大行星。

土星 土星是离太阳第六远的大行星。

经过整理，对上述几颗大行星采取了规范化的表达形式，统一成为：

太阳系九大行星之一，按离太阳由近及远的次序为第 × 颗。

一方面是谋求统一，不过对九大行星的定性叙述也不取一刀切的做法。“冥王星”条的定性叙述是这样的：

太阳系九大行星中同太阳的平均距离最远的、也是最小的一颗行星。

这是从科学性出发的，因为冥王星运行轨道的离太阳最近点在海王星运行轨道以内，所以只能说是“同太阳的平均距离最远的”行星。

《环境科学》卷有两个对举条目：“静水式生物测试”和“流水式生物测试”，条目标引词只有一字之差：一为“静水”，一为“流水”。撰稿人是两位，定性叙述就写得颇有差异。“静水式生物测试”条定性叙述初稿是：

用于测定化学物质或污染物毒性的一种测试方式。将受试生物置于不流动的和静止状态的试验溶液中，观察毒物浓度与生物反应率之间的关系，确定毒物的毒性。

“流水式生物测试”条定性叙述初稿是：

测定污染物对水生生物毒性的一种方法，将生物置于连续或间歇流动的试验溶液中观察其致毒反应。

两个定性叙述文字有差异，但异中有同，就是都讲到测试的功用和方法。总的说来互有短长，定稿时以前者为基础作了归纳，统一后的“静水式生物测试”条的定性叙述为：

测定污染物对水生生物的毒性的一种方法，即把受试生物置于不流动的试验溶液中，测定污染物浓度与受试生物中毒反应之间的关系，从而确定污染物的毒性。

“流水式生物测试”条的定性叙述，只是将“不流动的试验溶液”改为“连续或间歇流动的试验溶液”就是了。需要说明的是：首先，《环境科学》卷中的这两个条目，测定对象是“污染物”的毒性，而不是一般意义上的“化学物质”的毒性，而且污染物本身就是进入环境后有害于人类的化学物质，因此删去“化学物质”字样。其次“不流动和静止状态的试验溶液”中的“不流动”和“静止”是同义词，取一即可。辞书释义照例避开条头用字，故取“不流动”。再者两个初稿都有“观察”字样，观察仅及于形态，这种测试要求给出数值，以用“测定”为宜。

百科全书条目定性叙述的统一性是百科全书统一性的组成部分。应该统一而未统一的条目定性叙述，通过比较、鉴别、斟酌、选择是能够提高释文的科学性和书稿质量的。不过我们在读稿中看到，对这个问题在认识上和实践上都有不足之处。

（原载《编辑之友》1989 年第 4 期）

定义诸宜和定义诸忌

定义诸宜

宜适应释文 百科全书条目的定义和定性叙述就它同条目释文（指释文主体）的关系来说，论位置在释文的开端；论内容是所述主题或概念的本质表述，而且还可以成为全条内容的概要提示。因此，它要求同整个释文浑然一体。如果发现定义同释文发生抵牾，就要向准确的一方靠拢。通常，因为释文可以从容下笔，考虑较为周详，总是以释文来校正定义。《中国大百科全书•天文学》的“晨昏蒙影”条的定义初稿是：

> 日出前和日没后的一段时间内天空仍然呈现出微弱光亮的现象。

这个定义初看是写得不错的，如果同释文相对照，就会发现不够全面。释文中有这样的句子：“日出前曙光初露的时刻称为晨光始；日没后暮色消失的时刻称为昏影终。”可见“晨昏蒙影”不只是一种现象，而且还是时间概念。含义既比较复杂，用定义式来表达一个概念所具有的两个相互关联的含义就有不便之处，所以改取叙述式，修改成为：

> 日出前和日没后的一段时间内天空呈现出微弱的光亮，这种现象和这段时间都叫作“晨昏蒙影”。

这样，定性叙述就同释文契合了。初稿中有“仍然”字样，表示持续，因为曙光和暮色并不是持续不变的，所以删去了。

《环境科学》卷“赤潮”条定义初稿是：

> 海洋中浮游生物的个别物种暴发性繁殖，引起局部海区水色异

常的现象。

把这个定义同释文对照，发现两点不同：一是赤潮现象发生的水域；二是浮游生物物种的数量。释文在介绍近海海域发生赤潮的情况之后，又说“江河、湖泊中出现类似的现象，通常称为‘水花’或‘水华’”；“形成赤潮的生物种类很多，现已查明有60多种”。既然江河、湖泊中也有，初稿的“海洋中”这个范围状语就覆盖不住；既然有60多种，“个别物种”也不合适。据此，将定义修改成为：

水域中一些浮游生物暴发性繁殖引起水色异常的现象，主要发生在近海海域。

宜开宗明义　开宗明义的本来意思是指写文章一开始就把意思点明，这里借用此词说明写百科全书条目开头要尽可能为条头下定义。有的条目撰稿人平素写惯了文章，写百科全书条目往往也用写文章的方法开头。例如《天文学》卷有一个著作条目“《历象考成》”，它的初稿，是这样开篇的：

清初使用的《时宪历》是按照汤若望删定的《西洋新法历书》编的。因该书由多人参加编写，主编徐光启逝世过早，最后全书未及统一，以致其中各部分有些矛盾，有些说明文字隐晦难懂。康熙五十二年（1713），清政府组织钦天监内外人员修订《西洋新法历书》，编成《历象考成》42卷。

这段话讲了《历象考成》的编成经过。可是《历象考成》究竟是什么书，从这段叙述中只能得到模糊的轮廓，而得不到明晰的概念。因此定稿时在“清初使用的《时宪历》……”之前加了一个定义：

中国清代一部论述历法推算的著作。

宜写好“种差”　下定义时，在选好适当的属概念之后，还要仔细推敲“种差”，因为有的定义不理想，问题就出在“种差”上。《天文学》卷有“凌日”条，初稿的定义是：

内行星圆面经过日面的现象。

接着的释文是："水星和金星距离太阳比地球距离太阳近，在绕日运行过程中有时会处在太阳与地球之间，这时，地球上的观测者可以看到一小黑圆点在日面缓慢移动，这就是凌日现象。"可见，定义中的"内行星"一词指的是地球和太阳之间的行星——水星和金星。长期以来，"内行星"一词有两义，这是把天文学的两个术语 inferior planets 和 inner planets 都译成"内行星"造成的。其实，它们是两个不同的概念：前者指地球绕日轨道以内的行星——水金和金星；后者指小行星带以内的行星，既包括水星、金星，还包括地球、火星。1974 年科学出版社出版的《英汉天文学词汇》把两词都译成"内行星"，不过后面有个括注：前者为"内行星（地球轨道内的）"；后者为"内行星（小行星带内的）"。注释是清楚的，不过使用时不能处处带着尾巴，一单独使用就容易混淆了。《天文学》卷的编辑集体根据术语学单义性原则，即一个术语表达一个概念的原则，将 inferior planets 译作"地内行星"作为地球轨道以内行星的总称；将 inner planets 仍译作"内行星"，作为小行星带以内行星的总称。与之相对的，分别称为"地外行星"（superior planets，指火星、木星、土星、天王星、海王星、冥王星）和"外行星"（outer planets，指木星、土星、天王星、海王星、冥王星）。"凌日"这个条目的定义也就相应地改为：

地内行星圆面经过日面的现象。

虽然一字之差，却避免了歧解。

宜及早登场 《中国大百科全书》的体例要求，概念性条目要有定义，一般放在释文开头。百科全书的读者有的是细细研读整个条目，有的是草草浏览一下，有的则是仅仅希望知道一下定义就掩卷而去。就是同一位读者因为需要不同，对不同的条目也会出现上述三种情况。定义前置，开门见山，无论对于那一类读者都有好处。然而我们在读稿中，有时也能看到定义姗姗来迟的情况。《天文学》卷的"磁暴"条初稿是这样开头的：

区域性的小的磁扰较多，全球性的大的磁扰较少，平均每年十次左右，而且往往发生在太阳活动较强的时候。大的磁扰叫做磁暴。

这个开场白不足之处是定义出场较晚，而且还由于一开头引进“磁扰”这个陌生概念。磁暴还未明白，又要解释磁扰一词。尤其是未说明磁暴发生的场合，这就更增加理解上的困难。为弥补上述缺欠，修改成为：

地磁场的强烈扰动，平均每年可发生十次左右，而且往往发生在太阳活动较强的时候。

修改稿除了先写定义之外，还有下述变动：①指明磁暴是地球磁场的现象；②避免引进新概念“磁扰”；③不提小磁扰。

需要说明的是，有的概念含义较深，不是一句话所能交代的，也可以用叙述式，而不必硬性地压缩成定义式。例如《天文学》卷的“隐带”条释文是这样开头的：

20世纪初，星云视分布的研究，特别是哈勃于1934年完成的星系计数清楚地表明，沿着银河 ±20° 范围内有一个轮廓不规则的带，除一、二处极小天区外，其他天区几乎完全观测不到星系，这条带就叫做隐带。

定义诸忌

忌同语反复 形式逻辑教科书总是提醒人们，下定义时要避免同语反复（又称循环定义）。具体地说就是定义中不要直接或间接包含有被定义概念。例如“金属是有金属光泽的元素”就是一个循环定义，因为定义项“有金属光泽的元素”中包含被定义项“金属”。若问“金属光泽”是什么？又要回过头来解释“金属”，就兜圈子，形成循环。在读稿中偶然也会遇见这种循环定义。例如：

流星 行星际空间中叫流星体的尘粒和固体块闯入地球大气圈

同大气摩擦燃烧产生的光迹。

这个定义提供了充分的信息。它给出的属概念“光迹”是对流星的科学的说明。“流星”不是严格意义上的“星”，而是“光迹”。问题在于它引进“流星体”这个术语，违反了定义项不应包括被定义项的规则。修改这个定义不妨分两步走，先解说“流星”，再解说“流星体”：

行星际空间中尘粒和固体块闯入地球大气层同大气摩擦燃烧产生的光迹，这种尘粒和固体块叫作流星体。

在《建筑・园林・城市规划》卷“城”条定义初稿也存在同语反复的情况：

围绕在都邑之外，以闭合的城墙为主体，包括城门、墩台、楼橹、壕隍在内的一整套军事防御物。

这个定义有三个优点。①紧扣学科。城，按《现代汉语词典》有二义：城墙；城墙以内的地方；城市（跟“乡”相对）。《建筑・园林・城市规划》卷的“城”，只谈第一义，是扣卷的。②不把含义简单化。城指城墙，是笼统的说法。百科全书的定义要取严格的说法，因此说城是以城墙为主体，还包括城门、墩台，等等。③成为整个条目释文的纲领，下文对城墙、城门、墩台、楼橹、壕隍等分别作出说明。美中不足之处在于定义项中出现的“城墙”“城门”这些带有被定义项“城”字的词语，尽管这些词语并不难懂。如果把初稿的句子重新组织一下，就不违例了：

围绕都邑建造的一整套防御构筑物，以闭合的城墙为主体，包括城门、墩台、楼橹、壕隍等。

初稿有“军事防御构筑物”字样，“防御”就本义而言，就是军事性的，故省去“军事”两字。

忌引进难词 一般辞书释词通例是，以易释难，以浅释深，以今释古，以普通话释方言，以汉语释外语等。笔者以前用过的一部字典，“白”的释义之一是“素色也”，是以难懂的解释易懂的；再查“素”字的相对释义是“洁白也”，如“素手”，走进了一条循环道。后来知道，这是受到东汉许慎《说文解字》以来训诂学中“互训”方法的影响。互训就是用甲释乙，又用乙释甲，如“更，改也”，“改，更也”。《现代汉语词典》就舍弃互训。对“素”字的一项解释是“白色”；对“白”字的一项解释是：“像霜或雪的颜色，是物体被日光或与日光相似的光线照射，各种波长的光都被反射时呈现的颜色（跟‘黑’相对）。”前面是通俗的解释，后面是科学的阐明。可见《现代汉语词典》避免了以难释易、循环互训的缺欠。

百科全书虽然不同于一般辞书，不过这些释词的原则也宜应用于条目的定义。具体说来，就是在定义中应该避免引进难以理解的概念。在读稿中，有时会遇到这种应该避免的情况。例如《天文学》卷“影表尺”条的定义初稿是：

中国古代用来测定表影长短的一种专用尺。

“表影”是什么呢？不好理解。所谓“表影”，实际就是“投在圭表上的日影”。据此，这个定义修改成为：

中国古代用来测定投在圭表上的日影长短的一种专用尺。

《中国大百科全书》建立有一套参见系统。在一个学科卷范围内，凡是列为条目的词或词组在别的条目释文中出现，如果需要参阅的，即作为参见词，排成楷体字，读者可以参阅。这样也就顺便解决了某些“难词”问题。也就是说，定义中允许出现排成楷体的“难词”。例如上面“影表尺”条修改后的定义中有“圭表”这一术语，有的读者可能不熟悉，因为《天文学》卷中列有条目，此处排成楷体，表示可以参看，问题也就迎刃而解了。

忌不涉词源　《中国大百科全书》的编辑体例关于词源的追溯有如下规定：“词源是关于条头标引词来源的知识。重要的含义较深的词还应介绍中外文词的来源，但不作繁琐考证。条头标引词无源可考的，不必勉强解释。”这就是说，并非每个条头标引词都要追溯词源的。不过以人地名命名的术语，音译或部分音译的术语，用外文书写或部分用外文书写的术语，大抵是有语源可考的。这就要求在定义之后写出词源，作为定性叙述的组成部分，可是有时却被疏忽掉。例如“莫尔顿波”条的定义初稿是：

在一些耀斑的闪光相阶段由爆发区发出的，速度为每秒1000公里左右，在一个扇形角度约为90° 内传播，可达60万公里而速度不减的波称为莫尔顿波或耀斑波。

这个定义资料齐全，可惜未提名称由来，而且属概念（波）以前的种差太长。修改之道在于说明语源，拆开种差。定稿是这样的：

在耀斑的闪光相阶段从爆发区发出的一种波，是莫尔顿在1960年最先发现的，因而得名。又称耀斑波。它以每秒1000公里左右的速度，在一个角度约为90° 的扇形内传播，可达60万公里的远处而速度不减。

如果在“莫尔顿”之前加上“美国天文学家”的头衔就更完备了。

有的定性语虽然追溯了语源，因为写得不透彻，给人以蒙眬之感。例如“BN天体”条的定义的初稿是：

在猎户座发现的、以发现者贝克林和诺伊吉保尔命名的低温天体。

要是从汉语角度看，按定义命名，只能是“贝诺天体”，而不是“BN天体”。“BN天体”的名称是国际通用的，不便改动，因而只能修改定义，注出发现者的外文名，成为：

猎户座的低温天体，以发现者贝克林（E.E.Becklin）和诺伊吉保尔（G.Neugebauer）两人姓氏的第一个字母命名。

忌繁琐冗长 写百科全书要求用精练简洁的语言，写定义尤其要惜墨如金。有人提到，词典是不是能读出来就变成视听材料呢？语言学家吕叔湘先生认为是做不到的，这是由于，如若“词典里面的定义能够跟听觉上平常说话一样，词典就要很庞大了”。（《辞书研究》1981年第2期）词典如此，百科全书也如此。如果一个条目的定义在科学上是正确的，读稿时就要考虑能否更精练些。例如“室女座星系”条定义的初稿是：

> 离我们最近的一个不规则星系团，在天空中位于室女座方向，故称室女星系团。

经过精简，修改成的定稿是：

> 离我们最近的一个不规则星系团，因位于室女座方向而得名。

“在天空中”是不言而喻的，故删去；把“在……故称……”的结构改为“因……而得名”的结构，是因为后者是辞书中常用的较为经济的句构。

定义的精简，通常从两个方面下手。一是舍弃次要的信息，二是删除可有可无的词语。《环境科学》卷“水生生物回避反应”条的定性叙述的修改，主要侧重于前一方面。初稿是：

> 水体受到污染时，水生生物或者不能适应而导致种群死亡，或者避开受到污染的水区，游向未受污染的清洁环境。特别是游动能力强的水生生物往往能主动回避污染水区。水生生物对污染物的这种行为反应称为回避反应。

初稿需要修改的原因是：①开头介绍水生生物在赖以生存的水体受到污染时发生的两种情况：种群死亡，避开游走。辞书的释义通常是在不讲明反面就不明白正面时才介绍反面（反之亦然）。这里的主题是讲避开被污染环境的生物的行为反应，可不必介绍种群死亡。②“特别是”“尤其是”这些词语是指同类事物中需要强调的事物，在文章中这两者通常是靠得很紧的。③用语有些重复。修改后的定稿是：

> 水生生物特别是游动能力强的水生生物能主动避开受污染的水区，游向未受污染的清洁环境的行为反应。

（原载《编辑之友》1989 年第 5 期）

《中国大百科全书·天文学》卷条目定性叙述形式

《中国大百科全书编写体例》规定："定性叙述是所介绍的知识主题或概念的定义和展开说明。定性叙述是条目的开宗明义，放在释文的开端。"《中国大百科全书》把释文的开头部分称为"定性叙述"，是由百科全书的性质决定的。百科全书所收的内容包罗广泛，条头的形式多种多样。就《天文学》卷来说，有用名词表示事物概念的，简单的名词如"太阳"，较为复杂的名词如"猎户座 RW 型变星"，联合结构的名词如"冕流和极羽"；有用动名词表示现象、行为和变化的，简单的如"热改正"，复杂的如"太阳脉冲式硬 X 线爆发"；有概括一个有丰富内容知识范畴的，如"中国天文学史"；有科学界正在探讨的课题，如"恒星的形成和演化"；还有人物名（如"郭守敬"）、机构名（如"中国天文学会"）、学科名（如"射电天体物理学"），等等。门类繁多的条目名称，在释文的开头除了可用定义等方式说明外，还有必要采取其他方式。定性叙述一词的含义比"释义""定义"宽泛，可以把释文开头的多种形式的"开场白"概括进去。定性叙述对条目概念或知识主题的性质和主旨作出说明，既可以是科学的定义及其展开，也可以是概括性的叙述。就《中国大百科全书·天文学》的编纂实践来看，可以归纳为五种形式，即定义式、定义加展开式、释义式、概括语式和叙述式。

定义式

百科全书是知识性工具书，对于大多数条目的主题概念可以也必须下定义。在定性叙述的多种形式中，定义式是基本的形式。《天文学》卷1000多个条目的定性叙述，大多是采取定义式的。定义是由种差和邻近的属概念组成的。定义按照种差的内容，可分为若干类型。

实质性定义：定义中的种差部分揭示被定义事物的本质的特点。如：

恒星 由炽热气体组成的、能自己发光的球状或类球状天体。

发生性定义：种差表示被定义事物的发生、来源和形成的情况。如：

地球大气 地球引力作用下大量气体聚集在地球周围所形成的包层。

功能性定义：种差表示事物所起的作用。如：

反照率 行星物理学中用来表示天体反射本领的物理量。

空间性定义：种差表示事物所在的位置。这种定义用得很多，许多天体常常首先用它们在天球上的方位来表示同其他天体的区别。如：

鬼星团 银河星团之一，位于巨蟹座，又名蜂巢星团。按照中国古代的天区划分，这里是二十八宿中的鬼宿，因此称为鬼星团。

结构性定义：种差表示事物的成分、构造等。如：

聚星 由三、五个互相有物理联系的恒星组成的多重恒星系统，有时也按成员星的数目称为三合星、四合星等。

某些条目的定义还兼具两种性质。如：

定天镜 将太阳光反射到恒定方向的光学装置，由两块平面镜组成。

此例就兼具功能性定义和结构性定义的特点。在《天文学》卷中有关天文仪器的条目往往采取这种形式。技术学科中的关于机械、设备、装置条目的定义也可取这种形式。又如：

潮汐 因月球和太阳对地球各处引力不同所引起的水位、地壳、大气的周期性升降现象。

此例具有发生性定义的特点，而定义中的种差又是说明事物发生原因的，也可以说是“因果性定义”。

定义的内容虽说都是由“种差”和“属概念”组成的，但表达方式并不一致。按照“种差”和“属概念”的位置先后可分为下列三种。

第一种是最常见的，把“种差”作为定语，放在“属概念”以前，构成一个偏正结构的词组。这种表达方式是一气呵成的。如：

小行星 大多分布在火星和木星轨道之间、沿椭圆轨道绕太阳运行的小天体。

白道 月球绕地球公转的轨道在天球上的投影。

第二种是先提到定义中的“属概念”，然后说明“种差”。这种表达方式大抵是种差的内容比较复杂，用定语，即使是结构复杂的定语，也说不清楚，不宜采用偏正结构。因此把“种差”移到“属概念”以后，用叙述方式从容不迫地说明。如：

发射星云 气体星云的一种。它们的形状大都很不规则，而且往往没有明晰的边界，所以又称弥漫发射星云。在这些星云中间通常都有一个或一团光谱型早于B1的高温恒星。这些热星的丰富的紫外辐射使星云内的气体激发，从而产生光致电离而形成星云的发射光谱，所以称为发射星云。

第三种是用偏正结构形式对条头概念下一个不完全的定义，然后对“种差”作出详细的说明，可以说是兼具上述两种表达方式特点的一种方式。如：

干支 以六十为周期的序数，用以纪日、纪年等。它以十天干——甲、乙、丙、丁、戊、己、庚、辛、壬、癸和十二地支——子、丑、寅、卯、辰、巳、午、未、申、酉、戌、亥顺序相配组成。从甲子、乙丑……直至癸亥。

定义加展开式

就百科全书来说，对于条头的概念除了下定义以外，往往要作进一步的展开。百科全书比一般辞书有较多的篇幅，这为定义的展开提供了可能性。百科全书要提供较充分的知识，查百科全书的读者不会满足于一个概念的简单的定义，这是定义要有展开部分的必要性。百科全书条目一般有较长的释文，定义加上展开，有的可为释文划定范围，有的可为释文勾勒出轮廓。展开的部分是以定义为基础的，而不是另起炉灶；它对定义起着知识的补充作用，而不能喧宾夺主。

从《天文学》卷的一些条目采取“定义加展开”式的定性叙述的情况来看，定义的展开部分虽然出于不同的作者之手，仍有一定的章法。定义的展开不是任意的，而方式又是多样的。举例如下。

从外延展开，也就是举出子类概念。如：

> **天球** 研究天体的位置和运动而引进的一个假想圆球。根据所选取的天球中心的不同，有日心天球、地心天球等。

日心天球、地心天球都具有天球的特点，都是做研究天体的位置和运动用的，都是宇宙中并不存在的假设的球体。它们是天球下一层次的概念，作为定义的补充说明。

从成因上展开。如：

> **太阳风** 从太阳外层大气不断发射出的稳定的粒子流。太阳外层大气——日冕，具有极高的温度，作用于日冕气体上的引力不能平衡压力差，因此日冕中很难维持流体静力平衡，日冕不可能处在稳定静止状态，而是稳定地向外膨胀，热电离气体粒子连续地从太阳向外流出，就形成太阳风。

从状态上展开。如：

> **色球** 太阳大气的中间一层，位于光球之上。平时，由于地球大气中的分子以及尘埃粒子散射了强烈的太阳辐射而形成“蓝天”，色球和日冕完全淹没在蓝天之中。只有在日全食的食既到生光的短暂时刻内，观测者才能用肉眼看到太阳圆面周围的这一层非常美丽的玫瑰红色的辉光。

从产生时期和应用范围方面展开。如：

半导体探测器 探测天体X射线用的一种仪器，是20世纪50年代末发展起来的，近年来已广泛应用于空间天文研究。

从事物机理方面展开。如：

闪烁计数器 一种利用荧光现象的粒子探测器。带电粒子经过荧光物质时，会引起原子的激发或电离，当它们返回基态时便产生荧光，其强度与粒子的能量成正比。利用这种现象可探测带电粒子。

从事物特征方面展开。如：

气壳星 具有气壳光谱的热主序星。其光谱型通常在B～F范围内。气壳光谱主要特征是存在锐而深的氢、中性氦以及一次电离硅、铁、钛等吸收线。

释义式

《全书》虽然是知识性工具书，不过仍有一部分条目标题只能用解释语词的方式说明。如：

宇宙 广漠空间和其中存在的各种天体以及弥漫物质的总称。

邮件 邮局传递的函件和包裹的总称。（《交通》卷稿）

二十四节气 12个中气和12个节气的总称。

上述三个条目释文的开端，表面上是一段定义式的叙述，实际上并不是定义。如果是定义，三个概念的“属概念”就是“总称”了。宇宙、邮件、二十四节气是三个互不相干的概念，是不可能归到同一的上位概念——“总称”上去的。由此看出，既然用“总称”，总称是名称合起来的叫法，表示这些释文是解释词语的。释文中“总称”之前的定语是列举条目名称所包括的事物，而不是表示“种差”。这种定性叙述是释义式的，而不是定义式的。它们之所以取释义方式，是因为无法给它们找到“属概念”。例如宇宙包罗天地万物，概括时间空间，哪里还有比它更高层次的上位概念呢？所以只能使用释义。像“二十四节气”这种以数字开头的词，大都是若干事物名称的总合。

不过，如果有“属概念”的被释概念，最好不采用这种释义式。例如有人给“家禽”作这样的解释：“家庭饲养的鸡、鸭、鹅等的总称。”家禽是按经济属性划分出来的鸟的一个类别，可用鸟类作为它的属概念，有人主张改为：“为了经济的或其他的目的在家养条件下繁殖的被驯化了的鸟类，如鸡、鸭、鹅。”

概括语式

百科全书有一些类型的条目，如人物、事件、机构、著作的名称等。这种释文的开头部分都有传统的表达方式。例如人物条目，照例先介绍人物的生卒年（以至月日）、国别、身份、籍贯、家世等；著作条目，照例要先介绍作者、出版年代、性质等。这些内容几乎是约定俗成的，也是读者首先要求回答的。它们既不同于说明词义的释义，也不同于表达概念的定义。下述条目的定性叙述，就是“概括语式”的。

关于人物名称的条目，如：

郭守敬（1231～1316） 中国元代的大天文学家、数学家、水利专家和仪器制造家。字若思，顺德邢台（今河北邢台）人。生于元太宗三年，卒于元仁宗延祐二年。

不过这一类条目，有些也可以用定义加展开的形式开头。

关于著作名称的条目，如：

《开元占经》 中国古代天文学著作。全称为《大唐开元占经》，瞿昙悉达撰。编纂成书的时间在唐开元六年（公元718年）至开元十四年之间。

关于组织机构名称的条目，如：

国际天文学联合会 世界各国天文学术团体联合组成的非政府性学术组织。宗旨是通过国际合作，促进天文学的发展。1917年7月国际科学联合会理事会在布鲁塞尔开会时，宣告国际天文学联合会成立。

叙述式

释文开头叙述式，是一种可以灵活运用的形式。凡是不必要或者不适宜用上述几种定性叙述的都可以采用这种方式。释义有习惯的表达方式，定义有一定的规则限制，概括语式也有个大致范围，而叙述式则比较多样。有的编辑者称这种定性叙述为“破题”，用这样传统的提法是有助于理解的。破题就是在开篇以寥寥数语揭破题目的要义，这是合乎百科全书体例要求的。破题的方式虽然多种多样，但都务求能做到统摄释文，纲领全篇，概述旨意，导引下文的作用。释文开头采取这种叙述式的，大体有下述几种情况。

第一，条目标题一望而知，无须作出解释，而释文却需要写出导语。如：

中国天文学史 中国是世界上天文学发展最早的国家之一，几千年来积累了大量宝贵的天文资料，受到各国天文学家的注意。就文献数量来说，天文学仅次于农学和医学，可与数学并列，是构成中国古代最发达的四门自然科学之一。

上例说明了中国天文学史的独特之处及其在中国科学史上的地位，成为全篇释文展开的先导。

第二，对条目标题的概念需要作溯本追源介绍的。如：

分野 中国春秋时期占星术盛行，占星家们创“上天变易，州国受殃”的说法，以天空中出现的星象变化来占卜各个地方人世间的吉、凶、祸、福。为此目的，将地上的州、国与星空的区域相互匹配对应，称为分野。

上例先说明“分野”——用天区划分法来划分地域的来由，不说明来由，这个词就不容易介绍清楚。如果把关于本源的说明留到考证部分去，会使行文割裂，让读者留着疑团。

第三，条目标题用动词或加上修饰语的动词表示一种现象或者一种行为和变化的。如：

等离子体湍动加速 等离子体的一个最重要特性是不稳定性。微小的扰动就能在等离子体中激起各种等离子波（或称为等离子体激元）。这种等离子体的激发态通常称为等离子体湍动。湍动元（等离子体波）和荷电粒子碰撞会引起它们之间的能量交换，从而导致粒子加速，这种现象称为等离子体湍动加速。

上例的中心词“加速”是说明一种现象，所以要用叙述方式。这种结构的条目标题，在定性叙述中一般要对定语作出说明。这个条头的修饰语“等离子体湍动”本身是一个偏正结构，势必又要先把“等离子体”作出介绍，然后再谈“湍动”。把一个个部件说清楚了，然后才有可能从整体上作出解释。凡是以动词作中心词的条目标题，采取这种层层剥笋式的表述是切合实际的。

第四，条目标题在本学科中有两层意思的，或者条目标题是由两个内容密切相关的词组成联合结构（A+B 形式）的。如：

大气折射 天体射来的光线通过地球大气层，受到大气的折射，这种现象和由此引起的折射量统称为大气折射，又称蒙气差。

上例具有“一源二流”的特点。同一事物的表现和由此派生出来的物理量用同一名词来表示，这种情况采取叙述式就便于表达了。

第五，结构复杂的条目标题需要分层说明的。如：

> **氯污染对健康的影响** 氯为黄绿色气体，有强烈的刺激性。长期吸入受低浓度氯污染的大气，会引起慢性呼吸道炎症。氯污染严重时还会产生急性中毒。（《环境科学》卷稿）

这个条目的定性叙述是先说明氯的形态和性能，然后说明氯污染对人体健康的危害。

1982年11月

（原载《辞书研究》1983年第3期）

百科全书的条目交叉关系

百科全书的条目是从人类知识的总体中切割出来的，尽管每个条目具有相对独立性，但同人类知识的其他部分，也就是跟从这个总体中切割出来的其他条目之间仍然保持联系。《中国大百科全书》是按学科或知识门类分卷出版的。其中每个条目既要自身成为相对独立的整体，又要成为全书和全书的一个学科卷中的有机单元。百科全书中的条目交叉关系相当复杂，处理不好，容易造成互相重复，互相抵牾，或者双方将搭界的内容都推出门外而出现重大遗漏。因此在编纂工作中就要妥善处理条目交叉关系，务求做到相关条目彼此呼应，同型条目互相协调，上下层次条目首尾衔接，配套成龙。

百科全书条目之间的交叉关系可以分为纵向关系、横向关系和错综关系三个方面。下面主要以《中国大百科全书》的《天文学》卷和《环境科学》卷为例试作说明。

纵向关系

条目之间的纵向关系指的是上层次领条和下层次属条之间的关系，也可称为领属关系或上下关系。纵向关系往往是多层次的。《天文学》卷中的“行星—地球—月球—月相”，《环境科学》卷中的“环境—地理环境—社会环境—聚落环境”都是“祖孙四代”典型的多层次关系。因此可以把纵向关系区别为直接领属关系和间接领属关系。

直接领属关系　在多层次关系中取下一层次的条目加上它们的领条

就构成这种关系，也可称为父子关系。处理这种关系时，对领条的要求是：

领条的条头要覆盖住属条。例如作为“废水物理处理法”“废水化学处理法”“废水生物处理法”的领条，原拟标题为“废水处理方法分类”就统摄不了属条，改为“废水处理方法”就合适了。

领条的释文要尽可能提到属条名称，让这些条目名称用楷体字排印（《中国大百科全书》释文中用楷体字排印的词表示本卷有此条，可以参见），便于读者参阅。例如“环境物理学”这个领条有一段释文是：

> 环境物理学根据研究的对象可分为**环境声学**、**环境光学**、**环境热学**、**环境电磁学**和**环境空气动力学**等分支学科。但总的说来，因为环境物理学是正在形成中的学科，它的各个分支学科中只有环境声学比较成熟。

领条对属条可作简单的介绍，例如写一个定义，但不能过多的深入，以致越俎代庖，吃掉属条释文内容。“环境物理学”对属条“环境声学”，只概括介绍它的研究任务：

> 环境声学的任务是为了改善人类的声环境，研究人所需要的声音和不需要的声音——**噪声**，尤其是研究噪声的产生、传播、评价和控制，以及对人类的生活和工作产生的影响和危害等。
>
> 声音是由固体振动、液体或气体的不稳定流动以及与固体相互作用形成的，因此有关振动的产生、传播、测试、评价以及采取隔振、防振等措施以消除其危害，也是环境声学的研究内容。

领条要介绍诸属条的共性和相互关系。例如《天文学》卷的“行星”条的属条有“水星”“金星”“地球”……九大行星的条目。关于行星的物理参数、公转、轨道要素则是九大行星的共性，应由“行星”条来写。行星只有九个，却有几种分类方法，“行星”条列了一个表来说明分类关系。

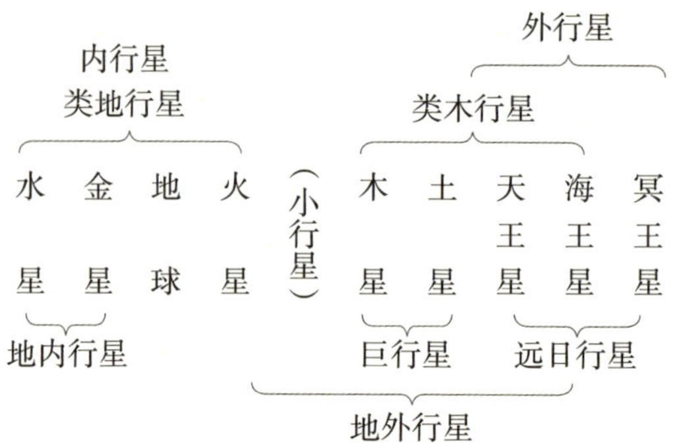

对属条的要求是：释文要承接直接的领条，说明同领条的关系，所述内容要同领条释文中对本条的介绍相照应。属条同领条的关系往往在定义中就作了交代。“环境声学”条的定义是：

环境物理学的一个分支学科，研究声环境及其同人类活动的相互作用。

用编辑的行话说，这是“上挂”。“环境声学”本身又是领条，率领一个大家族，还要“下联”。这个条目释文中用楷体排印的可以参见的下层次条目名称有“噪声”“噪声污染”“噪声控制”“阻尼”“振声”“隔振”等20多个。

间接领属关系 是直接领属关系的延伸，相当于祖孙关系。有关直接领属关系的处理方法，大致也适用于间接领属关系。不过“祖孙”之间毕竟不是“直系亲属”，一般说来，“祖”一级条目对“孙”一级条目的内容可不作介绍，最多提到名称就可以了。《环境科学》卷刊在卷首的概观性文章“环境科学”对直属的分支学科——环境地学、环境生物学、环境化学、环境物理学、环境医学、环境工程学、环境法学等一一作了介绍，而对次级分支学科只点一下名。例如对“环境地学”提到它有次级分支学科环境地质学、环境地球化学、环境海洋学、环境土壤学、污染气象学等，而把概略介绍这些第三代的任务留给第二代条目“环境地学”。间接领属关系大致可以这样安排：第一代条目的释文全面阐述自身的内容，概略介绍第二代条目的内容，必要时提到第三代条目的名称。至于再以下的层次，就不妨如“君子之泽，五世而斩”了。

横向关系

条目之间的横向关系指的是左右关系或平行关系。有的横向联系的条目有内容上的交叉牵扯，有的在形式上则要求一致。常见的有下述几种：

同型关系 百科全书中同类型条目占不少比重。有的是同一“谱系”内的“兄弟”，也有的是不同“谱系”之间的“朋友”。天文学中的“行星”“恒星”条目，化学中的各种元素条目，各种学科中的学说、流派条目，都可以说是分属不同类的同类型条目。同类型条目的特点是彼此在内容上瓜葛不多，而在形式上要求模式化。把国外出版的某种百科全书所列的同类型条目作一比较，可以看出这些条目是用同样的提纲撰写的。《不列颠百科全书》中某些天体条目模式化几乎到了填表格的程度。《苏联大百科全书》大量条目是在各种编写提纲规范下撰写而成的。

《中国大百科全书》按照百科全书编纂的通例，把条目编写提纲看作是指导撰写和审稿的重要体例文件。在《编写体例》中列有多种适用于全书的条目编写提纲。其中，“基本理论和学说条目编写提纲”是这样的：①定义和基本概念；②创建人或奠基人；③形成和发展过程；④基本内容；⑤作用、意义和影响；⑥存在的问题；⑦发展趋势；⑧参考书目（必要时）；⑨插图（必要时）。

编写提纲也可以从撰稿人撰写的试写稿中归纳出来。《环境科学》卷在“无机污染物”下有属条“汞污染”“铅污染”“镉污染”“砷污染”“铬污染”等 20 个同型条目，就是从最先撰写的试写稿中归纳出编写提纲：①元素的基本情况；②对环境的污染；③危害；④其他。关于“元素的基本情况”要求写得“切卷”，不像《化学》卷那样详细说明元素的化学性质和物理性质，而是侧重于介绍它的循环情况，如地壳丰度、岩石风化、河流输送、开采和消费情况；关于“污染”则介绍该元素对水体、大气、土壤的污染；关于“危害”则要求写得扼要，把对人类危害的详细内容交给环境医学分支的“汞污染对健康的影响”“铅污染对健康的影响”……这一组条目来写。

多边关系 这里指一些形式相似、内容交叉的条目之间的关系。《环境科学》卷有“生物积累”（bio-accumulation）、“生物浓缩”（bio-concentration）、“生物放大”（bio-magnification）三个条目都是阐明生物体内富集难分解物质过程的，可是概念极容易混淆。对于这些条目，在释文中必须作出对比性说明，辨明异同，划清界限。在“生物积累”条的定性叙述中有这样一段话：

> **生物积累、生物浓缩和生物放大**三个概念，既有联系，又有区别。生物积累指同一生物个体在其整个代谢活跃期中的不同阶段，机体内来自环境的元素或难分解化合物的浓缩系数不断增加的现象；生物浓缩指生物机体通过对环境中元素或难分解化合物的浓缩，使这种物质在生物体内的浓度超过环境中浓度的现象；生物放大指在同一食物链上，高位营养级生物机体内来自环境的元素或难分解化合物的浓缩系数比低位营养级生物增加的现象。

在“生物浓缩”“生物放大”两条释文中也有类似的表述，互相呼应。在三个条目中读到任何一条释文都能把三者区别开来。在“生物放大”的释文中还从概念的演变作出阐明：

> 生物放大一词是就有食物链关系来说的……20 世纪 60 ～ 70 年代初期，阐述农药或重金属的浓度在食物链上各级机体中逐步增加的事例时，不少人都把这种现象称为生物浓缩或生物积累。到 1973 年才有人开始应用生物放大一词，把它同生物积累和生物浓缩的概念区别开来。

承接关系 事物的顺序是事物发展规律的一种表现。天体的形成和演化是一种顺序，冶金生产的采矿、选矿、冶炼、轧制也是一种顺序。百科全书的条目之间凡表现为这种顺序关系的，要充分考虑它们释文之间的承接，彼此搭界。《环境科学》卷中的“污泥”（指废水处理过程中的沉淀物）条有一群属条：“污泥消化”“污泥浓缩”“污泥脱水”“污泥焚烧”。它们既是独立的污泥处理方法，又是互相承接的工序。条目释文要做到前后衔接。后工序对前工序要有所追溯，前工序对后工序要有所延伸。既要避免脱节，又不能搭界过宽。

错综关系

事物本身有多重属性，可作多维分类，有不同的组群方式，相互之间有千丝万缕的联系。因此，在百科全书的条目之间的关系也是头绪纷繁的。除了上述纵向关系和横向关系以外，其余的姑且归入“错综关系”。错综关系的基本形式表示为辐射关系和网络关系。

辐射关系 从知识内容的交叉关系来说，每个条目都有可能成为一个辐射点，涉及许多条目。仍以“汞污染”条为例，要说明汞在地球的岩石—土壤圈、水圈、大气圈和生物圈中的迁移传播，涉及“污染物的地质大循环”条；要说明基本无毒的元素汞转化为毒性大的甲基汞，涉及“汞的生物甲基化”条；要说明汞污染的危害，涉及“汞污染对健康的影响”和“水俣病”条；要说明含汞废水处理，涉及“活性污泥法”条。至于对汞这种元素的全面了解，对汞中毒病的全面认识，则要涉及《化学》卷和《现代医学》卷了。

网络关系 辐射关系是以一个条目作为出发点的，而网络关系则是若干相关条目同另一些相关条目交织而成的。

《环境科学》卷的“噪声”这个条目之下的属条是按多维分类的。论噪声的种类有“城市噪声”“工业噪声”“交通噪声”“建筑施工噪声”

等条；按噪声的控制方法有“吸声降噪”“有源降噪”“噪声掩蔽”“隔声”等条。每一种噪声往往要应用多种方法控制，这样一些条目和另一些条目互相交叉，就构成了有规则的棋盘式网络关系。当然有的网格可能断档。

《中国大百科全书》是按一定的知识体系的分支学科编纂的。一个分支学科的条目同另一些分支学科条目之间有牵丝攀藤的关系。例如《天文学》卷太阳系分支中有“行星”“彗星”“哈雷彗星”这些条目，与之有关的条目“大行星运动理论”和“彗星的运动”在天体力学分支；“行星射电”和“彗星射电”在射电天文学分支；“行星际磁场”在空间天文学分支；哈雷彗星的发现者哈雷和行星运动的三大定律的发现者开普勒的条目则在天文学史分支。这样构成网络关系就不像上面那样有规则了。

网络关系可分解成辐射关系，辐射关系也可重合为网络关系。

对百科全书编纂过程中的条目交叉关系试作以上分析。为的是便于制定条目编写提纲，便于在审稿中进行组群审核，避免由于条目交叉关系造成不必要的重复和彼此扞格。例如在每个学科卷条目总表制定以后，可以根据条目的纵横关系和辐射关系，勘定条目的“四至”，制定单个条目的编写提纲；可以根据纵横关系和网络关系，统筹安排，制定条目组群的编写提纲。

（原载《辞书研究》1985 年第 4 期）

百科全书的参见系统

在辞书编纂工作中，参见系统的设置是一项重要内容。因为参见系统能给读者以很大方便，能使辞书充分发挥使用功能，所以许多辞书都在不同程度上包含有这项内容。在各种辞书中，百科全书的参见系统最为完备。

“参见”方法的应用由来已久

金常政先生在《百科全书编纂概论》一书中说，有人“认为15世纪意大利人班底尼（Domenico Bandini）在他编著的百科全书性质的《宇宙大事源》中最早采用了参见方法。但在百科全书史上，人们公认最初创建完善参见系统的是英国百科全书编纂家E．张伯斯。”这是就百科全书而言的。如果说“参见”这种方法在一般著作中的应用，它的历史要比这早很多。大凡大部头的自成系统的著作，思路缜密的著作家总不免要用“参见”的方法。被称为“百科全书”式的历史巨著——司马迁的《史记》就是这样。

《史记》130篇，一些篇目之间彼此有联系，需要互见，司马迁就应用“事在某篇”“语在某篇”这些词语把它们联系起来。例如在《秦本纪》中，写到秦孝公变法，就出现“其事在商君语中”，使“商鞅变法”作为一个专题单独成篇，让读者去看《商君列传》。《秦本纪》写秦始皇即位以后的事情，就很简略，出现“其语在始皇本纪中”，让读者去看作为《秦本纪》续篇的《秦始皇本纪》。这种处理方法把作为诸侯之一的秦王国（尽管用“本纪”）同作为统一国家的秦帝国两段历史衔接了起来。《秦始皇本纪》写到秦始皇之死时的情况，便有“语具在李斯传中”，引导读者去看《李斯列传》。司马迁通过“语见”“事见”，环环相扣，把相关纪传联缀起来的手法，同今天百科全书中的参见方式是一致的，只不过使用频率较低，也还没有构成完整的系统。例如《秦始皇本纪》和《吕不韦列传》两篇之间，就我们今天的观点看是要建立联系的，而《史记》中却没有参见关系。后世的断代史——从《汉书》到《明史》，大都步司马迁的后尘，运用这种参见手段。

网络结构和树状结构

百科全书之所以需要参见系统的原因在于：人类知识体系是个多维网络结构，而表述这个知识体系的百科全书框架却基本上是个树状结构。人类知识体系虽说是个整体，但其中有许许多多的知识凝聚点，每个凝聚点又有许多辐射线同其他凝聚点相联。这些辐射线纵横交错，形成多维的网络。百科全书以条目为单元反映这个知识体系，先要对知识进行分类，也就是将人类知识划分成大学科、小学科、大分支、小分支，以至终端条目，把不同层次的概念用主题词标引出来，无论根据什么原则进行科学分类，百科全书框架总是大体上呈树状结构，正如同许多科学论著和教科书采取篇、章、节、目的结构一样。树状结构的科学分类虽然体系井然，却不是网络结构的知识体系的正确投影。树状结构的科学分类保留知识体系的纵向联系，往往难以照顾到知识门类之间的横向联系，更不要说各个知识凝聚点之间错综复杂的瓜葛和千丝万缕的因缘了。在百科全书中设置参见系统就可以在条目释文中布置一些联络点同其他条目挂起钩来，在一定程度上把知识体系重新恢复成为网络结构。

参见系统的四种功能

百科全书的参见系统主要有下列四种功能。

联缀条目的功能 通过参见系统把相关条目联接起来。这种联缀有三个方面：（1）上下层次条目的联系，也就是上位概念和下位概念之间的联系。例如，《中国大百科全书·力学》的概观性文章《力学》的介绍学科体系时，把文中提到的按不同原则分类的各个分支如“固体力学”“流体力学”“一般力学”“38理论力学”“流变学”“空气动力学”“理性力学”“物理力学”“爆炸力学”“岩石力学”“生物力学”“计算力学”，等等，都作为参见词（在版面上用楷体字排印），表示本卷中设有以这些学科名为条头的条目，可以参阅。这是通过参见系统把学科（力学）同所属分支学科（固体力学等）联系起来。在“流体力学”条释文中提到列有条目的次级分支如“流体静力学”“流体动力学”“流体运动学”也都作为参见词，这就建立了大分支学科和小分支学科之间的联系。在“流体静力学”释文中又用参见方式介绍读者去参看一些“定理”条目，如“伯努利定理”“开尔文定理”“亥姆霍兹定理”等。下层次条目在释文中出现自己所归属母学科的名称时，也将母学科作为参见词。这样层层挂钩，把上下层次条目联缀成完整的系列。（2）平行条目的联系。例如在《中国大百科全书·环境科学》中列有“一次污染物”和“二次污染物”条目，后者是由前者转化而来的，前者是因后者而得名的。在两条释文中都把对方的名称作为参见词，互相参阅。（3）相关条目的联系。这里指的是除了上述上下层次条目和平行条目以外的相关条目之间的联系。例如《中国大百科全书·中国历史》中的“赤眉绿林起义”条释文涉及西汉末年的社会经济制度，文中提到列有条目的“五均”“井田”，以及当时的历史人物王莽、刘秀等都作为参见词。这样，就把在分类体系上距离较远的相关条目联系起来了。

减少重复的功能 正因为人类各种知识是互相交叉的，所以百科全书条目都会同其他条目有联系，既要参见其他条目，又要成为其他条目的参见对象。有的条目还会成为许多条目的参见对象。例如化学中元素条目都会提到“元素周期表”，秦汉史的许多条目都会提到刘邦，冶金学的许多条目会提到“晶体结构”，等等。如果每个元素条目提到它在“元素周期表”中的位置，并对元素周期表解释一番，哪怕是只给出一个定义，都会造成大量重复，膨胀出大量篇幅，而且这种解释对于不需要了解这个术语的读者则是一种累赘。参见手段的运用，便可以省下大量篇幅。

提供求知线索的功能　百科全书的条目是人类知识体系中的一个环节，可以从一个环节出发，通过参见系统的渠道获得求知线索，扩大知识领域。以《中国大百科全书·天文学》的小条目“光年”为例，它的释文是：

> **光年（light year）**　光在真空中一年时间所走的距离，天文学中常用的距离单位，缩写为 ly 或 l.y.。光速 c = 299 792.46 公里/秒。1 光年等于 94 605 亿公里，或 63 240 天文单位，或 0.307 秒差距。离太阳最近的恒星——半人马座邻星同太阳的距离为 4.22 光年。银河系直径为 8.15 万光年。大麦哲伦云同太阳的距离为 16 万光年。人类观测到的宇宙深度已达 150 亿光年。

这个条目共出现 4 个参见词（排楷体字的）。参见对象有两种。一种是相关条目的参见，如天文单位、秒差距，跟光年一样是天文学中常用的度量单位；另一种是外行读者不易理解或不易明确理解的术语的参见，这里提到的是银河系（一个恒星系统）和麦哲伦云（银河系的伴星系）。“银河系”是天文学一个分支的领条。释文中提到的星团、银河系自转、银盘、银河系结构、主序星、超巨星、巨星、亚巨星、矮星、亚矮星、白矮星等术语都是条目名称，都作为参见词。“光年”是个小条目，借助于参见系统通向“银河系”这个大条目，就可以得到大量的求知线索，如同从小胡同进入大千世界。通常所说的百科全书有两种功能：教育功能（系统学习）和检索功能（释疑解惑），参见系统对于百科全书实现这两种功能都起着重要作用。

作为编辑手段的功能 百科全书是一件“千手裁缝百衲衣”。卷帙浩繁的篇幅，旷日持久的编纂时间，人数众多的编纂队伍，环节复杂的编纂流程，都容易造成各部分内容的不契合以至彼此抵牾。通过参见系统进行反查，可以发现问题，纠正失误。例如在《中国大百科全书》的《建筑•园林•城市规划》卷的编辑过程中，通过参见系统就发现两个条目释文关于古罗马城市广场的建造时间和广场功能方面的差异，从而作出正确的选择。这种例子是不胜枚举的。

参见的种类

百科全书的参见条目一般分为“参见条目”和“释文内参见”。《中国大百科全书》因为彩色插图是集中编成插页的，所以还应用“彩图参见”。

参见条目 可分为两种。

纯参见条目：这种条目只有条头和告诉读者被参见的条目，不作任何解释，又称“无解释参见”；相对于有释文的条目——“实条”而言，又称“虚条”。

例如：**方济各派** 见托钵僧团。

展开式参见条目：这种条目比“纯参见条目”增加了一个简单的定性语，然后让读者去参看被参见条目。例如：

> **土质学** 研究岩石和土的工程地质性质及其形成和变化规律的学科。在中国现称**工程岩土学**。

参见条目的设立，出于下述两种情况。

第一种情况是，同一概念有两个名（或译名），而且都有相当高的知名度和检索率，就要立两个条目，一为实条，一为虚条。一般是应用更广的名称设实条。例如“版权”“著作权”，两者含义相通而在国际上“版权”应用更广，所以《中国大百科全书·法学》取“版权”为实条，而以“著作权”为虚条。如果一为正名，一为俗名或副名，则取正名为实条。《戏曲·曲艺》卷以“蒲剧”为实条，以“蒲州梆子”作虚条。至于一事物有两个以上名称只以一个为主，而其他名称检索率较低的，都可列入“内容分析索引”，不设“参见条目”。例如金星又名启明、长庚、太白、太白金星、晨星、昏星，在《中国大百科全书·天文学》中，只有“金星”列条，其余均入“内容分析索引”。事物的全称和简称，人物的正名和别名，作家的本名和笔名，大率也可如是处理。

第二种情况是，上层次概念包含下层次概念，下层次概念虽有必要列条，但以放在上层次概念中阐述更为合宜。在这种情况下，就可把下层次概念列为“参见条目”。例如《中国大百科全书·矿冶》的“紫铜”“白铜”“黄铜”“青铜”这些概念因检索率高，都应列条目，但是它们都是铜合金，放在“铜合金”条来说明可以互相比较，获得较全面的知识，所以都列为“参见条目”。有的条目虽无严格的领属关系，但彼此相关，为了便于合并阐述，也应用“参见条目”。《中国大百科全书·中国历史》，仅立“文景之治”实条，而把“汉文帝刘恒”“汉景帝刘启”列为虚条。

释文内参见　按所在位置和所起的作用分为随文参见、段末参见和条末参见。

随文参见：凡是条目释文提到的术语由他条作出解释的，便用随文参见的方式指引读者去参阅他条。《中国大百科全书》对于随文参见有两种表达形式。一种是加注式的，用于他条的条目标题未在释文中出现的情况下。例如：

唐德宗建中元年（780）颁布两税令，实行“两税法”（见古代税法）……

另一种是不加注的，用于他条的条目标题在释文中出现的情况下。例如：

太阳系有九大行星，即水星、金星、地球、火星、木星、土星、天王星、海王星和冥王星。

段末参见：这种参见是在条目释文的一段或一节同他条密切相关而且需要其他条目补充信息的情况下应用的。通常采用加注方式表示。例如《中国大百科全书•矿冶》的“钢锭浇铸”条有一段讲钢锭凝固机理的，就在段末注明“（见金属的凝固）”。

条末参见：用于全条内容同他条密切有关，可由他条补充信息的。这种参见放在条目释文末尾，往往另起一行，直书“参见 ×××”。例如《建筑•园林•城市规划》卷“江南园林”条条末有“参见太湖风景区”。

参见系统的表达方式

各国百科全书的参见系统的表达方式可归纳为下述三种。

用文字表达。例如《中国大百科全书》用“见”“参见”字样（用于加注式的参见）。《不列颠百科全书》（第 15 版）用英文“see”（多用于段末或条末），也用拉丁文“q.v. ”（quod vide 的缩写，意为“参见”“另见”）《苏联大百科全书》用俄文缩写“см. ”，意为“见”“参阅”。

用符号表达。例如法国《拉鲁斯百科全书》用“►”。日本《万有百科大事典》（1973 ～ 1976）用“↓”和“⇓”（全书正文用竖排，故箭头向下）。这部百科全书是大类分科分卷出版的，卷内参见用单线箭头“↓”，卷外参见用双线箭头“⇓”。

用不同的印刷字体表达。例如《中国大百科全书》对所参见的条目标题用楷体字排印。《苏联大百科全书》对所参见的条目标题用斜体字母排印。这两家百科全书都是把“用文字表达”和“用不同的印刷字体表达”结合起来使用于“参见条目”和“加注式参见”。

建立参见系统诸忌

百科全书编纂过程中建立参见系统，下列诸端应加注意避免。

忌参见扑空　包括防止条目扑空和防止内容扑空两个方面。条目扑空是释文的“参见词”同被参见条目标引词不一致，例如参见词是“紫禁城”，可是条目标引词是“紫禁城建筑”。这种情况大都是条目标题在编辑过程中发生变动造成的。内容扑空是参见词虽然同条目标题对上号，但读者从被参见条目中得不到所需的内容。例如《中国大百科全书》某卷一个条目释文提到“矩形天窗的采光系数（见采光标准）平均值可达 5%”，可是“采光标准”条释文并未提到“采光系数”，就造成内容扑空。因此全部参见必须反复核对，务求无误。

忌用词分歧　参见词同被参见条目的条目标引词必须严格一致。例如条目标题为“汉武帝刘彻”，其他条目中出现“汉武帝”“武帝”“刘彻”都不能作为参见词。诸如连词用“和”或“与”“及”，连字符用对开或全开的等都不宜变更。例如“岁差和章动”是条目名称，就不能用“岁差与章动”这个词去参见。

忌割裂原词　释文中是一个复合词，不宜切取它的一部分作为参见词。例如有一人物条目的定性语是“中国象棋家”，其中“象棋”一词虽为条目名称，仍不宜作为参见词，因为“象棋家”是一个完整的词。同样地，释文中提到“《考工记·匠人》”，不宜切取“《考工记》”作为参见词。

忌改变词性　百科全书的条目标题应为名词或名词性词组，参见时不能改变这种词性。改变词性的情况常常发生在条目标题为动名词的情况下。例如在“法院建筑”这个条目释文中有这么一句话：“有些国家把法院和监狱建筑在一起”，虽然有“监狱建筑”这个条目，句中的“监狱”和“建筑”也靠在一起，但不能把“监狱建筑”作为参见词，因为它改变条目标引词的词性，把宾语提前的动宾关系变成了偏正结构。

忌进入引文 有这样的条目释文：

> 郭廷以自序：“本书记事，开始于**鸦片战争**；而于战前的中西关系，仍择要编年……”
>
> 中国《城市规划条例》规定：城市成片建设的地区，应当按照**城市规划**实行综合开发……

虽然所在卷中有“鸦片战争”“城市规划”这两个条目，仍不能把引文中上述文字作为参见处理，因为引文的原有的表达形式，引用者不宜加以改变。编纂者没有权利把参见带进引文中去。

忌滥用参见 《中国大百科全书·天文学》有“太阳”“地球”这些条目，如果把其他条目释文中的太阳、地球这些词都作参见处理，就失之于滥了。例如“日食”条中的太阳，它同地球、月球是一种几何关系，就不必去参见说明太阳物理状态的“太阳”这个条目。另如《中国大百科全书·考古学》中有“遗迹”“石器”“砖”这些条目，也不能一遇见这些词就把它们作为参见词。

忌反复出现 在一个条目中，同一参见词一般只在最必要的地方或者最先出现的地方出现一次，不宜反复出现。如果是长条目，相隔过远，也可再登场一次。

忌密度过大 加注式参见过多，释文中出现许多括号加注会干扰阅读，使普通赛跑变成跨栏赛跑。就是一般参见也不宜密度过大，否则会分散读者的注意力。

参见的频率

国外百科全书都建立参见系统。就应用频率而言，有的较高，有的较低。《不列颠百科全书》应用频率较低。例如第 15 版的“中国史”这个条目从远古写到 20 世纪 70 年代初，长达 108 页，译成汉语当在 20 多万字，只出现参见词 20 多处。近现代人物标出参见的只有孙中山、蒋介石、毛泽东、周恩来，外加一个来过中国的美国人马歇尔。《苏联大百科全书》应用参见的频率较高，例如第 3 版的“中国”这个条目，“历史”一节也写到 20 世纪 70 年代初为止，共 13 页，译成汉语约 4 万字左右，共出现参见词 99 处。近现代人物林则徐、洪秀全、杨秀清、韦昌辉、曾国藩，李鸿章、孙中山、袁世凯、段祺瑞，李大钊、陈独秀、瞿秋白、邓中夏、蔡和森、张太雷、彭湃、汪精卫、毛泽东，以及大革命时代来过中国的苏联人鲍罗廷、加伦都排成斜体，作为参见词。据统计，《苏联大百科全书》第 3 版每卷出现参见词 5000 个，平均每页 7 个。上述中国历史部分的参见词出现频率，同这个统计数字接近。

笔者抽查了《中国大百科全书》的《天文学》《法学》两卷各 50 页，统计了参见词。《天文学》卷共出现参见词 546 个，平均每页 10.9 个；《法学》卷共出现参见词 339 个，平均每页 6.8 个。百科全书中参见词的出现频率究竟以什么标准为宜？是百科全书编纂学中值得探讨的课题。

（原载《辞书研究》1988 年第 6 期）

《中国大百科全书》的检索系统

人们常常把百科全书喻作规模宏大的知识宝库，而百科全书的检索手段便是打开这座知识宝库的金钥匙。历来的百科全书编纂家都十分重视百科全书检索系统的规划和设计，十分重视检索手段的编制。百科全书评论家则普遍认为检索性是衡量一部百科全书质量的重要标尺。

《中国大百科全书》（以下简称《全书》）是中国第一部现代类型综合性百科全书。因为它是用汉字编写排印的，所以它的检索系统又有不同于西方国家用他们本民族语言出版的百科全书的特点。《全书》是按学科或知识门类分类分卷出版的。每个学科卷既是《全书》的组成部分，而在内容上又有相对独立性，如同一部专业百科全书。因此每个学科卷都按照统一的体例规定设置检索系统。《全书》首卷《天文学》1980 年出版后，著名学者周有光先生 1981 年即在《百科知识》月刊发表题为《“知识爆炸”与大海捞针》的专文，以“路路通”称道《天文学》的检索系统。

《全书》的检索系统是相当完备的。它由 5 条主要检索渠道和 6 条辅助检索渠道组成。下面分别加以介绍。

主要检索渠道

《全书》检索系统中的主要检索渠道指的是以条目作为直接检索对象的检索途径，因为《全书》同近世其他国家出版的综合性百科全书一样，是以条目作为基本单元的。主要检索渠道包括音序检索、笔画检索、分类检索、外文检索、主题检索 5 种检索方法。

音序检索 《全书》各学科卷是按音序排列的。排列方法是辞典和百科全书的第一检索渠道，因而是检索的“大门”。《全书》统一的《凡例》规定：“本书条目按条目标题的汉语拼音字母顺序并辅以汉字笔画、起笔笔形顺序排列。同音字按汉字笔画由少到多的顺序排列，笔画数相同的按起笔笔形一丨丿丶乛的顺序排列。”条目采取音序排列方法是考虑了客观社会条件和《全书》本身情况以后决定的。就社会条件来说，1956 年国务院发出了《关于推广普通话的指示》，1958 年全国人民代表大会批准公布了《汉语拼音方案》，1959 年《新华字典》由按注音字母顺序排列改为按汉语拼音字母顺序排列。从那时到 70 年代末和 80 年代初开始编纂《全书》的时候，普通话和《汉语拼音方案》的推广已有相当成效，《新华字典》已为中小学生广泛使用，这些都为《全书》采取汉语拼音顺序排列创造了社会环境条件。从《全书》本身来说，它是知识性（相对语文性而言）的工具书，条目标题所用汉字数量有限，很少罕见的、读音难以把握的古字、僻字、异体字，按汉语拼音排列是合适的。《全书》首卷出版十多年来，熟悉汉语拼音的人越来越多，可知《全书》当时采取这种排列方式是富有前瞻性的。何况，检索渠道众多，对于不熟悉汉语拼音的读者，也不至于“不得其门而入”。鉴于一些按汉语拼音排列的辞典，对于同音字的排列方法未作宣布，给读者带来不便，所以《全书》明确公布了按笔画笔形排列的方法，规定了笔形顺序。它所采取的“札”字法笔形顺序，同中国文字改革委员会、国家出版局 1983 年制定的《汉字统一部首表（草案）》中一画部首的顺序相一致（见语文出版社 1991 年版《语言文字规范手册》〔增订本〕附录一）。《全书》体例还对条目标题以拉丁字母开头的（如“A 声级”“B 型发射星”），希腊字母开头的（如“α 过程”“γ 射线”），阿拉伯数字或罗马数字开头的（如“3K 背景辐射”“Ⅲ型彗尾”）的排列方法作了规定。这样，每个条目都有确定的位置。

笔画检索 尽管汉语拼音在我国已经相当普及，但是还有一部分读者不熟悉，或者不熟悉某些汉字的读音。为此，《全书》设置了《条目汉字笔画索引》。笔画检索是使用汉字的读者最容易掌握的检索方法。它没部首法分部不准的麻烦，也不像号码法那样必须经过训练。研究汉语辞书排检法的学者认为，汉字大多集中在 7 画至 16 画内，同笔画的字一多，用笔画法检索就不方便了。《辞海》1979 年版收字 14 872 个，其中 12 画的就有 1547 个，要从中找出一个检索对象，是要费一番周折的。这种麻烦对于《全书》并不存在。《全书》的学科卷大多是单卷本，收条约在千条左右。例如《法学》卷共收 1073 条，条目首字共为 451 个，其中首字 12 画的 47 条，再按起笔的顺序一分，检索起来就很方便。这种索引附有《繁体字和简化字对照表》，供不熟悉简化字的读者使用。

分类检索 《全书》各学科卷在条目正文前都有《条目分类目录》。它虽然称为“目录”，置于正文之前，但同置于正文之后的“索引”一样，都是检索工具。分类的基本原则是把具有共同特点的归入一类，要求符合客观事实，遵从逻辑程序，考虑传统习惯，而又必须是切实可行的。

《全书》许多卷按学科分类。《天文学》卷分为 13 个分支学科，这些分支并不在同一平面上。天文学史历述人类对天文现象认识的历程；天体测量学、天体力学、天体物理学是按研究方法分类的；光学天文学、射电天文学、空间天文学是按观测手段分类的；太阳系、太阳、恒星、银河系、星系、宇宙学则是按研究对象分类的。按研究方法和观测手段分类的学科，依发展的程序排列，按研究对象分类的分支，依空间尺度的层次排列，都是有序结构。整个天文学分类体系，是以按研究对象分类为主，以按研究方法和研究手段划分为辅构成的。

各学科卷的分类都是从具体情况出发的。《世界地理》卷以地域——“洲”作为第一层次分类；《宗教》卷分为宗教学、佛教、基督教、伊斯兰教、道教、中国少数民族宗教、中国民间宗教、其他宗教8个分支，基本上以教派分类。

“条目分类目录”反映了整个学科体系，可借以了解学科全貌，本身就极有价值。在检索时还可以知道某一条目在整个学科中的地位。凭借分类目录，读者可以进行系统学习，从编纂者的角度来说，就是发挥百科全书的教育功能。国外的百科全书很少有将分类条目表公之于众的，甚至还视为“机密”，因为怕竞争，怕被无偿利用，也怕“露怯”。

不了解或不很了解学科体系的读者，当不知道某一或某些条目归属的时候，就要借助于其他检索手段了。

对于新兴学科来说，《全书》的编纂起了促进科学分类研究的作用。环境科学是个新兴学科，在中国起步尤晚。在《全书》规划编纂《环境科学》卷时，我国还没有一个环境科学研究框架。《全书》环境科学编辑委员会确定将环境科学划分为：环境地学、环境生物学、环境化学、环境物理学、环境医学、环境工程学、环境管理学、环境经济学、环境法学等分支，这个框架后被有关部门采纳作为环境科学的研究纲要。

外文检索　《全书》大多数学科卷都有《条目外文索引》（主要用英文），供熟悉外语的海内外读者查检参考之用。只是纯中国内容学科卷，如《中国文学》《戏曲•曲艺》未设这种索引。此外，纯中国内容、外文无定译的条目也未列入外文索引。尽管如此，设有《条目外文索引》的学科卷，收入该索引的条目在全部条目中所占的比重仍然很高。例如《天文学》卷共有条目1074条，《条目外文索引》中列有1042条，占97%。我国国内所用的一些术语尚未统一，大陆同港台以及海外华人世界所用汉语术语分歧相当严重，往往成为信息交流的障碍，外文索引也有助于消除这方面的障碍。

主题检索　《全书》各学科卷都有《内容分析索引》（后改称《内容索引》）。这种索引是《全书》几种索引中最重要最详尽的综合性索引。它不仅列有全部条目标题，而且列有条目释文中的隐含主题。所谓

“释文中的隐含主题”，就是释文中提到的有知识内容的术语、专名等。例如《中国历史》卷“洋务运动”条有这样一段释文：

> 1874年……为了加速建立海军，清政府先后向英、德等国订购舰只，建立了南洋水师、福建水师和北洋水师。中法战争中，福建及南洋水师受挫。1885年，重点建设北洋海军。

这里的“南洋水师”“福建水师”“北洋水师”三个专名就是隐含在释文中的知识主题，便把它们选出列入《内容索引》。如读者从索引中查到“南洋水师”，按照所示页码、版区读到上面那段话，便可得知它的建立年代，装备来源，失败情况，以及它的建立是洋务运动的组成部分。这就大大增加了《全书》的使用功能。徐祖友先生在《谈谈词典的附录》一文中对《全书》的“内容索引”曾作了评价：

> 值得一提的是《中国大百科全书•外国文学》卷末所附的内容索引，它突破了单纯以查找词目为索引任务的窠臼，广泛包容了条目释文内容所涉及的重要概念，诸如作家、作品、人物、文学思潮、流派、体裁、机构、团体、刊物、专有名词术语、典故等。据统计，《外国文学》卷条目数为3006，而内容索引的引目为12 000余条，是全书条目总数的四倍，也就是供读者查找信息的“眼”增加了四倍。[1]

评论是符合实际的，需要说明的是《全书》从首卷《天文学》起，就编有这种索引，而且作为《全书》的编辑体例贯彻到包括《外国文学》卷在内的每一个学科卷。

辅助检索渠道

《全书》检索系统中的辅助检索渠道，指的是以条目作为间接检索

[1]《辞书编纂经验荟萃》，上海辞书出版社，1992年，第337页。

对象，或者以全书中某一专项内容作为检索对象的检索途径，包括时序检索、图片检索、参见检索、书目检索、标题检索、人名检索 6 种检索方法。

时序检索 《全书》各学科卷都编有同本学科内容相应的《大事年表》，作为知识性的附录。《大事年表》记述事物的起源、重大发现和发明、重要历史事件等内容。选用的事实务求平衡，照顾到各分支学科，照顾到外国的和中国的。这样，《大事年表》就成了循时间顺序查检学科（知识领域）内容的资料。年表中设置有随文参见，同条目沟通起来。读者可以通过时序检索渠道，进入条目释文，了解某一事件或者同时代发生的若干事件。例如 1945 年是抗战胜利的一年，从《中国历史》卷《大事年表》可以了解当时的大事。在日本投降前，中美英三国发表《波茨坦公告》促令日本无条件投降；苏联对日宣战，苏军进入东北；《中苏友好同盟条约》签订。在日本投降后，蒋介石邀请毛泽东到重庆谈判，签署《双十协定》；台湾光复。通过参见系统，可以了解当时的历史概貌。

图片检索 《全书》各学科卷均有《彩图插页目录》作为检索各该卷彩色插图之用。这种目录虽未分类，实际上是自成体系的有序结构。以《建筑 • 园林 • 城市规划》卷的彩色插图为例，它分为中国建筑史、外国建筑史、园林艺术、城市规划 4 个部分。中外建筑史均以时间为序，同一时间跨度内又将某些图片相对集中编辑，如将中国的佛塔、外国的建筑流派集中在一起。彩色图片同条目用参见手段联系起来，可从条目释文检索图片。例如建筑师“贝聿铭”条释文中有“他的作品参见彩图插页第 48 页”字样。在这页彩图中有贝氏的 3 座建筑作品的 4 幅图片。有的卷还有从图片参阅条目的参见。

参见检索 《全书》建立了相当完备的参见系统。它的任务是把相互关联的条目或概念联系起来。这种联系有上下层次的联系，如“行星”和“地球”，“地球”和“月球”；平行层次的联系，如作为“家禽”

的“鸡”“鸭”“鹅”；还有辐射性的联系。以《宗教》卷的人物条目“玄奘”为例，释文有参见词29处，辐射到29个条目。其中宗派1处（法相宗，玄奘是创始人），佛经12部（如他译的《大般若经》），其他著作6部（如他译成梵文的《老子》），人物7人（如他的弟子窥基），学说2种（如因明），寺庙1处（他在印度求学所在的那烂陀寺）。

参见可以帮助读者获得更多的信息。读者可从“玄奘”条知道这位高僧的生平、事业、学说和对后世的影响，还可通过释文提供的参见线索获得更广泛的知识。关于“参见系统”可参阅本书中的《百科全书的参见系统》一文。

书目检索 《全书》各学科卷的许多条目在条末列有“参考书目”，向读者提供进一步学习条目所述主题知识的线索。例如《中国历史》卷的“井田”条附有参考书目3种：金景芳《论井田制度》，徐喜辰《井田制度研究》，吴慧《井田制考索》；《地理学》卷的“干旱区地理”条附有参考书目4种：朱震达等《中国沙漠概论》，赵松乔主编《中国干旱地区自然地理》，W.G.McGinnies，et al.，*Deserts of the World*，E.E.Whitehead，et al.（ed.），*Arid Lands*：*Today and Tomorrow*. 提供的参考书目都注明出版单位、出版地点和出版年份。参考书目切合条目，针对性强，成为百科全书通向书海的桥梁。

标题检索 这里所说的标题是指条目释文内设置的表示各个层次知识主题的标题，称为“释文内标题”，又称“层次标题”，也是便于读者快速查检的手段。《全书》规定，1000～2000字以上的条目释文内一般设层次标题，层次最多不超过4层。不同层次的标题，用不同的字号、字体表示。层次清楚，一目了然。举《建筑• 园林• 城市规划》卷的“中国近代建筑”条的层次标题为例：

中国近代建筑

发展阶段

鸦片战争到甲午战争（1840～1895）

甲午战争到五四运动（1895～1919）

五四运动到抗日战争爆发（1919～1937）

抗日战争爆发到中华人民共和国建立（1937～1949）

建筑类型

居住建筑

独户型住宅

联户型、多户型住宅

工业建筑

木构架厂房

砖木混合结构厂房

钢结构和钢筋混凝土结构厂房

公共建筑

行政建筑和会堂建筑

金融建筑和交通建筑

文化教育建筑

商业服务业建筑

建筑技术

结构技术

施工技术

建筑风格

近代外来形式的建筑风格

近代民族形式的建筑风格

有了层次标题，定向查检某一事项的读者可以根据标题作出选择，实现快速查检。

人名检索 《全书》各学科卷的《内容索引》之后都附有《外国人名译名对照表》(《中国文学》《戏曲•曲艺》等卷除外)，表中列有《内容索引》所收的拉丁文字和斯拉夫文字的人名。它是供只知人物的外文名而不知其汉译名（或汉名）的读者检索用的，在人物的外文名同汉译名（或汉名）差异颇大的情况下，尤其需要。例如《天文学》卷提到研究中国科学技术史取得杰出成就的英国学者 Joseph Needham，汉名为李约瑟，也提到明代末年来华、把西方科学技术介绍到中国的意大利传教士 Mathoeus Ricci，汉名为利玛窦，通过该卷《译名表》可以查到他们的汉名，再借助于《内容索引》就可知道书中涉及检索对象的内容所在页码和版区，从而得到有关信息。

特点和问题

《全书》的检索系统有下述三个特点。

设计的周密性　《全书》是中国第一部综合性百科全书，无成规可循，无前例可援，无蓝本可依，称得起“栽花初试”。以姜椿芳先生为首的编辑班子，设身处地地为各种类型的读者着想，充分参考了国外百科全书的经验，经过缜密的思考，反复的研究，设计出适应不同读者群不同要求的检索系统。这个系统虽然相当详备，仍然是“有所为也有所不为”的。首卷《天文学》编辑过程中，曾有人提议加一《四角号码索引》。当时考虑这种检字法确有便捷的优点，但比较适合于收字数千至万余的辞典。字数多了，重码过多，不便检索。字数少了，四位数一分，显得零零落落。《天文学》卷 1000 多个条目，条目首字去掉重的，只有 400 多个，就有这种情况，所以未列这种索引。

检索渠道的多样性　《全书》检索渠道之多，在我国迄今为止出版的工具书中是无出其右的。其中如隐含主题索引的编制，参见手段的充分运用，在我国辞典和百科全书编纂中都是首开风气的。各种检索渠道彼此相辅，互为补益，各掌其职，构成网络。各种检索方法自成体系，只有少量亲缘交叉，也在合理范围以内。

篇幅的适度性　辞典和百科全书的检索手段虽然以多为胜，但也有一个制约因素，即所占篇幅不能过多。据统计，《天文学》全卷篇幅为652页，目录加索引为73页，即占11.2%。这同一些辞书学者所认为的检索手段所占比重以10%为宜，大致相当。《全书》有的检索手段是隐含的，不占篇幅，例如功用很大的参见检索就是这样，只是需要编辑者、排校者付出大量劳动。

《全书》检索系统也存在着一些问题。体例规定纯中国内容不译出外文，也不设外文索引，似乎是考虑不周的。《天文学》卷“条目外文索引”的“说明”说：“纯中国内容的条目如‘干支’‘岁星纪年’‘分野’一般不译出外文标题，也不收入本索引。”对于一卷来说，这样做就失去了索引的完整性。推而广之，以致《中国历史》《中国文学》这样重要的学科卷都没“条目外文索引”，无疑是《全书》的缺欠。

在实践上，也存在着体例贯彻不严的问题。例如《外国文学》卷没有“条目外文索引”，已为论者所批评。《世界地理》卷未能参照“外国人名译名对照表”的例子编制一份“外国地名译名对照表”，也是有损使用功能的。此外，某些卷虽有条件却未编写学科大事年表这样的知识性附录，也是可惜的。

（原载《辞书研究》1993年第6期）

《中国大百科全书·哲学》卷调查报告

《中国大百科全书·哲学》（以下简称《哲学》）卷于1987年10月由中国大百科全书出版社分Ⅰ、Ⅱ两册出版。编辑委员会主任为哲学家、历史学家胡绳。现将有关情况报告如下。

基本情况

《哲学》条目数：2295条。全卷字数：348.3万字；条目字数：299.4万，平均每条1305字。

各分支条目数及其比重：

分支学科	条目数	比　重（%）
总　论	32	1.3
哲学史	1486	60.8
中国哲学史	672	27.5
外国哲学史	814	33.3
马克思主义哲学	245	10.0
辩证唯物主义	135	5.5
历史唯物主义	110	4.5
哲学的分支学科	640	26.2
自然辩证法	186	7.6
辩证逻辑	16	0.6
伦理学	203	8.3
美学	82	3.4

续 表

分支学科	条目数	比　重（%）
逻辑	153	6.3
现代哲学学术机构和刊物	41	1.7
合　计	2444*	100

* 按“条目分类目录”统计，比实有条目数 2295 条多出 149 条，因为有的条目分列于两类以至多类。例如孔子、亚里士多德在“条目分类目录”中的哲学史、伦理学、美学、逻辑 4 个分支中都列了。数字划线者为其下数字未划线者各项之和。

条目按长短分类及其比重：

类　别	条目数	比　重（%）
特长条目（>20 000 字）	3	0.1
长条目（4000 ～ 20 000 字）	96	4.2
中条目（700 ～ 4000 字）	1240	54.0
短条目（<700 字）	803	35.0
参见条	153	6.7
合　计	2295*	100

* 概观性文章未计入。

条目按性质、地域分类及其比重：

项　目		世界性条目数	外国内容条目数	中国内容条目数	合　计	
					条目数	比重（%）
人　物			421	250	671	29.2
学科、概念、流派			194	313	1150	50.1
事　件		643	14		14	0.6
书　刊			192	233	425	18.5
机　构		2	21	10	33	1.4
地　名				1	1	0.1
实　物		1			1	0.1
合计	条目数	646	842	807	2295	
	比重（%）	28.1	36.7	35.2		100

全卷图表：（单位：幅）

插图				彩图（72面）	合计
照片	线条	表格	小计		
548	39	11	598	252	850

* 全卷插图（包括表）598幅，按照条目正文字数299.4万字计算，插图与字数之比为1∶5007，即平均5007字有插图1幅；按正文页数1273页计算，插图与页数之比为1∶2.13，即2.13页有插图1幅。

全卷条目数与“内容索引”主题词条数之比为：2295∶7782 = 1∶3.39。

《哲学》在我国出版史上的地位

哲学是智慧之学，是关于自然界、社会和人类思维及其发展的最一般规律的学问。在人文科学中，它是一门较为深奥的学科。学科既然深奥，编纂辞书的难度也就高，所以哲学辞书为数不多。中华人民共和国成立前全国规模最大、历史最久的出版机构——商务印书馆，从19世纪末叶至20世纪中叶，只出过一种《哲学辞典》〔见《商务印书馆图书目录（1897～1949）》,《目录》载有《哲学辞典》和《哲学辞典》(缩本）各一种，都是樊炳清编，可见实际上只出过一种〕。

1949～1978年的30年中，哲学辞书可举者只有苏联罗森塔尔、尤金编的《简明哲学辞典》中译本，由人民出版社出版。此书虽有参考价值，但因侧重批判而减色。

《哲学》是《中国大百科全书》的一个学科卷，如果作为一部专业百科全书看，是当时我国在这个领域覆盖最全（包括哲学的所有分支学科）、篇幅最大（350万字）的工具书（上海辞书出版社出的《哲学大辞典》，全书560万字，是1992年问世的，此前仅出有几册分卷）。这部荟萃古今中外哲学知识于一编的工具书，因为内容充实、包罗广泛、体例严谨、检索方便，将会作为一座哲学知识宝库，长久流传下去。

值得称道的地方

1. 选条方面

（1）具有中国特点。以“哲学史”这一分支而言，中国哲学史为 672 条，占全书总条数的 27.5%，占哲学史总条数（1486 条）的 45.2%，这是其他国家编纂的百科全书做不到的。

（2）选收了系统介绍知识的条目。《哲学》卷每条平均字数为 1305 字，而《哲学大辞典》为 450 字（按照该书《前言》所述数据推算）。这样，《哲学》就有可能收录较长条目，对某些学科、流派作系统介绍。以“中国哲学史”分支为例，设有“中国哲学史”（特长条，2.2 万字）、“中国佛教哲学”“道教哲学”“儒家”“道家”“禅学”“藏族佛教哲学”这些通贯古今的条目；并且设有断代综述条目，如“先秦哲学”“秦汉哲学”“魏晋南北朝哲学”等。把《哲学》同《哲学大辞典》作比较，前者发挥百科全书的特点，重视系统介绍，便于读者作为教育参考书之用；后者设有 12 420 个条目（《哲学》“内容索引”的主题词为 7782 条），发挥辞典短条目多，便于释疑解惑的功能。应该说，我国改革开放时代出版的这两部哲学工具书是相辅相成，相得益彰的。

（3）选收了重要概念。《哲学》选收了一些对于百科全书来说是相当重要的概念，如真理、正义、政治、政党、历史唯物主义、阶级等。可是，这些条目《不列颠百科全书》均未收，有的可能是出于意识形态上的原因。

（4）对《中国大百科全书》各卷的选条起了互补作用。《中国大百科全书》分类分卷出版，通常都说《中国大百科全书》各卷条目颇多重复，这确是一个问题，但从各学科卷要相对完整来说，要避免重复也颇为困难。从另一方面说，各学科卷独立选条也起了互补作用。例如，以著作条目来说，罗素的《数学原理》是数学名著，《数学》卷未收；《说文》是彝族的重要文献，《民族》卷未收；《坛经》是禅宗高僧的传法纪录，《宗教》卷未收。这些在《哲学》中都设了条。以人物条目来说，弘忍是禅宗五祖，《宗教》卷未收；王星拱是有成就的化学家，《化学》卷未收。这些《哲学》也都收了。不过，也有一些条目是《哲学》应立而未立的，例如“因明（学）”是印度的逻辑系统，是世界三大逻辑系统之一（另外两个是中国的和希腊的），对于《哲学》来说是不可或缺的条目，它却没有立条（只是在“逻辑”等条中有所介绍），但《宗教》卷立了，而且是一个7700字的长条目。

（5）收列思想论战条目。论战是哲学史上的重要事件。《哲学》收了这方面的条目，古代的如“白虎观会议”“神灭神不灭之争”，近代的如“‘问题与主义’的论战”“‘真理标准问题’的讨论”，这无疑是必要的。似乎还可补上佛教史上的“顿悟和渐悟之争”或“顿渐之争”。

2. 释文方面

（1）内容精辟。《哲学》卷有大量条目写得非常精彩，姑举一例。“气”在中国古籍中有多种含义，而且代有演变。一般读者很难掌握这个概念，觉得它像空气那样虚空，变幻莫定。《哲学》“气”条开头就写得好：

> 中国古代哲学用以表示物质存在的基本范畴。原意指气体状态的存在物，是云气、蒸气、烟气以及呼吸之气的总称。古代思想家认为，固体物和液体物都由气体凝聚而成，所以逐渐赋予气以哲学意义，主要用以指构成一切有形之物的原始材料，标示一种能运动、占有空间的客观存在。

接着从先秦到明清，介绍了伯阳父、孟子、《管子》、庄子、荀子、《淮南子》、王充、张载、二程、朱熹、王廷相、王夫之等十余家关于

“气”的学说；后归纳说明先秦哲学中的“气”是构成一切有形之物、有生之物的原始材料，是生和知的基础；从宋至明清，中国唯物主义哲学家都以“气”为最高范畴；最后指明，“气”的含义广泛，不论物质现象还是精神现象都称为“气”，“浩然之气”“圣贤气象”则指精神境界。

“气”条只2300字，引述古籍23处，融入叙述之中。全条通贯古今，脉络井然，结构严谨，文笔洗练，把丰富的内容浓缩在一页（版面）之中，堪称百科全书条目的典范之作。撰稿人为北京大学张岱年教授。

（2）定性叙述得体。例如概念条目“天”的定性叙述是：

> 中国古代思想家用以表示苍苍太空、最上主宰、最高存在或不假人力的自然状态的范畴。

这个定性叙述给出天的四种含义，并以苍苍太空、主宰之天、义理之天、物质之天作为释文的纲领。

又如命题条目“理存于欲”的定性叙述是这样的：

> 中国明清时期一些唯物主义哲学家提出的重要的哲学命题，是对理学家所谓“理欲之辩”的批判。“理”指道德原则；“欲”指生活欲望。“理存于欲”，意谓道德准则以人的物质生活欲望为基础，不能脱离人的物质生活欲望而存在。

这个命题本不易懂，但释文用几句话就将其解说得相当清晰。

（3）述评有深度。宋朝思想家程颢、程颐兄弟，同为宋代理学奠基人，合称“二程”。一般辞书只言其同，未言其异，而《哲学》的“程颐”条则指出他们的同中之异和在思想史上对后世的不同影响：

> 二程都以理作为哲学的最高范畴，但程颢是以心解理，开了以后陆王心学一派。程颐一般是把理与气相对来论述的，开了以后朱熹理学一派。

这几句话确有辨章学术、考镜源流的意义，做到了科学研究所要求的：不同的事物识其同，相同的事物察其异。

（4）溯源得当。“道德”是中西都用的概念，该条的词源就做到中西兼顾：

道德一词在汉文中最早是分开使用的。中国商朝的甲骨文中已有“德”字，但含义广泛。西周初年的大盂鼎铭文的“德”字，是按礼法行事有所得的意思。《老子》一书中有“是以万物莫不尊道而贵德”的命题。在《荀子·劝学》中“道”与“德”二字始连用，“故学至乎礼而止矣。夫是之谓道德之极”。中国古代的道德概念，既包含道德规范，也包含个人品性修养之义。在西方，道德（morality）一词源于拉丁文 moralis，该词的复数 mores 指风俗习惯，单数 mos 指个人性格、品性。

商讨一些问题

笔者以为《哲学》卷存在下述一些问题，谨提出商榷。

1. 关于体系

（1）在《条目分类目录》中，“马克思主义哲学”是独立成为一个分支的，可是“马克思主义哲学史”这一次级分支又置于“哲学史”分支之下，体系上似不协调。似可采取“两立”办法，即在“马克思主义哲学”之下，也列出“马克思主义哲学史”这一次级分支，或者用说明的方式作出交代，使“马克思主义哲学”这一分支体系完整起来。

（2）在“马克思主义哲学”分支中列有不同流派使用的，而且在马克思主义哲学之前即已出现的术语，如宇宙、存在、物质、空间与时间、运动与静止、要素、结构、层次、系统、属性、规律、范畴、认识、实践、人性，等等。可知分类不够慎重。分类上的不当，会造成检索上的困难（仅就从分类目录检索而言）。

（3）在“哲学总论”分支中，“唯物主义”是同“唯心主义”并列的；而在“马克思主义哲学”分支中，“历史唯心主义”及其所属条目如“宿命论”“历史循环论”等均置于“历史唯物主义”之下，理由似不充分，梯次亦不协调。

2. 关于选条

（1）不平衡。在“外国哲学史”这个次级分支中，“朝鲜哲学史”这个条目群有 33 条，可是“十八世纪法国哲学”这个条目群也只有 33 条（实际上它是“法国哲学史”的主体，除此之外，没有几条了）。18 世纪法国哲学是群星灿烂、震撼世界的，出了孟德斯鸠、伏尔泰、卢梭、达朗贝尔、狄德罗、霍尔巴赫、爱尔维修这样一大批杰出人物，他们的智慧光芒至今还照耀着人类，其影响是朝鲜哲学不能与之比拟的。又“阿拉伯哲学史”条目只有 19 条，大大少于朝鲜。这些都反映出编者于宏观结构思考得不够充分。

（2）过宽。选了一些在革命史上有地位而哲学意义不强的条目，如“新民学会”“觉悟社”“《湘江评论》”等，另外，还选了其他一些哲学性质并不强的条目。

（3）过细。一是关于术语的条目。如“交往形式”，马克思曾经用以表述生产关系的概念，并未用开，后来马克思自己也不用了。既如此，可不立条目，在“生产关系”条提一下，作个索引就可以了。二是关于机构的条目。如“不列颠现象学会”，它是一个国别性团体，历史也不长（1967 年成立），况且现象学在哲学中是个不大的学科，故该条似可不收。又如“博士俱乐部”可并入“青年黑格尔派”。三是立了一些并不重要的条目。如《金狮子章》，是唐代高僧法藏的著作。《宗教》卷“法藏”条提到他的 17 种著作，也未提到此书。从该条释文看，也未说出它对后世的影响，似可不收。四是以概念的某一侧面而不是概念的整体立条，如“物质运动的基本形式”条，似可改以“物质运动”立条。

（4）重复。一是明显的重复。如立了“真理”“谬误”两条，又立了“真理与谬误”条。二是条头名似不重复，但实为重复。如“假说”和“科学假说”。

（5）缺失。一是重要概念未收。例如“理性”是重要的哲学概念，却付阙如。上文说过“因明”是宜立的条目，如果收了“因明”，“因明在中国的传播和发展”条即可并入。《哲学》立有“魏晋玄学”条。玄学这种思潮产生于魏晋，也流行于魏晋，但它毕竟是中国哲学史上的重要思潮，对后世有影响。用“魏晋玄学”立条在阐述上会受到拘束。不妨以“玄学”立条，可能要好些，至少也要立个参见条。二是重要术语应有独立的条目，不宜只作为“配角”出现。例如“概念”是逻辑学的重要术语，却没有专条。有两个条目的条头中出现过“概念”这个术语。一条是“概念　判断　推理”，只是把概念作为思维形式的组成部分看待，而且是个参见条；另一条是“词项和概念”，概念只当配角。金岳霖主编的《形式逻辑》一书，为概念列了专章，占全书约六分之一的篇幅。可知，为“概念”立专条诚有必要。又如“时间”“空间”是哲学领域重要的研究对象，似应分别独立立条。

3. 条头用语

（1）用了综合报道式的条头。如“马克思主义哲学十九世纪后半期在欧洲的传播”“马克思主义哲学在中国‘五四’运动前后的传播”，条头都不少于20字，为传统百科全书所少见。这种条目宜并入“马克思主义哲学”条，在释文中设立层次标题，如“辩证唯物主义”条就是这样处理的。

（2）未能采用较通行的译名。例如“指号学”是由semiotic一词译出的，中译名有点生僻，未能发挥汉语表意文字的功能，如用“符号学”的译名作条头，就可以“望文生义”了。“指号学”可作“又译”或“又称”保留。

（3）条头失之于繁。例如“《焚书》与《续焚书》”条，似可简化为“《焚书》”。《天文学》卷有“《畴人传》”条，释文介绍了《畴人传》《畴人传续编》《畴人传三编》《畴人传四编》，只以《畴人传》立条。

（4）条头词序欠妥。人物条目如“爱利亚的芝诺”“奥康的威廉”，均不利于检索。似宜名在前，附加语在后，改成“芝诺（爱利亚的）”形式。

（5）条头过于追求匹配。辩证法学者讨论问题往往从对立统一规律出发，凡事总从正反两方面考虑这是对的；但不宜过多地把这种思维方式用于百科全书条头。例如“无为与有为”条，释文就没有提到哪位学者提出过“有为”的概念，老子提出的命题是“无为而无不为”，此条以“无为”立条即可。其他如“A+ 非 A”结构的条头：“平衡与不平衡”“决定论与非决定论”等，似可以“平衡”“决定论”设条，这并不妨碍释文对“不平衡”“非决定论”作出阐述。

4. 关于释文

（1）重要条目释文太简。例如“先验论”是哲学中的大主题条目，“数理逻辑”是逻辑学的小分支领头条，两者至少应作为一个中条目来写，可惜都作为释词性的小条目，只写百余字，篇幅与内容似不适应。

（2）定义欠妥。例如“战争”条定义为：“阶级社会中阶级之间或民族、国家、政治集团之间为了一定的政治、经济目的而进行的武装斗争。”

这个定义不当之处在于，战争不仅发生在阶级社会，而且在阶级社会出现之前就有战争。《军事》卷“战争”条的定义是这样的：“人类社会集团之间为了一定的政治、经济目的而进行的武装斗争。”

（3）同类型条目定性语不协调。同类型条目有可比性，它们的定义或定性叙述务求协调一致，下述条目似未能做到这一点。

矛盾的斗争性 揭示矛盾双方互相对立、互相排斥的倾向或趋势的哲学范畴。

矛盾的普遍性 指矛盾的共性、矛盾存在的绝对性。

矛盾的特殊性 表示事物矛盾的差别性、个性的哲学范畴。

矛盾的同一性 揭示矛盾双方之间内在联系的哲学范畴。

上述4条定性语的开头，分别用了“表示”“揭示”“指”三个不同的动词；有的用“哲学范畴”做上位概念，有的不用，也不一致。规范的辞书在这方面是很重视的，如《现代汉语词典》。就上述4条“矛盾的××性”而言，因为是《哲学》卷收的条目，“哲学范畴”这个属概念可以省去，相应地，“表示”“揭示”“指”也就没有必要了。应予说明的是，这里只讨论形式，不涉及内容。

（4）史实有误。如“艾思奇”条：“他对蒋介石的唯生论和力行哲学作了深刻的批判。”按，唯生论是陈立夫提出的，他著有《唯生论》（《中国大百科全书·中国历史》卷“陈立夫”条）。这条释文宜在“蒋介石”之后加一“等”字。再如“《资本论》”条：“1938年8～9月，上海生活书店出版了由郭大力、王亚南翻译的中文版《资本论》1～3卷。”按，此书出版者系“读书生活出版社”，而非“生活书店”（《中国翻译家辞典》“郭大力”条，中国对外翻译出版公司1988年版，第251页）。又如“古希腊罗马伦理思想”条：“公元前6～前2世纪中叶希腊城邦和前2世纪～公元476年罗马帝国……”按，罗马帝国不是始于公元前2世纪，而是始于公元前27年。

（5）同《中国大百科全书》他卷相左。如“清辩”（印度僧人）条，《宗教》卷作“清辨”，《宗教词典》也作“清辨”。再如“阿姆巴楚米扬”条：“1908年9月15日生于……”而《天文学》卷同名条作“1908年9月18日生”。据《苏联大百科全书》第三版，阿氏生于1908年9月18日（俄历9月5日）。又如“陈抟”条：“亳州真源（今安徽亳县）人。”《宗教》卷同名条作“亳州真源（今河南鹿邑）人”。按《中国历史》卷《隋唐五代史》分册所附《古今地名对照表》：“真源县（唐），河南鹿邑。”又《辞源》“真源”条也说“今为河南鹿邑”。

（6）内容不够全面。一些条目介绍不够全面。例如“集体主义”条，定性语为“共产主义道德的基本原则”。其实“集体主义”这个术语，卢梭、黑格尔都作过论述。即使作为共产主义的伦理道德立条，也宜作溯源性的介绍。又如“或然论”条，只作为古印度耆那教的逻辑概念介绍，其实基督教也使用这个概念。

（原载《辞书研究》1998 年第 5 期）

《中国大百科全书·宗教》卷调查报告

《宗教》卷是1988年1月出版的。此卷编辑委员会由委员15人组成，是《中国大百科全书》中各学科卷编委会中最为精干的。编委会主任罗竹风是中国宗教学会副会长，《辞海》副主编，《汉语大词典》主编，精通专业又娴于辞书编纂。副主任郑建业、黄心川是造诣精深、知识渊博的宗教学者。其他委员都称得起一时之选，大多兼任分支主编。

基本情况

全卷条目数：1231条。版面字数：165.9万；条目字数：134.3万。

各分支条目数及其比重：

分支学科	条目数	比　重（%）
宗教学	38	3.1
佛教	486	39.5
基督教	236	19.2
伊斯兰教	203	16.5
道教	209	17.0
中国少数民族宗教	35	2.8
中国民间宗教	9	0.7
其他宗教	15	1.2
总　　计	1231	100

条目按长短分类及其比重：

类别 *	条目数	比重（%）
特长条目	0	
长条目	51	4.1
中条目	524	42.6
短条目	466	37.9
参见条目	190	15.4
总　计	1231**	100

* 按《中国大百科全书编写体例》规定：20 000 字以上为特长条目，4000 ～ 20 000 字为长条目，700 ～ 4000 字为中条目，700 字以下为短条目。

** 概观性文章未计入。

条目按性质、地域分类及其比重：

项　目		世界性条目数	外国内容条目数	中国内容条目数	合　计	
					条目数	比重(%)
人　物			176	212	388	31.6
地　名			14	20	34	2.8
实　物		2	22	75	99	8.0
流　派		98	117	120	335	27.2
事　件		4	29	13	46	3.7
制　度		37	4	19	60	4.9
书　刊		3	77	142	222	18.0
机　构		7	7	21	35	2.8
其　他		4		8	12	1.0
合计	条目数	155	446	630	1231	
	比重（%）	12.6	36.2	51.2	100	

全卷图片 834 幅。其中：插图 425 幅（均为照片）。按条目正文字数 134.3 万字计算，插图与字数比为 1∶3160；按正文页数 571 页计算，插图与页数比为 1∶1.34，即每 4 页有 3 幅图。彩图 48 页，共 209 幅。

全卷列表 0。

全卷条目数与《内容索引》主题词条数（包括条目数）之比为：1231 : 5742 = 1 : 4.66

大事年表记事 364 条。

基本看法

宗教这一知识领域在我国无论在政治上和意识形态上都是敏感的，编这卷书难度不小。它的出版是值得重视的。

中国编纂宗教辞书历史悠久。古代最有名的当推唐高僧慧琳所撰《一切经音义》（100 卷）。近世有《佛学大辞典》（丁福保编）、《道教大辞典》（李叔还编）等，但都限于某一宗教。综合性宗教辞书则是近年才有。1981 年上海辞书出版社出版《宗教词典》（任继愈主编）。《宗教》卷虽然是《中国大百科全书》的一卷，就其体系井然、内容完备而言，也是一部专业百科全书。

本卷有三大特点：

有中国特色 这在条目分配上可以看出来。以佛教、基督教、伊斯兰教三大世界宗教而言，佛教虽起源于印度，但在印度本土 13 世纪时即已沉寂，19 世纪末初呈复兴，20 世纪中叶起有所发展。佛教在东汉时传入中国，即与中国文化相融合，影响颇大，根源亦深，并由中国传入日本、朝鲜等国。基督教在世界范围内影响甚大，据统计有教徒 15 亿人，占世界人口的 1/3。虽然唐代即有一支传入中国，称为景教，元以后中辍。鸦片战争后大量传教士来到中国，由通都大邑以至进入一些穷乡僻壤，但比起佛教、道教来，毕竟历史不长。伊斯兰教主要传播于我国西北少数民族之中。《宗教》卷佛教分支条目比重为 39.5%，基督教为 19.2%，伊斯兰教为 16.5%，这种分配比例关系是编纂者既从世界出发，又考虑中国情况确定的。西方国家的百科全书选条，宗教方面一向以基督教居主要地位。例如《不列颠百科全书·百科类目》所列细目，基督教为305项，佛教为70项，伊斯兰教为67项。相比之下，可知《宗教》卷是具有中国特色的。

《宗教》卷的中国特色还表现为有三个分支是纯中国内容。道教是中国固有宗教，对中国社会文化影响不小，并且传播到邻近国家，为之列了分支。中国许多少数民族（主要是西南的少数民族）在信仰上各具特色，因此列了“中国少数民族宗教”分支，收了30个“××族宗教”条目。中国民间宗教在中下层社会中传播有相当长的历史，也设立了一个小分支，收“白莲教”等9个条目。这三个分支在全卷中的比重分别为：17%，2.8%，0.7%。

重系统阐述 用《宗教》卷同《宗教词典》作对照，可以明显地看出《宗教》卷条目重视百科全书的系统阐述的特点。

《宗教》卷同《宗教词典》若干指标比较：

项　目	总字数（万）	条目数	平均每条字数	索引条数	插图数（幅）
《宗教》卷	165.9	1231	1090	5742	黑白：425 彩色：209 合计：634
《宗教词典》	145.0	6710	188		81

从上表可知，《宗教词典》平均每条不足200字，图也不多（每83条有一幅图），侧重于宗教常用词语的解释：《宗教》卷平均每条1090字，有不少5000字以至万字以上长条，侧重于宗教概念的系统阐述。两部书各具特色。凡是字数相当的单卷本专业辞典和专业百科全书，无论先编辞典，后编百科全书，或是先编百科全书，后编辞典，都可以从这两部内容基本相同而编纂方法有所差异的工具书中汲取经验，得到借鉴。

以“佛教”条为例。《宗教词典》该条990字，内容包括定性语、起源、教义、发展阶段、传播情况，一般能满足释词的要求。《宗教》

卷该条为赵朴初撰，10 400 字，含插图 4 幅。纲目是：

佛教

历史

起源

演变

传播

派系

教义与经典

基本教义

经典

僧伽制度

佛寺仪式与节日

佛寺仪式

主要节日

文化艺术

文学

美术

音乐

建筑

可知，条目对佛教作了全面的阐述。值得提到的是释文含有 97 个参见词，其中除两个为外分支的条目以外，95 个是佛教分支的，这个佛教分支的领头条便起了摄领整个分支条目的作用。这个条目可以满足非专业人员提纲挈领地汲取佛教全面知识的要求。

有理论深度 《宗教》卷有万字以上长条 11 条。这些条目都做到系统地阐述一种宗教、一个教义、一部经典、一种学说、一个流派。例如“宗教演化史”条（作者为编委会副主任郑建业）就宗教起源、演化过程、演化规律三方面从理论上作了全面剖释，把可以写成巨著的内容只用万字作了概括，写得深入浅出，富有启迪意义。如果条目分解过细，篇幅过小，是写不出这样蕴含丰赡的内容的。

人物收条情况

《宗教》卷人物条目按教派、中外、时代（分古代和近现代，姑且以 1840 年出生的为界）统计如下表：

项　目	外国人物			中国人物			全卷人物	
	古代	近现代	小计	古代	近现代	小计	条目数	比重
佛　教	51	9	60	61	23	84	144	37.0%
基督教	53	11	64	4	9	13	77	19.8%
伊斯兰教	51	1	52	17	14	31	83	21.3%
道　教				83	2	85	85	21.9%
总　计	155	21	176	165	48	213	389	100%

据上表，中国人物条目占 54.8%，外国人物占 45.2%；佛教人物条目占 37%，基督教占 19.8%，伊斯兰教占 21.3%，道教占 21.9%，大体上同全卷中外条目比重、各种宗教条目比重一致。

从古代人物和近现代人物比重来看，古代人物 320 人，占 82.3%；近现代人物 69 人，占 17.7%。佛教、基督教、伊斯兰教、道教都有千年以上的历史，它们的盛期都在古代。近世科学日益昌明，宗教影响在下降，这个比例是合适的。编宗教这个知识门类的工具书，不宜提厚今薄古。

中国近现代宗教人物共收 48 人，其中佛教 23 人，几占一半。这也符合中国近现代各种宗教对社会影响的实际情况。佛教近现代上书人物中有佛教领袖人物 2 人（达赖喇嘛 • 丹增嘉措、班禅额尔德尼 • 确吉坚赞），高僧 13 人（敬安、月霞、宗仰、谛闲、印光、弘一、太虚、圆瑛、虚云、应慈、喜饶嘉措、法尊、巨赞），佛教学者 8 人（桂伯华、欧阳竟无、韩清净、丁福保、汤用彤、吕澂、赵朴初、任继愈），可以说覆盖面周到。

外国近现代宗教人物共收 21 人，其中基督教 11 人，超过一半。其中 7 人是有世界影响的基督教神学家，或基督教运动领导人。这些人物的介绍有助于读者了解近现代基督教发展情况，可惜最晚的也卒于 60 年代，当代人物少了些。其中 4 人是来过中国的教士：李提摩太、李佳白、德日进、司徒雷登。二李对清末民初的中国政治颇有影响；德日进参加过北京人颅骨鉴定工作；司徒雷登曾任燕京大学校长、美国驻华大使。收他们上书是必要的。

一些问题的思考

收条有缺 “大乘佛教”“小乘佛教”均为一般读者希望得到解释的对象，前者只立参见条，后者连参见条也未立。“佛教”条的“演变”节即提到大乘佛教和小乘佛教。而且有些条目释文都提到参见大乘佛教（如 p.117b，p.496f，p.526d），结果都“参空”了，这也表明立条之必要。本卷有“上座部七部论”而无“上座部佛教”，这些似须在第二版补上。又如禅宗五祖弘忍，知名度大，《哲学》卷也立条了，本卷却付阙如；捷克的胡斯在宗教史上地位重要，《外国历史》立有条目，《不列颠百科全书》写了 1100 字，本卷却只立虚条，轻了。这两人因他卷已收，第二版不会漏列，但释文须考虑宗教内容。再如“观音”（“观世音”）、玉皇（或“玉皇大帝”）似乎也须立条。

收条过细 伊斯兰教立教之初东征西讨，本卷收了几条战役条目，有的战役于历史上、战史上意义不大，《外国历史》《军事》卷均未立条可资证明。建议第二版适当减少。人物条目如中国的桂伯华，从条目释文看，看不出他在宗教上的贡献或留下重要著作，其重要性同上文提到的未立条的弘忍、胡斯不可同日而语。建议第二版中可斟酌去留。

参见条比重稍大 本卷收 1231 条，其中参见条 190 条，占 15.4%，似应降至 10% 以下。道教分支共收 209 条，其中参见条 70 条，占 1/3，尤其突出。如道教神仙“赤松子”“西王母”“彭祖”“八仙”等 14 条都设虚条，去参见“神仙”条；道教俗称“雷公”“门神”“城隍”“灶君”等 8 条都立虚条，去参见“道教俗神”条；道教名山“泰山”“衡山”“茅山”“武当山”等 13 条都立虚条，去参见“道教名山”条；这些条目不少可以独立成条。上述道教神仙、道教俗神虽有共同之处，但不构成“神谱”体系（希腊神话中奥林波斯诸神是排成神谱的）。一般的分合原则是：在个性大于共性的情况下，宜分；在共性大于个性的条件下，可合，但不一定非合不可。上述雷公、城隍、西王母、赤松子可独立成条，有利于检索，道教俗神、道教神仙仍可保留它们的领条，写共性的内容，以及独立性、检索性不强的神，并给这些神做个索引。泰山、华山等道教名山立参见条，而佛教四大名山五台山、峨眉山、九华山、普陀山均立实条，这在分支之间显得不平衡。道教名山可保留领条写共性内容和不独立设条的山，至于大的名山，应让它们独立设条。这是对第一版设条的意见。至于第二版，如果不再分学科出版而实行统编的话，估计地理学科必然会收这些“山”条，但要注意把宗教人文内容写入释文。

除道教外，佛教、基督教分支也有类似情况。“《汉文大藏经》”条下属《开宝藏》《契丹藏》《万历藏》等 26 种经版均为参见条，去参见“《汉文大藏经》”条，这对领条负担过重。为保持领条的系统性，参见条可改为短条。“基督教异教派别”这个领条下也有 22 个参见条，似宜作变通处理。对《宗教》卷来说，宗派是主要内容，除宗派的别名和过于细小的宗派外，一般都宜写成实条，不宜因为被视为“异端”，失去独立设条的地位。

关于少数民族宗教条目 本卷收 30 个中国少数民族宗教信仰条目，如“白族宗教”“土家族宗教”，这些条目资料搜集不易，甚为珍贵。

如从严格宗教意义来说，内容大多属原始宗教残余性质，如自然崇拜、祖先崇拜、图腾崇拜，且有不少民俗内容。第一版可作资料保存。第二版建议作两种方法处理。一是把有关内容并入民族条目，如“白族宗教”并入“白族”条；二是用适当标引词把某些内容分割出来，独立成条，如把“东巴教”“达巴教”从“纳西族宗教”条析出。

释文问题 某些条目释文有褊狭之感。如“净礼”条，现归“伊斯兰教”分支，也是研究伊斯兰教的学者执笔的，因此该条定性语为：“穆斯林洁身仪式。”从伊斯兰教角度来看，完全正确。从宏观来看，佛教、天主教、东正教、犹太教都有净礼，并未写进去。又如“门神”条，属“道教”分支，条目写得很好，溯源到道教创立以前的文献如《山海经》。不过“门神”非中国独有，罗马神话中有门神雅努斯（Janus），司启闭天门。

这个问题是百科全书编纂的共性问题，不是《宗教》卷的单独问题。如《建筑•园林•城市规划》卷的“园桥”条虽有泛述，而举例纯为中国内容；“园亭”条的“中国古代园亭”一段900字，“外国古代园亭”一段200字，虽然偏重中国，总算聊备一格了。这种情况可能受到撰稿人视野、资料、研究领域等限制。如何把这些共性条目写好，避免有偏窄之弊，则是第二版要作专门探讨的课题。据说《生物》卷曾请动物生理学家写动物的呼吸，请植物生理学家写植物的呼吸，然后合并成“呼吸”条。这种方法是可取的。在《宗教》卷中立有“天主教隐修制度”“东正教隐修制度”两条，第二版就可考虑合并成“隐修”或“隐修制度”条，如果其他宗教也有隐修制度，也写进去。

过于专门 《宗教》卷收有“五经问题研究”“符类福音研究”，均为《圣经》考证条目，过于专僻，标题也属论文型。收基督教条目甚多的《不列颠百科全书》亦未列条，第二版似可不列，其内容可撮要写入《圣经》条。

平衡问题 上文已提到佛教四大名山各立专条，道教五岳均立参见条，显得不平衡。再举一例，就是佛教人物定性语均未加“著名”字样，而道教、伊斯兰往往加“著名”字样。

玄奘 （约 600 ～ 664） 唐代僧人，法相宗创始人。

一行 （683 ～ 727） 唐代僧人，天文学家。

张三丰 元、明著名道士。

潘师正 （584 ～ 682） 唐代著名道士。

胡登洲 （1522 ～ 1597） 中国伊斯兰教著名经师。

马良骏 （1870 ～ 1957） 中国伊斯兰教著名阿訇。

上述 6 人，论知名度和影响当推玄奘和一行，他们未得“著名”雅号，其他知名度和影响不如他们的反加“著名”，表示出评价标准不一。第二版对此要作出规定，除了对孔子、李白、达尔文、爱因斯坦这样划时代的人物外，概不加“伟大”“杰出”“著名”“优秀”“英明”之类修饰语。

其他问题

（1）条头为“冢本善隆”，而“条头汉字笔画索引”和“内容索引”均作“塚本善隆”。按日本人的姓，概用塚本，条头宜改正。

（2）“哈德成”条排在 150 页 f 区，“哈瓦利吉派”之后，似不宜；应移至 147 页 a 区，“哈拉智”之前。

（3）“诚静怡”条定性语为：“中国基督教牧师、神学博士。”其中的“神学博士”可写进学历，不宜做定性语。体例严谨的工具书对这些宜做体例约定。

（4）用名要遵从时代原则。例如：

沙图克•波格拉汗 （？～ 955/956） 新疆哈拉汗王朝首领。

玉素甫•卡迪尔 （？～ 1032） 新疆哈拉汗王朝首领。

额西丁 元代新疆伊斯兰教著名宣教师。

按“新疆”之名始于清代，上述三条传主生活年代远在此以前，不宜迳称新疆，似可改为“西域”，或在适当处说明“在今新疆境内”，或用其他方式表达。

《中国历史》卷在这方面是做得很认真的，例如《隋唐五代史》分册“唐”条有一句话：

> 唐玄宗统治时期在文水（今山西文水东）、三河（今河北三河东）、彭山（今属四川）及武陵（今湖南常德）等地兴建的很多渠、塘、堰，均能溉田数千亩。

这样不厌其烦地加注释，可以认为是遵循历史唯物主义原则的体现。

（原载内部刊物《百科全书研究》1991 年 11 月 5 日印行）

试析异卷重条
——以《宗教》卷为辐射中心举例[1]

《中国大百科全书》（以下简称《全书》）第一版采取按学科和知识门类分卷出版，在各学科卷之间选条出现交叉重复现象，早在 20 世纪 80 年代初中国大百科全书出版社开始工作不久就发现了。当时曾经作过几次讨论，得出了结论性的意见。1982 年 5 月印行的《〈中国大百科全书〉编写体例》10-7 规定：“不同学科中有些人物条目的重复不可避免，但应尽量减少释文上的重复，不同学科应互相研究协调，做到各自有所侧重。”这是就人物条目而言的。出版社副总编辑周志成先生对科技各卷提出“确保核心，舍弃边缘”的原则，得到普遍的赞同。副总编辑阎明复先生和副社长翟富中先生在代表社领导作的《关于四年工作总结的情况和 1983 年的工作安排》中提到：“对于解决卷与卷的重复，缺乏具体帮助。有些严重的重复没有上交总编委裁决，至今没有解决。”可见社领导对这个问题的重视。社内似未为此发过专门文件,《探讨》也未发表过专题论述，足见这个问题解决起来颇有难度。实际上，后来大多由各学科卷分编委和社内各编辑部和编辑组权宜处置。

交叉和重复是具有层次性的。大体说来，上层次知识领域的交叉会造成下层次知识领域内容的重复。暂且把交叉重复分为 5 个层次：学科卷层、分支层、条目群层、条目层、释文层。学科之间的交叉会

---

[1] 《探讨》编者注：本文写于1991年，当时能见到的《全书》学科卷还只有40多卷，《总索引》也未编成，因而统计数字是不全面的。但作者对问题的分析，提出的解决办法对百科全书的框架设计颇有参考意义，故刊登于此。

造成分支和条目的重复。例如“教育心理学”是《教育》《心理学》两卷的交叉学科，因此这两卷都设有“教育心理学”分支。卷与卷之间分支的重复，必然带来大面积条目的重复。铝合金、镁合金、钛合金是冶金学的研究对象，是冶金业的产品，对于航空航天工业来说是材料，因此《矿冶》《航空·航天》两卷都立有它们的条目。这是卷与卷之间的小量条目重复。分支学科之间的交叉造成的条目重复，如果发生在一个学科卷中，通过学科编委会和编辑组的协调，采取目录“分立”的办法，一般不会出现条目的重复。条目之间内容的交叉会造成释文的重复。内容互有交叉的条目如果在一个学科卷中，则采取“参见”方式解决。

“条目是百科全书的基本单元”（《〈中国大百科全书〉成书编辑体例》10-1）。在上述几个层次的交叉重复中，问题最突出的是卷和卷之间条目的重复。为了便于讨论，姑且把这种现象名为“异卷重条”。本文试以《宗教》卷作为辐射中心，对异卷重条现象作一调查研究。

一、重条情况

异卷重条的数量颇为可观。《宗教》卷同《全书》其他卷重复的条目共计 225 条，占全卷条目 1231 条的 18.3%。这个数目只会少算，不会多算。因为：①有些卷还未出版，无法查对。例如《宗教》卷收的五台山、峨眉山条，未出版的《中国地理》卷肯定会收，这类重条就未计入，但同《中国历史》卷已出的《秦汉史》《隋唐五代史》《辽宋西夏金史》《元史》4 个分册查对过；孙思邈、陶弘景、葛洪、阿维森纳的选条情况询问过正在编辑中的《中国传统医学》《现代医学》两卷的编辑同仁。②调查得不够细致，会有漏了的，《宗教》卷共有 1231 条，远未做到同已出版的诸卷一一查对，而且有的卷虽已出版，我还没有见到书。

《宗教》卷条目同时也为他卷收列的225条，分布于22个卷。与《哲学》卷重条最多，计109条；其次为《建筑》卷，计46条。《宗教》卷上书人物玄奘，在《哲学》《中国历史》《中国文学》《地理学》诸卷都立条；徐光启在《天文学》《数学》《农业》《哲学》诸卷都立条，算是最多的。

重条情况列表如下：

《宗教》卷同其他卷重复条目分布情况

重复立条卷名	条数	说　明
《哲学》	109	其中僧人、道士、教士、宗教学者56人(如鸠摩罗什、慧能、托马斯•阿奎那、汤用彤)；宗派17条(如瑜伽行派、禅宗)；著作20条(如《周易参同契》《成唯识论》)；术语14条(如无为、顿悟)；事件2条(如神灭与神不灭之争)
《建筑•园林•城市规划》	46	其中教堂、寺庙23条(如圣彼得大教堂、布达拉宫)；塔10条(如仰光大金塔、六和塔)；名山12条(如九华山)；石窟1条(敦煌石窟)
《外国历史》	28	其中人物13条(如穆罕默德、英诺森三世)；教派8条(如基督教、瓦哈比派)；事件6条(如十字军东征、宗教改革)；术语1条(哈里发)
《中国历史》	13	只根据已出4个分册统计，不完全。其中人物5条(如张角、义净)；教派6条(如白莲教、景教)；著作1条(《大唐西域记》)；事件1条(大足教案)
《考古学》	16	其中遗址6条(如鹿野苑、青龙寺遗址)；塔寺5条(如桑奇大塔)；石窟、石经、壁画4条(如阿旃陀石窟、房山石经)；人物1条(德日进)
《世界地理》	4	均为宗教胜地(如麦加)
《地理学》	2	玄奘、《大唐西域记》
《固体地球物理学•测绘学•空间科学》	1	一行
《外国文学》	3	其中人物2条(马鸣、伊克巴尔)；神话1条(希腊神话)
《中国文学》	6	其中人物2条(玄奘、米日拉巴)；神1条(西王母[神话])；著作3条(如《搜神记》《洛阳伽蓝记》)
《美术》	15	其中人物1条(李叔同)；寺庙6条(如白云观、艾提卡尔礼拜寺)；塔4条(如妙应寺白塔)；石窟2条(如克孜尔千佛洞)；概述2条(如佛教美术)

续 表

重复立条卷名	条数	说　明
《音乐•舞蹈》	3	李叔同、拉法比、佛教音乐
《戏剧》	1	李叔同
《民族》	1	达斯
《新闻出版》	1	广学会
《法学》	2	伊斯兰法系、伊斯兰中世纪法
《数学》	1	徐光启
《天文学》	3	伊斯兰历法、徐光启、一行
《化学》	3	炼丹术、陶弘景、《抱朴子内篇》
《现代医学》	1	阿维森纳
《传统医学》	3	孙思邈、陶弘景、葛洪
《农业》	1	徐光启
合 计	263	因为《宗教》卷的一些条目与多卷重复，一些条目在他卷分设两条，所以这个数字大于按《宗教》卷条目计算的重条条数

二、重条类型

所谓异卷重条是指不同卷收录同样内容用同样条头标引的条目，以及同样内容用不同条头标引的条目，从规划《全书》第二版考虑，还包括部分内容相同、将来不妨合并的条目。现将异卷重条作如下分类。

1. 就名实关系来说，可以分为：

名实均同。上面所列的条目中内容和条头都相同的计 137 条，占《宗教》卷异卷重条总数 225 条的 60.9%。例如，《宗教》《哲学》两卷都立有人物条“神秀”“任继愈”，都立有宗派条“天台宗”“中观派”；《宗教》《建筑》《美术》3 卷都立建筑物条“拉卜楞寺”“妙应寺白塔”；《宗教》《外国历史》都立有事件条“宗教改革”，等等。说这些条目“名实均同”，名同是事实，实同是指概念相同，并不考虑这些条目释文有所侧重，以及撰稿人选材繁简等方面的差别。

对于相同的事物要看到它们的差异。对于撰稿人选材、布局、行文这些“软件”可以姑置不论，对于事实、数据这些“硬件”则需注意它们有无出入。例如，印度古代佛教哲学家、诗人马鸣（Aśvaghosa）的生卒年，各卷分别为：约于2世纪时出生（《宗教》），约1、2世纪（《戏剧》），约公元前50～公元100年间（《哲学》），生卒年大约在公元初期（《外国文学》）。这在第二版就要严加考证，择善而从了。

名异实同。即标引词不同而概念相同，共42条，占《宗教》卷的异卷重条225条的18.7%。这方面情况比较复杂，涉及第二版如何选择条头，统一用名的问题。名异实同有下述情况。

（1）存在“微差”，可以推定为同一概念的。

神灭与神不灭之争（《宗教》）
神灭神不灭之争（《哲学》）

牛街礼拜寺（《宗教》）
牛街清真寺（《建筑》）

（2）译名不同，须核对外文才能确定为同一概念的。人名译名不同：

伊本·路世德（《宗教》）
伊本·路西德（《哲学》）

（Ibn Rushd）

尼勃尔，R.（《宗教》）
尼布尔，R.（《哲学》）

（Nirbuhr，R.）

其他专名、术语译名不同：

特兰托公会议（《宗教》）
特伦托会议（《外国历史》）

（Couneil of Trent）

苏非主义（al-Sufiyah）（《宗教》）
苏非派（Sufiyah）（《哲学》）

译名不同，所注外文也不同，须借助于其他条件才能判明为同一概念的。所注外文有小差异，也有大差异：

安瑟伦（Anselmus）（《宗教》）
安瑟尔姆（Anselm）（《哲学》）

精诚兄弟社（lkhwān al-Safāwa Khullān al-Walā'）（《宗教》）
精诚同志社（Brotherhood of Purity）（《哲学》）

安瑟伦一组两条，一注拉丁文，一注英文；精诚兄弟社一组两条，一注用拉丁字母转写的阿拉伯文，一注英文。第一版体例对于条头注外文并无详细规定，第二版须作详细规定。

中国少数民族上书人物也有译名不统一问题。如元代蒙古新字的创制者：

发思巴（《宗教》）
八思巴（hPhags-pa）（《中国历史·元史》）

（3）使用别名，情况多种多样。举例并加说明如下：

弘一（《宗教》）
李叔同（《美术》《音乐舞蹈》《戏剧》）

中国近代著名艺术家、高僧。前者是出家后的法名，后者为出家前的世俗名。

伊本·西那（Ibn Sinā）（《宗教》）
阿维森纳（Avicenna）（《现代医学》）

中世纪穆斯林哲学家、医学家。前者为阿拉伯本名，后者为拉丁文用名。

邱处机（《宗教》）
丘处机（《中国历史》）

元代著名道士。《元史》作“丘處機”。清雍正年间为避孔丘讳，诏令凡“丘”均加“阝”为“邱”，四书五经除外。因此以仍用“丘处机”为宜。

德日进（《宗教》《考古》）
夏尔丹（P.T.de Chardin）（《哲学》）

法国生物学家，参加过“北京人”的鉴定工作。“德日进”是他本人自取汉名，“夏尔丹”为法文音译。

仰光大金塔（《宗教》《美术》）
瑞德宫塔（《建筑》）

应县木塔（《宗教》《考古》）
佛宫寺释迦塔（《建筑》《美术》）

大雁塔（《宗教》）
慈恩寺塔（《建筑》《美术》）

上述 3 组每组前一个名为俗称，后一个为正式名称。

法相宗（《宗教》）
唯识宗（《哲学》）

此为一个宗派的两个名称。前者因剖析一切事物（法）的相对真实（相）和绝对真实（性）而得名；后者因强调不许有心外独立之境而得名，均通用。

圣友寺（《宗教》）
清净寺（《建筑》）
泉州清净寺（《考古》）

《建筑》卷说：“清净寺‘原称圣友寺’，但未交代何时改名。”《考古学》卷说：“据寺内阿拉伯古文碑，正名为‘圣友之寺’。”《宗教》卷对寺名作了考证：“泉州城南另有一所清净寺，建于南宋绍兴元年（1131），元至正十年（1350）重修，并立碑纪其事。元末寺毁，其时泉州城内仅存一所圣友寺，年长日久，后人误将圣友寺称作清净寺，流传至今。”可见，“圣友寺”为正名，但“清净寺”之名流传广。如何定条头，需要探讨。

（4）有无“冠词”，造成异名。上文提到“泉州清净寺”和“清净寺”就是这种情况。再举数例，其中还包括其他差异。

罗马圣彼得大堂（《宗教》）
圣彼得大教堂（《建筑》《美术》）

曼飞龙塔（《宗教》）
景洪曼菲龙塔（《美术》）

四门塔（《宗教》）
神通寺四门塔（《建筑》《美术》）

以上3组，前两组是冠地名造成的差异，还有“大堂”和“大教堂”“曼飞龙”和“曼菲龙”的差异；后一组是冠寺名的差异。

马丁•路德（《宗教》）
路德，M.（《外国历史》）

按照《全书》体例规定，西方人条头姓居前，名在后，所以《外国历史》卷以“路德，M.”立条。因为“马丁•路德”知名度很高，《宗教》卷用以立条当然可以，缺欠在于未立“路德，M.”的参见条，或者以“路德，M.”为主条，以“马丁•路德”为副条。

《参同契》（《宗教》）
《周易参同契》（《哲学》）

前者为简称，后者为全称，对于书名立条目以全称为宜，可以不厌其长，如《天文学》卷的《关于托勒玫和哥白尼两大世界体系的对话》。不过，中国第一部方言著作——西汉扬雄的《辅轩使者绝代语释别国方言》，向来以简称《方言》传名于世，《语言文字》卷、《新闻出版》卷都以“《方言》”立条，也是合适的。再说《宗教》卷该条的插图书影中就看到书名《周易参同契》字样，显得图文不协调。

（5）对同一事物视角不同造成的差异。例如：

鹿野苑（《宗教》）
鹿野苑佛寺遗址（《考古》）

青龙寺（《宗教》）
青龙寺遗址（《考古》）

鹿野苑已成故城，青龙寺仅留丘墟，《考古学》卷只能以“遗址”立条，《宗教》卷则可写其当年盛况，仍以原名立条。如果从历史的高度着眼，除了像“殷墟”这样已成固定的术语以外，第二版应尽可能减少以“××× 遗址”立条。

十字军东征（《宗教》）
十字军东侵（《外国历史》）

前者是客观的，后者则是持有观点的。

《南华真经》（《宗教》）
《庄子》（《哲学》）

《冲虚真经》（《宗教》）
《列子》（《中国文学》）

唐玄宗是道教信奉者，他诏令将一些先秦典籍改名，尊奉《庄子》为《南华真经》，《列子》为《冲虚真经》，《文子》为《通玄真经》，以致出现书名的分歧。第二版宜以原有的也是知名度更高的名称（如《庄子》）立条，将道教用的名称做一参见条或索引条。

名同实异。有两种情况：

（1）不同卷的条目名称虽然相同，而所指的概念不同，但彼此仍有些牵连。例如：

> **德**　道教教义。“德”和“道”是道教教义核心的两个方面，组成一个整体。古时“德”与“得”通，学道而得道，是谓有德。（《宗教》）

> **德**　中国古代哲学中用以表示行为规范或事物特性的范畴。就人事而言，德泛称道德，即指人们的行为应遵循的原则。

（《哲学》）

从两卷两个“德”条的定性语看，似乎是两个不同的概念，但《哲学》卷释文中仍援引《管子》语：“德者得也”，表明“德”与“得”相通，可见两者不无瓜葛。

（2）条目名称相同，而所指事物则完全不同。按说不应当视为异卷重条，但考虑到有过把同名异实的事物混同的教训（《简明不列颠百科全书》曾经把制墨工艺书《墨经》的书影作为墨子后学的著作《墨经》条的插图），姑举一例，以引起注意。

教坊 中国伊斯兰教的一种传统组织，也称为寺坊。最初是由于穆斯林集体礼拜的需要而出现的一种组织形式，后来演变为以清真寺为中心，包括周围穆斯林居民而形成的行政单位。（《宗教》）

教坊 唐代以来设置的训练和管理宫廷音乐表演人员的机构。（《音乐》）

这种同名异实条目按世界各国百科全书通例宜分立条目，而不是按《辞海》的体例作“多义词”处理只设一个条目。

2. 就条目内容的组合关系来说，可以分为：

分合关系。例如：

内丹（《宗教》）
外丹（《宗教》）
内丹与外丹（《哲学》）
炼丹术（《化学》）

这样一组条目，分立两条，或合成一条，各具理由。就条目的单义性的要求来看，自以分立为宜；因为两者都是道教术语，而且是相对的，合条也颇为必要。内丹是用行气、导引、胎息等方法修炼的，外丹是“用炉鼎烧炼铅、汞等矿石以制‘长生不死’丹药”，差别颇大。此外，《化学》卷的“炼丹术”条，含有外丹条内容。在这种情况下，这些条目似乎都不可少，而侧重于协调释文，并用参见方式把彼此挂起钩来。

局部和整体关系。可分为两种。

（1）《宗教》卷的外延较广的条头（整体）包含了他卷外延较窄的条头（局部）。例如：

崇圣寺三塔（《宗教》）
崇圣寺千寻塔（《建筑》）

玄妙观（《宗教》）
玄妙观三清殿（《建筑》）

单从条头看，《宗教》的“崇圣寺三塔”“玄妙观”外延较广。实际上，《建筑》卷虽以“崇圣寺三塔”中的最大塔“崇圣寺千寻塔”立条，释文中也写了其他两个小塔；《宗教》卷“玄妙观”条，释文写的仍然是“玄妙观三清殿”，因为“三清殿”是“玄妙观”的正殿。这种情况也可归入“名异实同”之列。

（2）《宗教》卷外延较窄的条目（局部）蕴含在他卷外延较广的条目（整体）之中。例如：

《抱朴子内篇》（《宗教》《化学》）
《抱朴子》（《哲学》）

无为（《宗教》）
无为与有为（《哲学》）

圣索菲亚大堂（《宗教》）
拜占廷建筑（《建筑》）

上面3例，《抱朴子》包含《抱朴子内篇》，“无为与有为”包含“无为”，比较明显；而“拜占廷建筑”包含“圣索菲亚大堂”，则颇为隐蔽。实际上《建筑》卷的“拜占廷建筑”条用了400字写这座教堂，信息量同《宗教》卷的独立条目500字相差不多。

延伸关系。指的是由一概念派生出新的概念。这种派生概念很多，例如一个学科分化出新的子学科，一个流派发展出新的子流派等等。父子条目，以至第三代、第四代条目，不少都有必要独立设条。这里只是提出一些重要性较小的派生条目，在设计第二版条目表时不妨把它收缩并入主体条目。例如：

《阴符经》（《宗教》）
《阴符经疏》（《哲学》）

摩尼教（《宗教》）
摩尼教七经（《哲学》）

《阴符经疏》和“摩尼教七经”似可并入上层次条目，既可使母条更加完整，也无碍于检索。人们的思维习惯是，如果下位概念找不到条目，必然会到上位概念条目中寻找所需信息。

这种情况也存在于一卷之内，例如：

《高僧传》（《宗教》）
《续高僧传》（《宗教》）

《宗教》卷这两个条目都是参见条，去见“中国佛教传记”条。愚见以为凡是“正续编”一般都可并入正编。《天文学》卷有《畴人传》条，释文也写了《畴人传续编》《畴人传三编》《畴人传四编》，似颇可取。

错综关系。指的是由多个学科卷几个相关条目组成的较为复杂的关系。例如：

云居寺（《宗教》）
云居寺石塔群（《建筑》）
房山石经（《宗教》《考古》）

这是三个卷所列的三个条目，由寺、塔、石经（房山石经即藏于寺东山中）构成的一组条目。寺仰赖石经、石塔出名，本身建筑并无特色。第二版立条不妨设“云居寺”条，并介绍石塔群，提到房山石经；“房山石经”为华夏文化珍品，仍需独立立条。

相关卷从各自学科出发对同样的事物会设计出不同的体系。下面是《宗教》卷关于“道教名山”的一组条目，以及《建筑》与之相关的条目。

《宗教》卷条目	《建筑》卷条目
道教名山	五岳
泰山（参见）	
衡山（参见）	
华山（参见）	
恒山（参见）	
嵩山（参见）	
龙虎山（参见）	
茅山（参见）	
……	
武当山（参见）	武当山风景区
……	武当山金殿

《中国地理》卷尚未出版，可以设想，它的关于“山”的条目，又是一个体系。

3. 就发现重条的难易程度来说，可以分为：

显性的重条。条头完全相同或有微小差别的可归入这一类。所谓微小差别指的是这种差别的字不在条目标题头两三个字上，例如上文提到的“神灭与神不灭之争”和“神灭神不灭之争”。这种重条在《全书》的《总索引》卷中不难发现。

隐性的重条。指的是对同一事物用不同的标引词作条头而难以发现的重条。主要有三种：一是不同学科卷各用各的专名作条头，如《庄子》和《南华真经》，“李叔同”和“弘一”，“瑞德宫塔”和“仰光大金塔”；二是冠或不冠“定语”，或冠不同的“定语”作条头，如“四门塔”和“神通寺四门塔”，“四川崖墓”（《考古》）和“汉代崖墓”（《建筑》）；三是分别用领词和属词作条头，如《建筑》卷用“佛教四大名山”设条，《宗教》卷则分设“五台山”“九华山”“普陀山”“峨眉山”4 条。实际上《建筑》卷“佛教四大名山”条（作为名胜条）中的

“五台山”写了1100字，而《宗教》卷独立成条的“五台山”条（作为佛教圣地条）只有900字，还不知道《中国地理》卷的“五台山”条的字数。

调查隐性的异卷重条要开拓思路，多方捕捉，要花大力气。把这项工作做好了，将有利于第二版的选条、撰稿、资料核对、译名统一、编辑加工等一系列工作。防止重条，将是统编百科全书的重要任务。明朝初叶编纂的《元史》中有速不台传，又有雪不台传；有完者都传，又有完者都拔都传。民国初年编纂的《新元史》有敬瑛传，又有杜瑛传，都是一人两传。更甚者，《新元史》还有张枢一人两传。这种差错受到后世学者的指责。《简明不列颠百科全书》第一卷试印本也曾发生过类似的差错。我们在大类分卷出版的《全书》第一版的基础上编第二版，这种差错是极有可能出现的，务必警惕。

三、探讨和建议

1. 条目交叉重复的根本原因在于客观事物和反映客观事物的各种概念之间存在交叉关系

人类知识的相关性源于事物的相关性。客观世界的万事万物都处在相互作用和普遍联系之中。在这种普遍联系的网络中切取一个部分作为一个学科，撷取一个纽结作为条目，必然会牵动大千世界中的其他部分和其他纽结。事物又是有多重属性的。这种多重属性使阐述事物的条目可以作不同的归属。有人说过，对同样一棵树，植物分类学家考虑它的种属，林学家考虑它的栽培繁殖，画家把它作为描绘对象，文学家由此启动灵感写出人世沧桑，园林学家构想把它用来美化城市，儿童视为游戏工具（爬树），木匠盘算的是砍倒后派什么用场。条目的归属有时也与此仿佛。

世间事物既然相互交叉、渗透、纠缠、叠加，百科全书编纂者的任务就是从中理出头绪，构筑百科全书的框架，解决交叉问题，设置条目，选择适当的标引词作为条头。

2. 分类分卷出版，从编辑的角度看，重复也是一种必然

《全书》第一版采取分类分卷出版，每个学科卷要求相对独立，在内容和条目方面就不能不有所重复。例如《化学》卷当然要收到1987年为止已经确认的109种化学元素条目，《矿冶》卷也有必要收录81种金属元素和9种半金属元素条目。只要这些条目释文做到“有所侧重”，这两卷的上述选条应该属于“必要重复”之列。编纂大型百科工具书，不管最终成果以何种排列形式出现，都必须根据整体设计，先按学科（或知识门类）编好，然后统编成书。先按学科（或知识门类）编，免不了要撰写重复的条目。只不过按学科编成之后有的公开出版（如《中国大百科全书》第一版），有的只是内部发行（如《辞海》的分册）。

《中国大百科全书》的异卷重条，除了上文所说可以保持各学科卷之间相对独立性而使之兼具专业百科全书功能以外，还可以起到互补作用。这种互补作用表现在两个方面。一是选条互补。例如，印度古代逻辑学同中国古代逻辑学（称为辩学、名学）、古希腊逻辑学合称为古代世界三大逻辑体系。“因明”是古代印度逻辑学的主体，可惜《哲学》卷未收此条，连参见条也没有。《宗教》卷则收了“因明”条，这样就《全书》而言不至于有“遗珠”之憾。二是释文的互补。例如当代人物丁西林，既是物理学家，又是戏剧家，两方面都成就不凡，都具有立传条件，如果出统编书，不容易物色一位了解传主而兼具这两方面知识的撰稿人。现在《物理学》《中国文学》《戏剧》3卷都为他立条，第二版进行综合就有基础了。这种跨学科条目何止千百，不仅仅是人物条目而已。

不过《全书》第一版各卷之间内容和条目的重复也确有非必要的成分。

从宏观来看，一方面《全书》设卷通盘考虑不周密。表现为按学科设卷和按行政分工设卷两种原则并存，设置了一些横断学科、边缘学科的卷，某些学科的多学科合卷缺乏逻辑性（如地学诸卷），有些知识容量不大的部门也独立一卷（如《纺织》），等等。另一方面是明知重复仍然设卷，例如“科学社会主义”，在80年代初条目表一出来，总编室根据当时有限的几个卷条目表核对，就发现55%的条目同他卷重复。“自然辩证法”已在《哲学》卷设分支，又单独列一卷，也势必大量重复。当然，后来社里决定将这两卷改为专业性百科全书，是完全正确的。

从微观上说，异卷重条的释文内容各卷未作协调，以致各行其是，互相矛盾。丁日昕先生在《百科全书研究》第5期发表的《管窥经济学科诸卷的重复与疏漏问题》一文中就举出《世界地理》和《外国历史》两卷中的阿富汗、阿联酋、芬兰等7国的土地面积数据互有出入，阿尔巴尼亚、叙利亚、智利等9国1984年的人口数据彼此抵牾。这将导致读者无所遵从，也损害了百科全书的权威性。

3. 条头定名要慎重选择

异卷重条而出现名异实同是因为条头标引词的选择原则有差异造成的。下面就人物条头和事物条头提出一些意见供商榷。

人物条头。《〈中国大百科全书〉成书编辑体例》34-6规定：“设条人物有两个以上名字（包括字、号、笔名等）时，采用为广大读者熟悉的名字作为条头。”这个规定是正确的，但因为理解有所不同，就难免有不同的取舍，建议作进一步的规定。下面试提几条原则。

（1）本名原则。对于一般人物而言，在名和号（字）都有相当知名度的情况下，最好用“名”作条头。近代学者章炳麟，号太炎，都很为人所熟悉（他初名学乘，后改名绛，很少为人所知），《哲学》《语言•文字》两卷都以“章炳麟”立条，《哲学》卷还为“章太炎”立参见条，都很恰当。明末大画家朱耷，号八大山人，《美术》卷以“朱耷”

立主条，以“八大山人”立参见条，也很妥当。中国文化传统一向重视本名，《中国大百科全书》又是严肃的出版物，自应保持这种传统。《地理学》卷以“徐霞客”立条，而“徐宏祖”本名连索引都没有，则有待商榷。

（2）笔名原则。作家以最常用的笔名立条，此为百科全书的通例。《中国文学》卷以“茅盾”立主条，而以“沈雁冰”立参见条，也很得宜。因为沈雁冰的名字解放后还以任文化部长、全国政协副主席而广为人知。又该卷只立“巴金”条，因为他的本名李尧棠，字芾甘，知者甚少，均未立参见条，这样处理也是适当的。推而广之，演员宜以艺名立条（如新凤霞、红线女）。至于高僧，宜以出家后的法名立条（如玄奘、一行）。近代艺术家李叔同，对音乐、美术、戏剧均有贡献，出家后法名弘一，又有佛学著作传世，则需择一为立条，另设参见条。

（3）外国人名译名取舍原则。《〈中国大百科全书〉成书编辑体例》27-1 规定：“外语人名的译写应兼顾‘名从主人’和‘约定俗成’的原则。”这个原则也是对的，似需再作具体的补充。关于“名从主人”，对于外籍来华人士自取的汉名，宜作为第一选择，上文提到“德日进”（《宗教》《考古》）和“夏尔丹”（《哲学》），以取“德日进”为宜。关于“约定俗成”，如果小范围内约定同大范围内约定有出入，宜取大范围内约定；主学科的约定和副学科的约定有出入，宜取主学科的约定。

（4）系统性原则。上文提到元代学者、蒙古新文字创制者 hPhags-pa，《宗教》卷以“发思巴”立条，《中国历史》以“八思巴”立条。他是藏族人，他的人名译名分歧早已存在。清代的学者赵翼在《廿二史札记》中的《元史人名不画一》一节说：“八思巴有本传，而《本纪》及《阿尼哥传》作‘八合思八’；《萨理传》又作‘八哈思巴’。”（北京中国书店 1987 年翻印本第 419 页）除了上述《宗教》《中国历史》两卷以“八思巴”人名立条外，《民族》《语言•文字》两卷还收有“八思巴字”条，即为他所创制的蒙古新文字立条。《全书》第二版在考虑人名译名统一问题应把派生词包括在内作系统的考虑。看来，“八思巴字”是不宜改动的，人名也应相应地以“八思巴”作为第一选择。从中也可以看出，各学科学者从正史上选择译名，多数是以本传作为第一选择的。这也不妨成为我们《全书》选择人物条头的一条参考指标。

事物条头。包括机构、书刊、术语、实物等条目的条头标引词，建议取以下原则。

（1）本名原则。凡有本名和俗称的事物，应以本名作为条头，前面说过因为《全书》是严肃的出版物，如果俗称流传很广，知名度超过本名时则设参见条。如“瑞德宫塔”和“仰光大金塔”，“慈恩寺塔”和“大雁塔”，宜取前者为正条，后者为参见条。

（2）全称原则。事物条头要尽可能采用全称，书名尤其如此，如《周易参同契》不宜简化为《参同契》。

（3）客观原则。“十字军东征”（《宗教》）和“十字军东侵”（《外国历史》）前者较为客观，后者带有评价。《外国历史》卷收战争条目甚多，如希波战争、伯罗奔尼撒战争、布匿战争、百年战争、三十年战争、普法战争、日俄战争，自然无法在标题上标明战争性质。除了“抗日战争”等表示出民族立场以外（释文当然要指明日本是侵略者），一般以客观些为宜。《不列颠百科全书》列“十字军”条释文中介绍了征战；《苏联百科词典》立有“十字军东侵”条，贬义词“侵”是译者加的，俄文原文 крестовые походы 直译是“十字军远征”，也是客观的。

（4）简明原则。尽可能不戴帽穿靴，如“敦煌莫高窟”（《宗教》）和“莫高窟”（《美术》），莫高窟仅此一处，可不冠以地名。又如“开元寺”国内有多处，《建筑》卷以“泉州开元寺”设条，也可省“泉州”。如果几个开元寺都设条，不妨并列，在释文内作出说明。正如国外百科全书有许多条“史密斯”（Smith）一样。圆明园仅留遗址，仍不妨按《建筑》卷以“圆明园”立条，释文介绍它的当年盛况，以及后来毁于英法联军之手。由此推之，阿房宫、鹿野苑均可不加遗址立条。要说明两点，一是像“殷墟”已成固定术语，不必改动它；一是《考古学》卷从其本学科出发，一些条目加上“遗址”是有充分理由的，遗址才是“考”的对象。这里建议去“遗址”是从《全书》角度而言。

又如“胡格诺战争”（《宗教》）和“胡格诺派与胡格诺战争”（《外国历史》）两个条目，就分科设条来说，《宗教》卷首先考虑的是设立派条“胡格诺派”，对于《外国历史》卷则以设“胡格诺战争”为宜，因为《外国历史》卷连“东正教”这样的大教派也只立参见条，相比之下，“胡格诺派”自可不立。

（5）协调原则。学科间交叉的条目，由主学科定条头，采取副科服从主科、主科尊重副科的原则。不易分清主副学科的条目，由相关学科协商定名。

（原载《探讨》1996 年第 4 期）

《中国大百科全书》分类分卷出版利弊观

《中国大百科全书》(以下简称《全书》)是否按学科分类分卷(也曾称为“大类分卷”)出版，中国大百科全书出版社建社之初曾经有过激烈的争论。现在看来，因为是初次编书，分类分卷出版不失为一种切实可行的做法。

分类分卷出版的好处

一、能够迅速出书，受到社会欢迎。国外大型综合性百科全书一般编法是：确定方针规划，进行总体设计，划分学科编纂，统编成书付排，分卷印刷出版。这样至少要编成全书80%～90%的条目(前几个字母都要达到100%)，然后从中抽出A、B等部(如按字顺编排的话)，统排出版第1卷。《全书》如按这种方法出版，以10万条目计，编成80%～90%条目，达到定稿要求，非有5～10年时间不可。旷日持久，难奏事功，容易造成师老兵疲，锐气消磨。数年不见书，总编辑、社长以至全社同仁难以向社会交代，难以向领导交代，压力很大。因为对于编辑百科全书任务之繁重，要求之严格，流程之复杂，工作之细密等，社会上和领导部门能够真正理解的人是不多的。《辞海》1957年开始修订工作，同1936年版《辞海》相比，虽然完全改观，毕竟还有底本，而且前期是1936年版《辞海》主编之一舒新城主其事，可谓识途老马。即使如此，《辞海》也还是先出版16个分册的“试行本”，再修改合拢，于1965年出版两卷内部发行的《辞海·未定稿》，离开始工作时已七八年了。中间经“文化大革命”折腾，后来再出版分册“征求意见稿”，最后合拢正式印行 1979 年版《辞海》。1979 年版《辞海》为 1340 万字，篇幅约为《中国大百科全书》的 1/9，路程尚且如此漫长而艰辛。《全书》没有底本，学科如此众多，篇幅如此巨大，如按字顺统编，需要时间之长也就可想而知了。因为《全书》是按分类分卷出书，所以首卷《天文学》只用了 26.5 个月时间（从调查研究到见书），在 1980 年 12 月就问世了。这样既满足了读者的需求，又增进了编纂者的信心，也以成果回答了社会的要求和领导的期望。

二、兼作专业百科，满足各方需求。我国长期闹“辞书荒”，专业辞书尤其缺乏。在《天文学》卷出版前没有一本天文学的辞典（叶叔华主编的《简明天文学词典》是 1986 年问世的）；《力学》卷出版前，没有力学的词典。科学技术学科如此，人文学科也大致如此。《考古学》卷出版以前，没有考古学的辞典；《中国历史》卷的《隋唐五代史》分册问世前，也未见过同类辞书。有的学科曾在《全书》学科卷出版前出版过专业辞书，如内蒙古人民出版社 1985 年出版了收词 1500 条的《简明语言学词典》，其学术价值同 1988 年出版的《全书》的《语言·文字》卷相比，不可同日而语。可见《全书》分类分卷出版，缓解了专业辞书缺乏的状况。

三、进入个人书房，收到双重效益。我国知识分子收入不高，大多无力购买全套百科全书。按 1993 年的价格计算，一个教授一年的工资收入才能购一套乙种本的《全书》。在目前的工资和物价条件下，一般教授要有相当于一年工资收入的积蓄，谈何容易。然而购买合乎自己专业的学科卷以及少数自己感兴趣的学科卷则有可能。我国的图书馆事业不够发达，有能力购买全套百科全书的一般得是县级图书馆，而且还须是文化发达、比较富裕的县。一种出版物能被个人买得起才是有生命力的。因为是分卷出版，无疑扩大了《全书》单卷的销售量，这就可以取得较好的社会效益和经济效益。

四、发挥教育功能，提供自学工具。百科全书有两大功能：查检功能和教育功能（当教科书使用）。实现百科全书的教育功能必须满足下述条件：学科内容要相对集中，要有阅读指南（如《全书》各学科卷的“条目分类目录”），要有深造的桥梁（参考书目）。前两个条件《全书》各学科卷是具备的，第三个条件在某些学科稍弱。此外还要一个社会条件，能够买得起。教育作用是多层次的，既包括自学，也包括利用百科全书的资料编成教材教人。对于后一种需求来说，因为分卷出版，利用起来就方便得多。据说解放军有关单位就用《军事》卷的材料编成武器教材供连队用，编成战史、军史教材就更普遍了。

五、学科卷次之间，可以互补不足。凡是做一件有些规模的工作，完成以后，回过头来看看，总觉有些遗憾事，编百科全书的某一学科卷也是如此。《全书》分学科出版，因为知识的相互交叉，某学科卷的不足之处，往往被另学科卷补上了。例如《哲学》卷未设作为印度逻辑体系的“因明［学］”条，可以说是件遗憾事。但因《宗教》卷立了“因明”条，为8700字的长条，这样就弥补了《哲学》卷的缺欠。在《全书》总索引中有“因明”条，就不致被视为重大遗漏。丁西林既是物理学家，又是戏剧家，在《物理学》卷、《中国文学》卷、《戏剧》卷都立条。前一个学科介绍了他最先用热电子发射的实验证明麦克斯韦尔速度分布定律，后两个学科卷介绍他在戏剧方面的成就，人物就完整了。

六、综合百科全书，必须分科编辑。分科编辑是综合性百科全书以及专科辞书编辑工艺的必由之路。这是同语文辞书编辑工艺相比较来说的。语文词典可以分段编，例如汉语词典可以由甲编水部，由乙编火部；双语词典可以由甲编A部，由乙编B部。《汉语大词典》是迄今为止我国规模最大的汉语辞书，就是这样编出来的。它按《康熙字典》的214部首分给华东五省一市，如由山东编八、力、十、土等29部，浙江编寸、山、玉、田等25部。百科全书就只能按大学科、小学科、大分支、小分支、条目组群一层层分解开来编写。打个比方，一部语文词典犹如自来水管，是一段段焊接起来的，而一部百科全书（专科辞书也如此）则像钢丝绳，是一丝丝、一股股绕起来的。《不列颠百科全书》的《百科类目》，是相当完备的人类知识体系，它是框架。如果编百科全书，还要把它改造成为组稿和编辑用的可操作的按学科分类的条目表。上海辞书出版社编辑出版过《辞海》，有编辑辞书的丰富经验。但从编辑《哲学大辞典》的情况看，还是先行出版六个分卷：马克思主义哲学、中国哲学史、外国哲学史、逻辑学、美学、伦理学。“六卷出齐后，经修正增删，出版合订本，同时继续发行分册”（《哲学大辞典·前言》）。附带一提，即使《全书》第二版按字顺统编出版，仍可有选择地出版学科卷。

分类分卷出版的缺点

一、规划不周。只有大体的宏观规划，缺乏严密的细致的具体规划，设卷有随意性，因此造成下述问题。

1. *立卷层次，颇不平衡。*《物理学》卷和《固体地球物理学·测量学·空间科学》卷都是学科卷级的，但从科学分类体系看就差两个层次：物理学是一级学科，而固体地球物理学则是一个三级学科。《轻工》卷和《纺织》卷并列也欠妥，在我国的行政系统上，轻工业部、纺织工业部是并列的，但是按照马克思的两大部类经济学说，工业生产分为生产资料生产和消费资料生产两大部类，前者为重工业，后者为轻工业，纺织业属于轻工业。学科卷应以学术分类为基础，因之，《纺织》卷不宜同《轻工》卷并列。广义的戏剧也包括戏曲，《戏剧》卷就设有“戏曲”条。《戏剧》和《戏曲·曲艺》两卷的关系也存在着同样的问题。

2. *切割太碎，小类林立。*中国大百科全书出版社建社之初有“大类分卷”“分类分卷”两种提法。小类林立的局面，是因为没有严格执行“大类分卷”的原则。于是人文科学中出现了“图情档”（《图书馆学·情报学·档案学》卷），自然科学中出现了“气海水”（《大气科学·海洋科学·水文科学》卷）。有的学科理论上不成熟，属于本学科的术语还很少，如“文博”（《文物·博物馆》卷）的“博物馆”部分，实际上主体是一本博物馆名录。

3. 立卷重复，叠床架屋。前期拟设《自然辩证法》卷、《科学社会主义》卷。在《哲学》卷已有“自然辩证法”分支，在《外国历史》卷已有“国际共产主义运动历史”分支（同“科学社会主义”内容颇多交叉重复），可以说已大体包含这两个方面的知识，所以上述两卷都是不宜设学科卷的。社里决定把这两卷作为专业百科全书出版，做得很对。后期的《财政·税收·金融·价格》卷，是《经济学》卷某些分支的细化，设卷的必要性就值得斟酌了。在编纂顺序上，这卷书和《经济学》卷的关系，跟《纺织》和《轻工》的关系以及《戏曲·曲艺》和《戏剧》的关系都不同。例如《纺织》和《轻工》的关系是“先子后母”，即先出《纺织》卷，后出《轻工》卷。后出卷避开了先出卷的内容，《轻工》卷不谈纺、织、染、整，而从“服装”开始，设立“服装鞋帽工业”分支；《纺织》卷只有一条“服装”概述。而《财政·税收·金融·价格》卷和《经济学》卷则是“先母后子”，必然造成内容重复。

4. 压缩卷数，造成缺项。《世界经济》卷付印时正赶在社里“压缩卷数”的风口上，别的卷都没有被“压缩”掉，只有这一卷被改成专业百科全书——《世界经济百科全书》，于是综合性百科全书便有大缺项。从知识体系角度讲，像美元、英镑这种常识用语在《全书》中查不到，《关税及贸易总协定》这样的热门话题也查不到。从为社会经济服务的角度讲，《全书》缺《世界经济》卷，同当前的改革开放的形势也不适应。听说有的同志建议，在重印全套书时让这卷书回到《全书》家族中来，我赞成。宪法都可以修改，已有的决定未尝不可修改。[1]

5. 卷名太长，不利推广。最典型的是《固体地球物理学·测量学·空间科学》卷，这样长的名称恐怕社内同仁也大多说不全，而且没有能够在社会上用得开的简称。西汉扬雄的著作《輶轩使者绝代语释别国方言》书名很长，因为有简化的《方言》书名得以流传开来，后来章太炎的著作就叫《新方言》。同样地，“获得性免疫缺乏综合症”因为有英文缩写 AIDS 的音译“艾滋病”得以广为人知。全书某些卷因卷名太长影响销售的明显例子是“台湾锦绣文化企业”出版 60 卷本《中国大百科全书》繁体字版时，用的是大陆中国大百科全书出版社的简化字本，一字不改，可惜的是没有把《固体地球物理学·测量学·空间科学》《大气科学·海洋科学·水文科学》两卷书收进去。这两卷书距离政治颇远，它们之所以没有中选，我以为同卷名太长有关。以海洋科学而言，台湾和东南亚某些使用繁体汉字的地区都临海洋，不能享用大陆学者的学术成果，未尝不是一项损失。书名一向为著作家、出版家所重视，古今类书和丛书的定名，我们的先人都是下了功夫的。如《艺文类聚》《太平御览》《册府元龟》《永乐大典》《四库全书》《四部丛刊》《四部备要》《万有文库》，名称都取得好，用的是汉民族所雅爱的“四字格”，深入人心。日本出版的《万有百科大事典》是按学科分卷的，每卷书脊上最多只有四个字。在市场经济时代，定书名、定卷名对社会效益和经济效益都是至关重要的。

6. 厚薄不均，胖瘦失控。编辑出版工作不能不顾及产品的外观形

---

[1] 本文作于1993年3月。1993年8月出版的《中国大百科全书》的《财政·税收·金融·价格》卷立有“美元”“英镑”“《关税及贸易总协定》”条。《关税及贸易总协定》的办事机构于1995年为“世界贸易组织”（WTO）所取代。《世界经济》卷后来没有回到《全书》系列。

——2004年4月注

象，这方面的事处于自流状态，是一遗憾事。有的学科卷之“胖”，同选条和条目释文处理有关。中国大百科全书出版社出版的《简明不列颠百科全书》每卷页数近似，颇给人好感，可作对照。从已出版的学科卷来看，最厚的《音乐•舞蹈》卷252万字，最薄的《纺织》卷104万字，一卷等于两卷半。《经济学》三卷405万字，《农业》两卷456万字，三卷不如两卷厚。厚薄匀称，胖瘦适度，是一种美学意识的表现，也是衡量百科全书质量的一项内容。

二、内容重复。因为各个学科卷都要求内容完整，分类分卷出版就不可避免地出现内容重复。内容重复有五个层次：卷级、分支级、条目群级、条目级、释文级。

1. 卷级的重复。上述《财政•税收•金融•价格》和《经济学》卷的重复，就是卷级的重复。

2. 分支级的重复。这种重复会造成大面积条目的重复。例如《教育》卷和《心理学》卷都有“教育心理学”分支；《美术》卷的“中国建筑艺术”分支收120条，跟《建筑》卷重复的不下90%；《化学》卷列有109个元素条目，《矿冶》卷则收有金属元素和半金属元素89条；《语言•文字》卷列有“中国诸民族语言文字”分支，《民族》卷列有“中国民族语言文字”分支，两者各有100个左右的条目的名称几乎完全相同；戏剧作家也是作家，《戏剧》卷和《外国文学》卷重条很多，仅就五个大国统计就有113人：英国31人，法国29人，俄国26人，德国16人，印度11人。

3. 条目群级的重复。例如《美术》卷的中国石窟条目有36条，同《考古学》卷重复的18条，同《建筑》卷重复的6条，同《宗教》卷重复的3条，形成“四重奏”；《哲学》卷立条的《周易参同契》等20部著作条目也是《宗教》卷所立的。

4. 条目级的重复。例如王国维在《中国文学》《中国历史》《哲学》《考古学》《语言•文字》《美术》《教育》七个卷都设有条目；牛顿在

《天文学》《力学》《物理学》《数学》《哲学》五个卷都立有条目。

5. 释文级的重复。例如《宗教》卷“五台山”条为 900 字，而《建筑》卷的“佛教四大名山”条中的“五台山”部分就有 1100 字。

条目是百科全书的基本单元。以上几个层次的重复，除释文内的重复外，都可以条目计数。以《宗教》为例，该卷共设条目 1231 条，与他卷重复的条目为 225 条，即占 18.3%。这个数只会少算，不会多算。因为：a）统计时，许多卷尚未出版，无从查核。如《宗教》卷设有五台山、九华山、普陀山、峨眉山条，而《中国地理》尚未出版，只能说有可能收，就未计为重条。b）统计是 1991 年做的，并未就当时已出的 53 卷的条目一一查对，必然有疏失、遗漏。照此估计全书的条目重复不会少于 20%。

《宗教》卷同他卷的重复分布于 22 卷，情况如下：《哲学》109 条，《建筑》46 条，《外国历史》28 条，《考古学》16 条，《美术》15 条，《中国历史》13 条，《中国文学》6 条，《世界地理》4 条，《外国文学》《中国传统医学》（个别了解的，如葛洪，书未出，故未全面核对）《音乐·舞蹈》《化学》《天文学》各 3 条，《地理学》《法学》各 2 条，《戏剧》《固体地球物理学·测绘学·空间科学》《民族》《新闻·出版》《数学》《现代医学》（个别了解）《农业》各 1 条，共计 263 条。这个数字比上述 225 条多，是因为《宗教》卷的一个条目有时同多卷重复。例如《宗教》卷的“《大唐西域记》”条，在《中国历史》《地理学》中都设有条目。

重条的条头标引用词有的相同，有的不同。不同的情况则是形形色色的。人物有以名立条，有以号立条（如章炳麟 / 章太炎）；外国来华人物有以自取的汉名立条，有以外语音译立条（如德日进 / 夏尔丹）；外国人物有以姓立条，有姓、名一起立条（如路德，M./ 马丁·路德）；阿拉伯人物有以阿拉伯名立条，有以拉丁名立条（如伊本·西那 / 阿维森纳）；有因译名不同造成分歧（如伊本·路世德 / 伊本·路西德，苏

非主义 / 苏非派）；建筑物有冠地名和不冠地名的分歧（如罗马圣彼得大教堂 / 圣彼得大教堂，景洪曼菲龙塔 / 曼飞龙塔）；书名有用全称和用简称的分歧（如《周易参同契》/《参同契》）；有立条角度不同造成的条头分歧（如青龙寺 / 青龙寺遗址）；有用通称和用正式名称的分歧（如应县木塔 / 佛宫寺释迦塔，大雁塔 / 慈恩寺塔，仰光大金塔 / 瑞德宫塔）；有一物多名各取其一的分歧（如法相宗 / 唯识宗，圣友寺 / 清净寺 / 泉州清净寺）；有以单独术语立条和相关术语合并立条，以及以异名立条的多重分歧（如内丹 / 外丹 / 内丹和外丹 / 炼丹术）；等等。

重复的条目往往是由不同的撰稿人执笔的，也就容易带来内容分歧。仅举印度古代佛教学者、诗人、剧作家马鸣（Asvaghosa）为例，他在四个卷有条，他的生卒年便有四种说法：

约于 2 世纪时出生（《宗教》）；

约公元前 50 ～公元 100 年（《哲学》）；

约 1、2 世纪（《戏剧》）；

生卒年大约在公元初期（《外国文学》）。

虽然都是模糊数字，但有四种模糊法，令读者莫衷一是。《辞海》编者说，民主革命家秋瑾的生年有四种说法。中国近代知名人士尚且如此，两千年前的异邦人物生卒年有出入就不足为奇了。话还得说回来，既然编百科全书，还得下一番考据功夫才是。

分类分卷出版，条目的重复是必然的，释文互有矛盾也是必然的。问题在于是听之任之，放任自流，还是根据某种原则采取宏观控制？《全书》编纂的初期曾经试图管起来，后来遇到困难。如果当初设法克服困难，解决重条问题，或者制定一些规章加以协调，纳入轨道，情况可能好一些。例如条头标引，人物用正名，还是用知名度大的别号？建筑物用正名，还是用通名？加不加地名？外国来华人物用自取的汉名，还是照原名音译？都不妨作些规定。译名统一工作也缺乏有力的措施。第二版的任务之一就是清理这些异卷重条问题。当前十卷本的《中国大百科全书（简明版）》要解决这些问题，防止一人、一事、一物等立两个条目。二十四史中的《元史》把同一人物因译名不同立两传（如同一人立“雪不台”“速不台”两传，立“完者都”“完者拔都”两传），为后世史家所诟病，可作前车之鉴。

三、存在缺口。主要是小学科、小门类归不进去。如计量科学、摄影艺术（新闻摄影已在《新闻•出版》卷有分支）、杂技都是“绕树三匝，何枝可依”。文学因为分设《中国文学》《外国文学》学科卷，而不能收文学通论条目。原来有设立科学通论卷的设想未能实现，使《全书》中没有“中国科学院”“生命科学”这些条目。此外还有一些疏忽而未列的条目，如“小乘佛教”“中子”等。

四、信息离散。最明显的例子是未设国家条目，很难了解一个国家的全貌。虽然《世界地理》卷有“瑞典”条，《外国历史》卷有“瑞典历史”条，《外国文学》卷有“瑞典文学”条，《戏剧》卷有“瑞典戏剧”条，《电影》卷有“瑞典电影”条，《美术》卷有“瑞典美术”条，《民族》卷有“瑞典人”条，《语言•文字》卷有“瑞典语”条，《新闻•出版》有“瑞典出版业”条等，但是各卷收条标准不一，凑不齐一个完整的瑞典。例如《音乐•舞蹈》卷就没有“瑞典音乐”条、“瑞典舞蹈”条；《世界经济》卷已脱离《全书》系列，也无法了解“瑞典经济”。过去曾有编辑“国家卷”之议，似可补上这一课。

五、选条失衡。正如出版社副总编辑阎明复先生 1982 年所说，各学科卷编辑处于“各自为战，村自为战”的状态，各卷收条情况很不平衡。以当代人物上书而言，收条标准差异颇大。科学技术诸卷，当代中国人物原则上以学部委员为列条标准，有的虽为学部委员，亦未上书，收条较严；相比之下，人文学科相对较宽。总的说来，自然科学卷以《数学》卷收条最严，如谷超豪、王元均为学部委员，而且成果丰硕，但未上书；人文学科以《语言•文字》卷收条较严。《中国文学》卷对当代的中国文学研究家重视不够，如“一代词宗”夏承焘、楚辞研究家游国恩均未列条。

*　　　*

分类分卷出版的好处和缺点，出版社首任总编辑姜椿芳先生在开社之初就意识到了。他于 1979 年 3 月 12 日在《物理学》卷在京编委座谈会上说：

怎样编我们的百科全书，是首先要解决的问题。从我国的现实条件和读者方便出发，我们决定第一版分类分卷出。当然，各学科和门类之间交叉很多，还有一些边缘学科如何安排，这是很需要费一番功夫的。而且，这种编法本身就不是很科学的，做起来总是困难重重。但我们不得不走这条路。首先是为读者着想，他们可以分科分卷购买；其次也是为了早日出书，可以编好一卷出一卷，不必等到全部编好再按字母顺序编排发稿。（姜椿芳《从类书到百科全书》，中国书籍出版社 1990 年版第 135 ～ 136 页）

姜椿芳的话是很有预见性的。

《中国大百科全书》分类分卷出版尽管有不少缺陷，但毕竟实现了从 20 世纪初叶起许多有识之士就怀有的出版中国自己编辑的百科全书的愿望，这一功绩在我国出版史上是值得大书特书的。《全书》的缺失，掩不了《全书》的光辉。

1993 年 3 月 20 日写完

（原载《探讨》1994 年第 2 期，稍加删节后刊于《中国出版》2004 年第 6 期）

建 言 篇

《中国大百科全书》第二版总体规划的若干思考

一、关于出二版的必要性

《中国大百科全书》（以下简称《全书》）第一版 1.3 亿字于 1993 年出齐（《总索引》卷于 1994 年出版）。这是中国出版史上撰写而成的规模最大的著作，是中国现代文化建设史上的一座丰碑。

尽管这部书是旷世之作，但是仍然要编纂第二版，原因有三。

1. 百科全书本身性质的要求

百科全书是一代人接着一代人的事业。世界上著名的百科全书都是一版接着一版进行修订出版的。《不列颠百科全书》从 1768 ～ 1771 年出版第 1 版至今已出至第 15 版。不仅每一版之间进行修订，而且近几十年还实行连续修订。第 14 版从 20 世纪 60 年代起就实行连续修订制，每年修订 500 万词（约合 1000 万汉字）；第 15 版从 1974 年出版以来，也是年年更新一部分条目，甚至有卷的调整。《布罗克豪斯百科全书》《拉鲁斯百科全书》《大美百科全书》这些具有百年以上历史的百科全书，也都是不断改进，不断修订，不断完善，才经得住广泛的审查，时代的考验，市场的风波，赢得读者信任而历久不衰。

逾十亿人口的大国没有一部百科全书，这是耻辱，好在这种情况已经过去了；逾十亿人口的大国只出一版定终身的百科全书，也不光彩。

2. 内容的要求

（1）《全书》一版是按学科或知识门类分类分卷出版的，每个学科卷都有很强的独立性，因此，带有“丛书”色彩（不同于有严格规划分类分卷出版的百科全书，如日本的《万有百科大事典》），必须进行一次统编工作，才能算是严格意义上的百科全书。

（2）《全书》一版是中国第一次编辑现代大型综合性百科全书，因为经验不足，规划不严，时间紧迫，存在着一些缺陷：①一些应收的学科分支、条目没有收；②各学科卷之间甚至一个学科卷内部，存在互相抵牾现象；③一些资料未经核对，存在差错；④体例不统一；⑤部分文字达不到“辞书体”要求；⑥校对有差错。这些都需要改正。

（3）“左”的思潮有不少反映。《全书》一版虽然是中共十一届三中全会后起步，但因“左”的思潮影响深远，不是短时期所能消除的。例如戴帽穿靴即为其中表现之一。有的条目释文来一个“资产阶级”“唯心主义”之类的帽子，最后加个批判的尾巴。

从上述三点来看，二版的修订任务是相当艰巨的。

3. 时间的要求

从《全书》一版首卷《天文学》1980 年出版算起，已历时 15 年，如果现在着手编辑二版，至 21 世纪初问世，其间相距为 20 多年。社会在前进，人类在发展，科学技术日新月异，新生事物层出不穷。这些情况必须在《全书》中得到反映。如果不进行修订更新，《全书》将成为历史文献，逐渐丧失现实的使用价值。

二、重编还是修订

在辞书编纂中对旧版进行修订，出版新版，往往有两个提法：重编，修订。“重编”应用于大修大改，以至另起炉灶；“修订”应用于较小规模的修改。对于《全书》二版来说，不同于一般的修订，还有把正文 73 卷各自成体系的百科全书统编成为整体的任务，工作量是相当可观的。因此，二版就整体而言是“重编”，就每个学科卷来说是“修订”，当然还加上增补。

三、编辑方针

编纂一版时制定的《〈中国大百科全书〉编辑方针》12 条，大体可用。

第 1 条指导思想应加上“邓小平同志建设有中国特色社会主义理论”，因为它是当前中国一切工作的指导思想，编百科全书自不例外。例如一版《经济学》卷中，“市场经济”只是设一个参见条（见“商品经济”）。而“商品经济”条释文中有不少“姓资姓社”的讨论，为此就得重新考虑与此有关的一系列条目。

又，“马克思列宁主义”，可改为“马克思主义”，广义的“马克思主义”包括了“列宁主义”。

第 5 条是为分类分卷出版而规定的，应作修改。

第 10 条中“还要编制分类目录和各种索引”，应按二版的要求修改。

四、条目数

孙关龙、胡人瑞两位先生都提出二版为 6 万条。我以为应增至 7.5 万～ 8 万条。

理由：各国有代表性的综合性的百科全书条目设条都较多：《不列颠百科全书》（32 卷，1994）收条目 8.1 万条；《苏联大百科全书》（第 3 版，30 卷，1969 ～ 1978）收条目 10.2 万条；《大拉鲁斯百科全书》（10 卷，1960 ～ 1964）收条目 18.9 万条，1969 年和 1975 年还出了补卷 2 卷（说明一下，这是一部小条目主义的书）；《布罗克豪斯百科全书》（24 卷，1986 ～ 1994，第 19 版），仍然宗奉小条目主义，收 26 万条。

《辞海》1979 年版共收条目 106 578 条，其中百科条目为 68 978 条；

1989年版共收条目12万余条，其中百科条目8万余条。（见《辞书研究》1989年第5期，第25～26页）

中国是一个历史悠久、地域辽阔、人口众多、文化积淀深厚的国家，《全书》二版依然是世界性的百科全书，同人家一比较，6万个条目显得少了。

五、要大量补充条目

《全书》二版需要补充大量条目。大体说来，可分为一版应立而未立的，一版出版后出现的新事物。

首先是一版应立而未立的条目又可分为：

（1）结构性的。主要因为受分类分卷出书的影响，有些小学科、小分支在原有分类体系中找不到位置，或者因为未加重视而造成的缺收。如历史地理、文学一般、史学一般、科学总类、计量学、标准化、摄影艺术（新闻摄影在《新闻出版》卷已设）、民俗、民政、警察（公安）、杂技、旅游、烹饪，等等。

（2）观点性的。《教育》卷未收梅贻琦、武训，《军事》卷未收"八百壮士"，《社会学》卷未收"娼妓（制度）""赌博"（只收"娼妓改造""禁赌"），可能同"左"的观点有关；《数学》卷未收谷超豪、王元等，可能同"过严"观点有关；《中国文学》卷未收文学研究家条目，可能同某种倾向性观点有关；等等。

（3）地域性的。港台人物和海外华人，一版收了一些条目，在当时是一个重大突破。一般说来，只限于收传主当年在大陆已经成名的，如文学方面的梁实秋，史学方面的萧一山，哲学方面的钱穆。对于当地成长的就几乎未收。港台人物、海外华人实业家（如李嘉诚、王安）不少均未收。澳门人物好像也未收。

（4）地理条目。地理方面仍须大大补充。《辞海》以1979年版而言（1989年版手头没有资料），地理方面收中国地理4886条，外国地理2362条，历史地理4848条，还有地理一般760条，古代中西交通1105条，增补条目128条，共收14 089条，占全部百科条目87 831条的16.04%。（这是按照《辞海百科词目分类索引》各学科条目累计的数字，单项数字和总数都有重复）《全书》一版《中国地理》卷共有条目1610条，《世界地理》卷1163条，历史地名上述两卷几乎未收。《中国历史》卷收有历史地名146条，其他卷就是一些零星的条目了，而且大多是重条。以上三者加起来2919条，占《全书》78 112条的3.74%。这个比率无论同《辞海》相比，还是同国外著名百科全书地理条目所占比重在15%～20%之间相比，都是大大偏低的。地理条目都是实实在在的，检索率很高，必须大大增加。地理条目通常有条数多、条目短的特点，除国家条以外。

其次是一版各学科卷出版后出现的新事物。可分为两类。一类是本来已有，近几十年国内不用这种名词而未收的，如“公务员制度”，《政治学》《法学》卷均未收，《法学》收有“资本主义国家公务员”条。（《现代汉语词典》“公务员”条释作：“①政府机关的工作人员。②旧时称在机关、团体中做勤杂工作的人员。”）

另一类是近年发生的。国外如海湾战争、德国统一、苏联解体、南斯拉夫内战、神户大地震；国内如京九铁路、六四风波、海协会、海基会、东方明珠塔等，以及随着市场经济的发展而涌现的大量新事物。

经济学和法学是十多年来两门发展很快的学科。经济学要增加经济发展的条目，增加务实性的条目，如“经济管理”“经济特区”等条目。近十多年，中国立法工作进展迅速。我以为凡是全国人大及其常委会通过的带“法”字的法律都应立条，其中重要术语也应该立条。

六、长短条目结构

按照我在上文提出《全书》二版条目设想为7.5万～8万条，同我在《〈中国大百科全书〉第二版规划刍议三题》一文中提出的设想：30卷正文每卷为200万～220万字，总容量为6000万～6600万字（包括图），文字容量为4800万～5500万字（《探讨》1994年第4期）是相匹配的。这个总容量字数同《苏联大百科全书》第3版（1969～1978年出版时苏联尚未解体）6400万字大致相当。中苏两国尽管有许多差异，但在编百科全书方面有几个共同点：①都是大国；②都是一元化领导，编百科全书要由最高当局批准；③没有竞争对手。因而在字数上也可以比较接近。

《全书》二版如果总容量为6000万～6600万字，仍按《全书》一版每面排2352字计算，那么，未来成书的厚度要比《苏联大百科全书》第3版大。《苏联大百科全书》第3版是用特别设计的铅字排的，每面字数折合汉字为3300字。这就提出一问题，《全书》二版所用字体大小和版面是否重新设计的问题。

按上面建议的全部文字容量和条目数计算，每条平均字数约为700字。《全书》二版仍应是以中小条目为主，大、中、小条目相结合的结构。

条目按字数仍可分为5个等级，每个等级的字数和所占的比重如下：

类　别	字　数	比　重
特长条目	>10 000	1%
长条目	3000~10 000	3%
中条目	500~3000	25%
短条目	<500	66%
参见条	72	5%

条目结构和字数依上限分配匡算如下：

类　别	条目数	每条平均字数	合计字数
特长条目（1%）	800	15 000	1200 万
长条目（3%）	2400	5000	1200 万
中条目（25%）	20 000	800	1600 万
短条目（66%）	52 800	280	1478 万
参见条（5%）	4000	72	29 万
合计	80 000	700	5507 万

（原载《探讨》1995 年第 9 期）

《中国大百科全书》第二版规划刍议三题

一、客观情况

《中国大百科全书》第一版（以下简称“《全书》一版”）的编辑出版任务已于 1993 年完成，第二版（以下简称“二版”）的编辑工作正在着手规划。两个版的编辑工作所处的客观条件是颇不相同的。

《全书》一版是在中国还没有出过现代大型综合性百科全书的条件下着手的。当时，中国极“左”路线推行了许多年，尤其是在十年浩劫之后，辞书园地以至整个文化事业一片荒芜。岂止没有百科全书，而且是以一本小小的《新华字典》成为泱泱大国的辞书象征，独步华夏。像圣马利诺这样只有两三万人口的小国也编出百科全书见赠，我们 10 多亿人口的大国只能以《新华字典》回敬。在这以前，《辞源》出过一个分册（1964），是邓拓先生主其事，“文革”中当然在劫难逃；《现代汉语词典》1965 年出过“试用本”，内部印行，免不了文痞姚文元的棍棒交加；《辞海》1965 年出过“未定稿”，征求意见，被打成“集封资修大成的大毒草”。“四人帮”被打倒后，举国要求拨乱反正，出版界也呈现出“惊蛰”气象。在这样的条件下，姜椿芳先生写了《关于出版大百科全书的建议》，不久建议为中国科学院、中国社会科学院、国家出版局所采纳，联名上报，一路绿灯。中共中央于 1978 年 5 月 28 日批准，国务院于同年 11 月 18 日发了文件。中国大百科全书出版社成立，组织起两万人的队伍，历尽艰辛，费时 15 年之久编成的 74 卷皇皇巨著终于在 1993 年 8 月全部问世。今天中国可以无愧地宣布，我们出版了自己编辑的百科全书。

二版编辑工作所处的客观情况与一版大不相同。一版开始工作后不久，中华大地上便出现“辞书热”“百科热”。近年大陆和台湾自编的各种百科全书和百科辞典，据金常政先生估计不下140种，至于“××小百科”“××大全”之类均未计算在内。

值得注意的是一些出版社纷纷引进卷帙浩繁的大型综合性百科全书。中国大百科全书出版社继1986年出版《简明不列颠百科全书》之后，目前正在规划编译出版《不列颠百科全书》（*Encyclopaedia Britannica*）。[1] 台湾中华书局也在编译32卷本《大英百科全书》（*Encyclopaedia Britannica*）繁体字版。[2] 台湾光复书局已于1990～1991年翻译出版了30卷的《大美百科全书》（*Encyclopedia Americana*）中文繁体字版，并同大陆外文出版社合作于1994年出版了简体字版。商务印书馆正在着手编译26卷本《康普顿百科全书》（*Compton's Encyclopaedia and Fact-Index*，全名为《康普顿百科全书与事实索引》）[3]。早几年听说某出版社已在翻译21卷本《美国学院百科全书》（*American Academic Encyclopaedia*）。可以看出，竞争十分激烈。

二版还面临另一方面挑战。那就是10卷左右的中型百科全书纷纷问世。团结出版社已出10卷本的《中国小百科全书》，不知底细的人以为这是《中国大百科全书》同系列出版物。中国大百科全书出版社同

---

[1] 中国大百科全书出版社于1986年出版10卷本《简明不列颠百科全书》，1991年出版1卷本的增补卷。1999年出版20卷本的《不列颠百科全书（国际中文版）》（其中索引2卷），4350万字。

[2] 美国不列颠百科全书公司于1996年在台湾出版中文繁体字版光碟《21世纪大英百科——新知与挑战》，3500万字，收条目44 710条，图片10 912幅，动画、电影约13小时。

[3] 《康普顿百科全书》由商务印书馆分学科编译出中文版，《经济学卷》（2001）、《生命科学卷》（2002）已问世。

商务印书馆合编的 8 卷本《实用百科全书》（名称尚未最后确定）是百科条目和语词条目合成一体的综合性百科全书。[1]中国大百科全书出版社编的 10 卷本《简明中国大百科全书》的编辑工作正在快马加鞭地进行。[2]这些书的字数大约在 2000 万字上下，同一版的 1.3 亿字差距颇大，而同二版预定的实际字数 3300 万字（据《探讨》1994 年第 1 期所刊的梅益总编辑的文章）差距就不大了。一般工薪收入者，如果买了一部 10 卷本的百科全书，那么再买一套《全书》二版的比重不会太大。在解放前，就知识阶层来说（中学教师这一档次），兼备《辞源》《辞海》的人就不多。

可以说，《全书》一版居于四海为家、一统天下的地位，二版则处于诸侯并起、互争雄长的战国时代。真是创业维艰，守成不易！

国外引进的综合性百科全书，《不列颠百科全书》有 200 多年历史，《大美百科全书》有 100 多年历史，《康普顿百科全书》资历稍浅，也有 70 年历史。它们都经过漫长的时间考验，经历过严峻的市场风波，而且能保持并发扬自己的特色，我们决不能因为它们是“洋货”而忽视。就百科全书的编纂要求而言，在周密性、资料性、客观性、形象性这些方面，一般地说，《全书》一版某些方面并不超过它们；而就中国内容的丰富程度而言，一版则远远胜过它们。洋百科有不合中国人需要的地方，例如基督教条目甚多，除了基督教研究工作者和翻译工作者以外，一般中国读者并不很感兴趣。

中国自编的 10 卷左右的中型百科全书，在篇幅上比较适合知识界

[1] 此书于1999年由中国大百科全书出版社出版，名为《中国百科大辞典》，共10卷（其中索引1卷），1873万字，未收语词条目。商务印书馆将原拟入编的语词条目进行大幅度的增删，经过修改加工，编纂成为一卷本的《古今汉语词典》，450万字，于2000年出版。

[2] 此书于1998年由中国大百科全书出版社出版，名为《中国大百科全书（简明版）》，12卷（其中索引1卷），2100万字，收3.1万条，图表1.1万幅。

一般人的购买力。而就内容而言，许多方面仰仗于一版。某些书可以说如果没有一版的范例和丰富的资料，可能会无从着手，或者难以在短时间内编成。

在这种情况下，二版应该继续保持和发扬中国内容丰富这一洋百科难以企及的特点，而在权威性、规范性、资料性、检索性、形象性方面弥补一版的不足，在编辑工艺上争取达到国际上第一流百科全书的水平。一版的不足除了分科分卷出版必不可免的大量重复以外，各学科卷独立作战，造成体例不规范、不一致，内容存在抵牾，译名不统一，此外还有“左”的思潮影响，以及文字不简练，存在语病和错别字，某些资料的可靠性不够，等等，必须改进。因为分类分卷出版等原因造成的某些空白也须补上。

二、篇幅和版本

二版的卷数 鉴于当前世界上著名的大型综合性百科全书大体上是30卷上下，梅益总编辑写的《关于〈中国大百科全书〉第二版编辑工作几个重要问题的设想》(《探讨》1994年第1期）一文设想为30卷（包括索引1卷），这是能得出共识的规模。按统一的字顺编排，也是社内同仁一致的看法。

二版的字数 梅益总编辑设想每卷150万字（按全部版面计算为4500万字）减去索引1卷，实有29卷。再减去1/4图的版面，纯文字部分为3300万字左右。这个数字似乎偏低一些。

第一，容量同10卷本的简明百科全书过于接近。例如，我社同美国不列颠百科全书公司合作编译出版的《简明不列颠百科全书》共10卷（不算补编第11卷），正文9卷，约2400万字，图5000多幅（据《辞书研究》1986年第4期，徐慰曾先生文）。简的2400万字，详的3300万字，拉不开档次，就会造成“详简难分”。

第二，同世界上几部著名大型百科全书的字数相距过大。《不列颠百科全书》第15版1994年印本正文30卷（另索引2卷），总字数折成汉字约为8316万字。《大美百科全书》1980年版正文29卷（另索引1卷），总字数折成汉字为5670万字。《苏联大百科全书》第3版，1969～1978年出版，总字数折成汉字为6400万字。日本平凡社《新世界大百科》1988年版正文30卷（另有索引、便览、地图、年鉴共5卷），为5200万字（以上数字均据《探讨》1994年第1期，孔凡明先生文）。相比之下，预定二版文字部分3300万字是偏低的。

第三，中国有悠久历史、灿烂文化，如果二版容量过小，这方面内容被挤掉是可惜的。中国历史之久，美国比不上，俄国也比不上。虽然它们都以古代希腊、罗马为历史文化渊源，但整个中世纪黑暗时代长达千年之久。而中国无论是先秦还是汉唐，直到明清，历史文化是延续的，而且灿烂辉煌，二版非给予必要篇幅不可。如果二版仍然是中外兼备、文理并重、古今共容的综合性大型百科全书，字数过少，编纂起来会感到捉襟见肘的。

因此，建议每卷的字数可增至200万～220万字（再厚了，一只手托不动，也不好），考虑到配图力量还不够强的情况，图的篇幅可由1/4降至1/5～1/6。再者索引可不包括在30卷之内，何况150万字的篇幅编单式索引也不够。这样计算下来，文字容量可增至4800万～5500万字，总容量为6000万～6600万字，大体与《苏联大百科全书》第3版相当。《苏联大百科全书》出于意识形态需要的东西我们可以少一些，腾出篇幅用于我们需要的东西。

二版的版本　出版按统一字顺编排本这一点大概没有什么不同意见。梅老还主张按几个主要学科分别编成单卷出版。这是卓见。

我社1986年起草的1986～2000年远景规划初稿就提出过，二版除了按字顺编的版本外，再出一种按大类分卷的版本。此外，我个人认为还可以出一些像《隋唐五代史》那样的分册本（名称再定）。某一门类单卷本、单册本的辞书因为主题集中，使用方便，是永远会得到读者的青睐的。《辞海》出版已 15 年，而分册至今仍畅销不衰，即为明证。《中国医学百科全书》93 个分册已出齐，第二版准备修订出统编本，同时出分册，是又一明证。百科全书无论规模大小，毫无例外的是按大学科、小学科、大分支、小分支编成的，而不能像语文词典那样按 A、B、C、D……分字头编成（百科全书只是在统编完成、按字顺排好后作最后的通读）。如果在规划和编辑过程中安排一下学科组合和划分，考虑到未来的出版卷次的匀称，解决一些编辑工艺和流程问题，分学科卷是不难编成的。至于分册，就更机动了。出版分卷和分册是费力不大而效益不小的事情。

三、几个比例关系

二版设计中必须考虑几个比例关系，包括：文理比例关系，中外比例关系，古今比例关系，人物条目在全书中的比重，地理条目在全书中的比重。

文理比例 这是简化了的提法，指的是人文科学（广义的）和自然科学（包括工程技术）在整部百科全书中的比重。梅老在总结一版工作的文章中也对此作了介绍，人文科学为 36 卷，自然科学 37 卷。前者 5900 万字，占 44%；后者 6800 万字，占 56%。这个数字可能是照社会科学和科学技术各编辑部的行政分工得出的。学科分类和行政分工是有所出入的。例如地理学科包括自然地理和人文地理两方面内容。按照目前的社内行政分工，《中国地理》《世界地理》归入科学技术部分。又如《世界经济》原为《全书》的一卷，后作为专业百科全书《世界经济百科全书》出版，未统计进去。《建筑》卷有些内容属于艺术范畴，等等。这样就降低了人文科学的比重。尽管如此，估计一版自然科学方面的内容仍然超过 50%，比《不列颠百科全书》第 15 版的占 40% 和《苏联大百科全书》第 3 版占 44% 要高得多。补充一句，自然科学和人文科学的严格划分是相当困难的，只能分个大概。梅老主张二版增大人文学科的比重，把一版两大部门的比重倒过来，我赞成。

人文科学和自然科学的比例是高层次的比重。接着还有下一层次的比例关系，在科学技术内部还有基础科学和应用技术的比重。基础科学部分包括数、理、化、天、地、生等，应用技术部分包括农、工、医等。大体说来，一版中工程技术方面占的比重大了点，尽管在当时说来，专业辞书奇缺的情况下，当作专业百科全书编也是有必要的。二版的情况就不同，如果削减科学技术的比重，重点在于压缩工程技术部分。世界各国百科全书收条情况都是“理”大于“工”，因为理是基础知识，工重于应用；理相对稳定，工进展较快，变动较大。电子计算机就是知识老化很快的学科。日本《万有百科大事典》共 20 卷，数学、物理合为 1 卷，化学 1 卷，科学技术 1 卷。科学技术卷约 138 万字，内容包括机械、电工、电子、船舶、航空、土木、金属材料、原子能等。按卷数和字数均占《万有百科大事典》的 5%（据《百科全书研究》第 1 期，孔凡明先生文，下同）。《中国大百科全书》一版工程技术部分的卷名与上述所列内容大致对得上号的约为 9 卷，按卷数占全书的 12%。

至于“理”的内部比例关系，戴中器先生认为，数学、物理、化学 3 门基础知识容量的比例关系约为 1 : 2 : 3。《全书》一版数学 1 卷，物理 2 卷，化学加化工共 3 卷，大体符合比例。《苏联百科词典》（折射地反映《苏联大百科全书》第 3 版的情况）中收数学 900 条，物理 2200 条，化学 2100 条（化工未作为一类统计），同《全书》一版的数、理、化三学科立卷情况大致接近。此外，还要考虑一个大学科内各次级学科的比例关系，例如物理学科内部，要考虑声学、光学、电磁学、力学、原子物理、物理史这些内容的比例关系。

二版设计时须将大学科所占的比重大体确定下来（如能做到次级学

科就更好了）。这是一桩难度极大的工作，但非做不可。有的学科给的篇幅少了，内容的安排就会发生困难；有的学科给的篇幅多了，会造成不该上书的条目和内容写了进去，或者条目释文有水分。这在一版是不乏例子的。

中外比例 百科全书的内容，一类是世界性的，另一类则有地域差异，可区分为中国内容和外国内容。中外比例指的是后一类中的中国内容和外国内容的比例关系。大体来说，科学技术知识是全人类的（地质、气象等方面知识仍有区域差异），科学家条目可区分中外，人文科学如历史、地理、文学、艺术一般都可区分中外。

二版同一版一样，是世界性的百科全书，因为是中国人自己编的，理所当然要注重中国内容。世界各国出版的世界性的综合性百科全书在侧重本国这一点上，可以说概莫能外。《简明不列颠百科全书》有一项附录：《世界主要大学和学院一览表》，列有美国主要大学 420 所，为英（46 所）、德（43 所）、法（62 所）之和 151 所的 2.8 倍。表中列有中国大陆的大学 15 所，台湾地区 9 所。由此也可知道，翻译外国的百科全书是不能代替自己编辑的百科全书的。

日本《万有百科大事典》共 20 卷，是大类分卷编辑的。其中“日本历史”“日本地理”各 2 卷，而“世界历史”“世界地理”各只有 1 卷。《万有》历史、地理部分采取的比例是 2（本国）：1（外国）。

《全书》一版《宗教》卷共收条目 1231 条，其中属于世界性内容条目 155 条（占 12.6%），中国内容条目为 630 条（占 51.2%），外国内容条目为 446 条（占 36.2%）。立条的宗教人物共 388 人，其中中国 212 人（占 55%），外国 176 人（占 45%）。

《教育》卷共收条目 774 条，其中属于世界性内容条目 298 条（占 38.5%），中国内容条目 276 条（占 35.7%），外国内容条目 200 条（占 25.8%）。立条的教育人物共 112 人，其中中国 52 人（占 46%），外国 60 人（占 54%）。

从上述一些零星统计资料看，除了共性（世界性）的条目以外，可以区分中外地域的条目，似可掌握1～1.5（中）：1（外）的比例范围。

古今比例 有的学科就研究对象说有古无今，如历史。考古学的研究对象是古的，而研究方法则是古今兼用，以今为主。有的学科则是有今无古，如航空、航天、电子学、计算机。大体说来，科学技术今重于古；而古老的学科或知识门类如哲学、宗教，则古重于今。古今如何划线是一个难题，而且因学科而异。古今比重应从全书着眼。这里提出这个问题只是希望近代发展起来的学科（如“力学”），不要忽视掉古代处于萌芽状态的东西；而以古代为主要研究对象的知识门类（如“宗教”），也要有今天的内容，如同写“古罗马水道”“万里长城”也要交代今天的状况。古今比例关系要由各学科、各知识门类自定，避免“厚古薄今”和“厚今薄古”。

人物条目比重 在百科全书中，人物条目是检索性很强、检索频率很高的条目类型。一版一些学科卷人物设条情况见下表。

一版部分学科卷人物条目设置情况

学科卷名	全卷条目数	人物条目数	人物条目所占的比重
外国文学	3006	2653	88.3%
中国文学	2231	1065	47.7%
宗教	1231	388	31.5%
数学	872	228	26.1%
教育	774	112	14.5%
天文学	1208	130	10.8%
体育	763	65	8.5%
化工	1346	55	4.1%
机械工程	1422	46	3.2%
环境科学	672	0	0%
合　计	13 525	4742	34.7%

此表只是看出一个大致趋势，就是文学艺术部分人物条比重最大，社会科学次之，基础科学又次之，应用技术最少。因为用手头资料列表得出的平均数 34.7% 是偏高的。《外国文学》《中国文学》两个学科卷所收人物条目所占比重是《全书》中最高的，把它们放进 13 个卷中平均，而不是放进 73 个卷中平均，得出的平均比重当然偏高。未设人物条目的，除了表列《环境科学》卷外，还有《中国地理》《外国地理》卷，因为地理人物均归入《地理学》卷。估计人物条目在一版中不会超过 20%。

《苏联大百科全书》各版所收人物条目和所占比重

版次	总条目数	人物条目数	人物条目所占的比重
1	6.5 万	2.17 万	33.4%
2	9.6 万	1.75 万	18.3%
3	10.2 万	2.2 万	21.6%

《苏联大百科全书》第 1 版人物条目占全书的 1/3，显得比重高了，第 2、3 版降了下来，在 20% 上下。

日本《万有百科大事典》正文 19 卷，据孔凡明先生对 17 卷人物条目的统计，共计 10 343 条，占全书 54 632 条的 18.9%。尚有“日本历史”两卷未加统计，估计将会超过 20%。

二版的人物条目宏观控制的比重应在 20% 左右，较为恰当。原则上，历史、文学艺术学科比重大些，人文科学的其他学科和自然科学学科比重小些。人物上条应尽可能定一些客观标准。对有些人物上书须做些测算，例如体育明星（世界冠军、世界纪录创造者）立条上书，就要估算一下二版这一部分的容量。一版人物条是学科卷确定的，二版要作横向比较，全面平衡。

地理条目比重　国外百科全书中所收地理条目，在总条目中所占比重一般在 15%～20%。《苏联大百科全书》第 2 版地理条目为 17 000 条，占总条目数的 16.8%，第 3 版估计约为 15 000 条，占 15%。美国《插图本世界百科全书》的人名、地名条目各占全书的 1/5。日本《万有百科大事典》收本国和外国地理条目 1.5 万条，占总条目 27.5%，比重很大。《万有》重视本国地理，共收 1 万条，占全书条目数 18.3%。《大美百科全书》虽为世界性的，但特别重视美国和加拿大的内容。美加两国大中小城市都立了条目，甚至连人口不足万人的小镇也立了条目。德国《布罗克豪斯百科全书》的地图集有地名索引 7.5 万条。

一版的地理学有 3 卷：《地理学》《中国地理》《世界地理》，地名放在后两卷，这两卷共收条目 2773 条，占全书条目 78 112 条的 3.55%。其他学科卷也有少量条目。《军事》卷有兵要地志，立有中外军事要地 93 条，大多是上述两卷已立的（也有未立的如虎牢关、佐世保）。《中国历史》卷立有中国历史地理 146 条，《外国历史》卷则未立历史地名。

一版地名条目比重偏低，造成两种情况。一是应该立条的没有立。例如美国有 50 个州，《世界地理》只列了 20 个州的条目，为当前各国百科全书所仅见。以中国而言，“县”为秦汉以来最稳定的政区单位。我们中国人编的百科全书，按说应将 2000 多个县一级政区单位都立条，可惜，未收甚多。资料截至 1990 年，浙江省有 9 个地级市，2 个地区，16 个县级市，50 个县，1 个自治县，共 78 个县以上行政单位，而立条的仅为 32 个，不到半数。二是“厚今薄古”，历史地名被疏忽了，中外地理两卷均未收历史地名。上面说过，只是《中国历史》卷收了少量历史地名。地理学科条目的主要功能是供检索用的，地名条目选条过少是同编辑的上述意识不够强有关。二版要大大增加地理条目，地理条目在全书条目中的比重应该在 15% ～ 20%。

作者按：本篇的脚注都是事后补注。

（原载《探讨》1994 年第 4 期）

《中国大百科全书》第二版选条的一些问题

谈选条，按照一般百科全书的设计程序，应该放在全书的性质、方针、规模、特色等确定以后进行。《中国大百科全书》第二版（以下简称“《全书》二版”）的这些方面虽然有些拟议，似乎还没有完全确定下来。在这种情况下讨论选条，只能议论一些“通用”问题，即在任何情况下都要考虑的问题。

划出几条界限

综合性百科全书在知识领域上是无所不包的，没有范围可言，但因为是百科全书，而且是综合性百科全书，在选条上同其他工具书和出版物是不同的，所以要划出几条界限。

一、要划出百科全书和语文辞书的界限。语文辞书主要是收普通词语的，也收一些进入普通词语领域的百科词（例如《现代汉语词典》收百科词约占 1/4）。百科全书收的是知识主题，即所谓名物词，包括术语和专名。这里说的划出界限是对于语文辞书所收的普通词语而言的。像“热点”“盲流”“走穴”这些词语的选收和解释是语文词典的任务，不是百科全书的任务。善于使用工具书的读者，遇到这种词是会向语文词典求教，不会向百科全书求教。语文词典又有标准语词典和非标准语词典之分。《现代汉语词典》负有推广普通话、促进汉语规范化的任务，是一部标准语词典。因此《现代汉语词典（补编）》（1990 年商务版）收了“热点”“盲流”，而未收“走穴”。大概认为后者不是规范语词。[1]《新词新语词典》（1989年语文出版社版）不是标准语词典，收了“走穴”一词。

二、要划出百科全书条目和一般文章的界限。《全书》一版收了一些综述性内容的条目，也就是我们通常所说的“口袋条”，例如“辛亥革命前后的无政府主义报刊”（《新闻出版》卷）、“文艺复兴时期人文主义者的伦理思想”（《哲学》卷）、“抗日民主根据地的戏剧运动”（《戏剧》卷）。这些条目都是搜集大量资料归纳整理出来的，内容很有价值。但就其条头和资料组合方式而言，它们是一般文章，不是百科全书条目。这些条目可以作为珍贵资料保存在一版之中。二版可不再选这样的条目，或者将有关资料写入其他条目。这也可以说是一版和二版的差异之处。将来二版出来了，一版仍有价值（研究价值和参考价值，当然不限于上面提到的东西），也许还要再印。

此外，即使非“口袋条”，如“古典政治经济学的庸俗化”（《经济学》卷）、“铊污染对健康的影响”（《环境科学》卷）这样的论文式题目，二版也不宜收。

三、要划出百科全书和教科书（或其他学术著作）的界限。把教科书的篇、章、节剪开作为条目，是西方百科全书编纂史上早期的做法。大概因为中国编百科全书还处在“早期”，一版中也有这种迹象。例如，像“假定性”“发现与突转”这样的条头，谁知道它们是什么学科的用语？放在《戏剧》卷的分类目录中，才知道前者是“戏剧概论”的概念，后者是“剧本创作理论”的概念。这种依附于上层次、不能自立门户的章节题目，不能作为百科全书的条目。又如，像《经济学》卷的“先秦经济思想”“秦汉至清（鸦片战争前）的经济思想”“鸦片战争至五四运动的经济思想”三个条目摆在一起，一看就引起联想：莫非是

[1] 商务印书馆1996年出版的《现代汉语词典（修订本）》收有“走穴”条。

——2004年4月注

某部“中国经济思想史”的篇章？二版也不宜选这些条目。

四、要划出稳定知识主题和过眼云烟用语的界限。“文化大革命”中的用语如“十六条”“大洋古”“斗批改”“工农兵学员”这些用语，如果编“文化大革命”词典，当然要收，百科全书不宜收作条目。近年出现的新词如“一国两制”是有生命力的，应收；“五讲四美三热爱”已成昙花一现，可不收。

五、要划出综合性百科全书和专业性百科全书的界限。《全书》一版因为分类分卷出版，某些卷显得有些专业百科全书的味道。选条过细，选了一些一般综合性百科全书不收的条目，就是这方面的表现。《纺织》卷有“缫丝”条，这是综合性百科全书应该收的条目（中国是丝的祖国）。可是在它之下还设有“立缫”“自动缫”两条，以及“制丝用水”条，就是专业性百科全书的条目了，二版就不宜收。只是写“缫丝”条应把“立缫”“自动缫”的内容择要写进去，在索引中列出这两个术语作主题词就可以了。

条头标引的几条原则

一、名词原则。条目标题在词性上力求用名词性的词或词组。《全书》一版有动词性的条目，如《体育》卷的“推铅球”“掷标枪”“放风筝”;《经济学》卷的“没收官僚资本”“肃清帝国主义在华经济势力”，都是动宾词组。“推铅球”宜去“推”（或立“铅球运动”），“掷标枪”宜去“掷”（或立“标枪运动”），“放风筝”宜去“放”，保留条目；“没收官僚资本”条的内容可扼要写进“官僚资本”条，“肃清帝国主义在华经济势力”条的内容也要另找“婆家”。

有些中国古代哲学家用的“白马非马”“五德始终”“心无本体”“吾心即是宇宙”，等等，虽然从语法分析不是名词结构，但因为这些说法已经固定，而且字数不多，仍可保留。

二、简明原则。笔者在1981年曾经对《不列颠百科全书》和《苏联大百科全书》的条目标题从组成上作过抽样调查。每家抽查500条，结果是这两家百科全书的条目一个词的各占近60%，由两个词组成的各占30%强，两者合起来共占90%上下。这项统计是拙作《百科全书的条目标题》一文的内容之一，该文收入拙著《百科全书编纂求索》（中国大百科全书出版社1994年版）。《〈中国大百科全书〉成书编辑体例》11-2规定："标引词力求简明，一般不超过2～3个词。"这里说明一下，专名不受此限（如"中国社会科学院数量经济与技术经济研究所"）。

《全书》一版有些条头是可以简化的。有的可以去头，如"电子计算机X射线断层成像"（《现代医学》卷），可用"断层成像"标引，把用计算机X射线、用CT等不同方法都写进去。有的可以脱帽，如"汤阴岳飞纪念馆"（《文物·博物馆》卷）不妨删去"汤阴"，因为岳飞的纪念馆全国只此一处，在杭州西湖的习惯称"岳王庙（岳庙）"。有的可以删去细节，如"淀粉加工和制品"（《轻工》卷），可用"淀粉"标引。有的可以脱靴，"大明宫遗址"是《考古学》卷的条目，从考古学的角度是对的，因为它的工作对象是"遗址"。可是从纵览古今的历史角度看，用"大明宫"就够了。

有的条目标题从词性说是名词，但因不合简明原则要另作处理。例如，"从资本主义向社会主义的过渡"是个用介宾结构做定语的偏正名词，这种条目的内容可以写进"资本主义"条或者"社会主义"条。

三、单义原则。《全书》一版的条目有不少"A＋B"结构（且不谈三合一的条目）可分为两种，一种是用连词连接的，一种是用介词连接的。用连词连接的如"部门经济和专业经济学"（《经济学》卷）、"国内信用与国际信用"（《财政·税收·金融·价格》卷）、"潜台词和内心独白"（《戏剧》卷）、"人殉和人牲"（《考古学》卷），以上几个条目都以分开立条为好，如果需要立条的话。"角色的远景和演员的远景"（《戏剧》卷），因为两者即使分开来也都不是术语，不能作为百科全书的条头，所以需要另外设计条头。用介词连接的如“体力劳动者与体育”（《体育》卷）、“货币供应量与社会需求”（《财政·税收·金融·价格》卷），这两个标题如果说全了，后面都要加“的关系”三字，不宜作为百科全书的标题。有关内容前者要写进“体育”条，后者要写进“货币供应”条。“A＋B”结构只能用于两个概念结合得很紧的条目，如“本质与现象”“内容与形式”（均见《哲学》卷）。

四、收缩原则。凡是表示独立概念的某一侧面，自身又不能形成独立概念的条目，应该收缩到上层次条目中去。例如“文物价值”“文物作用”“文物管理”“文物分类”都可以并入“文物”条。“文物鉴定”由于有自身的独立性，可以立条。

又如“坦克推进系统”“坦克车体”“坦克行动装置”“坦克防护系统”，这些条目内容都是坦克的部件，应该并入“坦克”条。至于“扫雷坦克”，它是坦克的一种，是个独立概念，则可立条。

五、通用原则。《〈中国大百科全书〉成书编辑体例》11-2 规定条头设计要求：“标引词是规范的、通用的词和词组。”也就是说条头应用现成的、人们熟知的词和词组来标引，而不是临时构造的。例如“稀土元素”是用了几十年的化学术语。据说有人认为这些元素现在已经不稀，故改“稀”为“希”，《化学》卷也就出现了“希土元素”。殊不知《现代汉语词典》“希^{2}”字释为“同‘稀’”，“希”依然有“稀少”义。这是改变“通用”原则的恶例。照这种论点，“原子”一词来自古希腊的 atom，原意是不可分的。现代科学证明原子是可分的，难道也要改 atom 的名称吗？鲸按动物学分类归入哺乳动物，不属于鱼类，难道要改“鲸”为“猄”？上面提到论文题目式的条头，A＋B 式的条头，都不是通用的、规范的，而是随意构造的，缺乏稳定性，难以检索，二版不宜采用。

六、“班长”原则。凡有下属派生条目，应设上层次主体条目。例如《物理学》卷有“中子探测”“中子衍射”“中子谱学”等条目，就应设“中子”条目。兵可以有多有少，班长不能没有。美国不列颠百科全书公司副总裁吉布尼 1979 年在我社讲学谈到选条时说：“凡是有两家百科全书都选有某一条目时，就要考虑选这个条目了。”我查过几种国外的百科全书，都立有“中子”这个条目。

避免畸轻畸重

编百科全书是分门别类，将知识总体切成大大小小的块块。块块如何切，是一个难题。《全书》一版未能制订周密的规划，难处就在切块上。大块块没有切好，选条多少带点盲目性。目前作些选条准备，主要是照一版的路子走。

切块块也就是分配学科的比重，这方面没有现成的、理想的模式。国外大多的百科全书还把学科的分割、选条的方法作为业务机密，只有按学科分类出版的百科全书还多少泄漏一些。切分的原则好说，就是分配给某学科（或知识门类，下同）的份额同该学科知识容量相当。具休做起来，难免畸轻畸重了。台湾张其昀教授监修的《中华百科全书》（10 卷本，1981 ～ 1983），地学条目约占全书的 1/4，显得分量过重，这可能同张氏是一位地理学家有关。

孙关龙先生在《探讨》1994 年第 4 期发表的《对〈中国大百科全书〉第二版总体设计及有关工作的若干探讨》一文中，对二版的学科结构提出了以卷为计量单位的意见，虽然是粗线条的，但毕竟是经过了一番思考的成果。对这个方案（以下简称孙方案）我未作全面研究，但有三点想法：

一、《世界经济百科全书》应作为一个卷列入统计。一版《世界经济》卷虽然在付印前临时改为专业百科全书形式出版，但其内容是二版不可缺少的，尤其是我们国家今天对外开放的程度已非十年前可比，对这方面知识的需求更为迫切。因此，经济类要按 5 卷计算。《世界经济百科全书》不能同《自然辩证法百科全书》相比，前者的内容是73卷中所没有的，而后者的内容已在《哲学》卷列有分支，可以说是《哲学》卷一个分支知识的细化。

二、数学、天文学两学科各给予0.5卷，篇幅偏大。这两个学科各占0.5卷，也就是各占全书30卷的1.67%。一版这两学科中各为1卷，也就是占全书73卷（仍按孙方案数字计算）的1.36%。数学、天文学知识相当稳定。近年航天事业的发展，天文学知识增加不少，更新不少，但未必达到相对比重需增加1/4的程度。

《苏联百科词典》的数学为900条，天文学为600条（据《辞书研究》1987年第3期，金常政、张曼真《〈苏联百科词典〉简介》一文），在全书80 000条中，分别占1.13%和0.75%。《辞海》1979年版百科词目87 831条，其中数学为796条，天文学为1114条（按照《辞海百科词目分类索引》计算），分别占0.91%和1.27%。这些数字参差不齐，但都没有达到占1.67%的程度。因此建议将这两学科的比重都降至1%上下，即各占0.3卷左右。[1]

三、艺术部分比重偏小。艺术部分，孙方案提出由一版的5卷降至二版的1卷，即比重由原来的6.85%降至3.33%。艺术部分比重应该下降，只是降幅过大。

先说分类，电影号称第七艺术，应归入艺术类。电视观众很多，但它的术语大多借自电影、新闻、广播、电信，独立使用而能上条目的为数不多。

《苏联百科词典》艺术部分条目数是：戏剧、电影和杂技1700条，

---

[1] 按《辞海百科词目分类索引》（上海辞书出版社1986年版）所列各类词目相加的总词目数为87 831条，其中有重复计算的。据《辞书研究》1989年第5期刊出的辞书学家徐庆凯先生的《重在发扬特色》一文说："《辞海》1979年版共有106 578个条目，其中普通词语37 600条，占35%，百科词语68 978条，占65%。"

美术和建筑 3000 条，音乐 2200 条，合计 6900 条，占全书 80 000 条的 8.63%。《辞海百科词目分类索引》统计，艺术部分的戏剧、电影、音乐、舞蹈、曲艺、杂技、美术、摄影合计 3835 条，占百科词目 87 831 条的 4.37%[1]。这两部书的艺术部分在全书中的比重都大于孙方案。虽然其中夹杂有其他因素（如《苏百》的 8.63% 中含有建筑，《辞海》的 5.11% 中含有电影），但孙方案中也未考虑到摄影、杂技的归属问题。综合起来考虑，艺术部分比重占 3.33%，毕竟低了些。愚见应增至 5% ～ 6%，即 1.7 ～ 2 卷。

不妨作点横向比较。孙方案中哲学、艺术都是 1 卷，也可看出艺术偏低。哲学毕竟高深，艺术十分普及。不管过去怎么宣传，哲学的基本阵地始终在学院和书斋，而艺术则是广大群众娱乐和欣赏所需要的。小学开美育课（音乐、美术等），不开哲学课。

标引使用何名？

用正式名称还是用通用名称作为条头一直是争论不休的问题。主张以正式名称作为条头的论者认为，百科全书是严肃的出版物，须以正式名称作为条头；主张以通用名称作为条头的论者认为，通用名影响大，为读者所知晓，便于读者检索，应以通用名称作为条头。

就一版而言，《农业》卷用“马铃薯”立条，不用“土豆”“山药蛋”“洋芋”标引，大概是因为“土豆”等都是地区用名不能通行全国；用“玉米”标引，不用“玉蜀黍”“老玉米”“玉茭”“玉麦”“包米”“包谷”“棒子”“珍珠米”立条，大概是因为“玉米”虽非学名，但应用甚广，“玉蜀黍”虽为学名，使用不如“玉米”普遍，至于“玉茭”等都是方言。这种不拘一格的做法，值得提倡。

---

[1] 同前页注释[1]。

《中国历史》和其他一些学科卷以“孙中山”“蒋介石”“汪精卫”立条，这些都不是他们的正式名字，而是最通用的。孙中山正式用名是“孙文”，在国外以“孙逸仙”出名；蒋介石学名蒋志清，做官用“蒋中正”，介石是字；汪精卫正式名字是“汪兆铭”，厦门鼓浪屿有一个摩崖石刻，是汪精卫题写的，“文化大革命”中竟然没有损坏，可能是因为用“汪兆铭”署名。这一例子也可说明“汪兆铭”的知名度较小。

作家、演员原则上应以笔名、艺名（如果有的话）标引。巴金、盖叫天如果用本名“李尧棠”“张英杰”立条，有谁会去查？《戏曲·曲艺》卷在这方面不很一致，白玉霜、红线女用艺名立条，小白玉霜用“李再雯”立条。

《中国历史》卷对立条历代皇帝多用“朝代+庙号+姓名”标引，如“唐太宗李世民”。这样做有两点不便。一是不便于做文内参见。例如“高句丽”条释文说：“贞观十九年（645），唐太宗李世民亲征高丽……”此处按行文可不加“李世民”，但为了做文内参见又不得不加。二是有的标引词知名度不高（对一般读者而言）。例如“清高宗弘历”知之者不多，“乾隆皇帝”或“乾隆帝”知之者甚多。严格地说，按照“朝代+庙号+姓名”的规矩，应写作“清高宗爱新觉罗·弘历”这样写虽然正规，但学究气重了。《中国历史》卷对清朝立条的满族君臣，标引时都省去爱新觉罗姓氏，直接用名，如“荣禄”“载沣”等，这也是按照知名度原则立条。

建议二版对立条的中国历代皇帝仍按一版采取统一用“朝代+庙号+姓名”的形式标引。开国皇帝如刘邦、赵匡胤、朱元璋等（还应加上李世民），姓名甚彰，可以姓名设参见条；明清两朝一代皇帝一般只用一个年号，因此“年号+皇帝”的用法很流行，如崇祯皇帝、光绪皇帝，可设“年号+帝”（如康熙帝）形式的参见条。这样既便于检索，又保持标引的规范性。有的皇帝之所以立条不在于他们为君的功业，而在于其他方面。例如南唐后主李煜，是作为词人为后世推崇，似可用

“李煜”做标引词。

一般人物的标引方式虽然既可用本名标引，也可用知名度大的名字标引，但是仍应以本名标引为原则，因为百科全书毕竟是百科全书。

外国人物立条的标引词要遵从“约定俗成”原则，这里所说的“约定俗成”，是“大约”“大俗”，即行用时间已久，行用范围普遍，而不是只在个别行业中通行一段时间的“小约”“小俗”。“全国自然科学名词审定委员会”制定的《自然科学名词审定的原则及方法》规定：“各学科以外国人（地）名命名的名词”，“按照‘名从主人，约定俗成，服从主科，尊重规范’的原则，协调一致”；又规定：“尊重‘约定俗成’的原则，对应用面较广，虽不很科学但使用已久，已为大家接受的词，力求稳定，不轻易改动。”二版应参照这项规定。一版《外国文学》卷有些人物译名改动，不免随意。例如将“萧伯纳”改作“萧，G.B.”，将“马克•吐温”改作“吐温，M.”。前者因为汉语不爱用单音词，在日常生活中，姓萧的，人们称呼他“老萧”“小萧”，姓“欧阳”的就称呼他“欧阳”，这就是“萧伯纳”得以流传的原因；后者本来就是个笔名，何必要依照真姓名处理呢？此外，有些译法本来也不过是“一家之译”，使用不久，不必马上“判决”其他译法为“旧译”。

一版条目要理一遍

第二版的选条不同于第一版。第一版是平地起楼房，可以任意盖成什么样。第二版是以第一版为基础，是在原有的基础上修订，也就是一项改建工程。

梅益总编辑说：

> 要充分利用一版的成果。第一版许多学科卷凝聚着我国一批权

威专家学者的研究成果，是我国宝贵的财富。其中哲学、语言文字、中国历史和传统医学等卷的条目，大部分或一部分可以照样用于第二版，这一部分估计可占第二版的30%；另一部分基本可用，但因资料过时或其他原因须加增改，估计约占全书的40%至50%。第二版新立的条目可能占全书的20%至30%。[1]

因此为第二版选条，必须考虑到对第一版条目的处理意见。处理一版的条目，大概有以下六种方式。

一、保留，即保留条目。至于释文，有3种情况：①照录；②少量修改；③大修大改，其中包括改正原有差错，更新资料。

二、新增。有两种情况：①一版应收而未收的条目，如“中国科学院”“摄影”等。还有整个学科未收的，如计量学科；②在一版出版后新出现的事物，例如：随着航天事业发展天文学方面的新发现，“海湾战争”“神户大地震”；新出台的政治人物，如克林顿、叶利钦、梅杰等。

三、删除。有的条目要删除，过于笼统的和过于细化的。如伊斯兰教立教初期，东征西讨，《宗教》卷立了8个战役条目，而这些条目在《外国历史》《军事》卷均未立条，国外重要综合性百科全书也未收，对这些就要适当删除。

四、合并。合并有四种情况：①同名同实条目的合并。例如亚里士多德一版有12个学科卷立条，徐光启有9个学科卷立条（还有1条“徐光启墓”），要合并。要确定一个学科主稿，防止各行其是。凡是不同学科卷的条目合并都要这样做。②异名同实条目的合并。如伊本•西那（阿拉伯名）和阿维森纳（拉丁名）是同一人，也要合并。③上下层次条目的合并。从综合性百科全书的角度看，要把一版近似

[1] 梅益：《关于〈中国大百科全书〉第二版编辑工作几个重要问题的设想》，《探讨》1994年第1期。

专业性百科全书的条目合并起来。例如《现代医学》卷有“内窥镜术”条，又有“内窥镜术在妇产科的应用”“内窥镜术在呼吸系统的应用”“内窥镜术在泌尿系统的应用”，后三条宜并入“内窥镜术”条。④不同学科卷之间的合并。例如《宗教》卷为中国许多少数民族立有“×× 族宗教”，宜并入《民族》卷的各该民族条中去，例如“独龙族宗教”并入“独龙族”条。

五、分解。例如《建筑》卷立有“佛教四大名山”“五岳”等内容，要分解到地理条目中去。原条可保留，只写名词解释性的内容，参见有关的山名条。大量的“口袋条”要作“分解”处理，不过情况颇有差异。

六、改名。有的条目要按百科全书的要求改动标引词。如前面提到的“淀粉加工和制品”（《轻工》卷）要改名“淀粉”。

这是一项繁重细致的“改建”设计工作，可以借助外力，不能依靠外力，因为社外专家对一版架构的了解一般没有社内编辑人员清楚。例如研究徐光启的专家，未必知道一版中 9 个卷有徐氏条目（《总索引》卷已出版，可以查到），至于“异名同实”条目，《总索引》卷也未必能查到，更有些是架构非常错综复杂的。因此要把《全书》一版条目逐条理一遍，最好给一版每个条目做个处理的“鉴定”。这项工作的工作量是非常惊人的。不过，如果沙盘作业做得不好，打起仗来就要付出很大的代价。

（原载《探讨》1995 年第 2 期）

读《中国大百科全书》第二版条目表笔记（十四则）

近来再次读了“中国文学”“外国文学”“电影电视”“新闻出版”“语言文字”这些学科的条目表，思考了一些问题，有些是同其他学科有关的，有些是其他学科也可能遇到，有些是为全书条目表提点建议。为此做了一些笔记，投稿《探讨》。由于水平有限，时间迫促，加上年老力衰，思路阻滞，不当之处，敬祈百科同仁指正。

一、“帝王+诗人”条目处理之我见

“中国文学”学科条目表中立有10位具有君主身份的诗人条目，其中7人“中国历史”也立条。二版条目表同一版没有两样。情况如下。

“中国文学”条目	“中国历史”条目 *	“中国文学”条目	“中国历史”条目 *
曹操	魏武帝曹操	杨广	隋炀帝杨广
曹丕	魏文帝曹丕	李世民	唐太宗李世民
萧衍	梁武帝萧衍(见梁)	李璟	
萧纲		李煜	
萧绎	梁元帝萧绎	赵佶	宋徽宗赵佶

* 一版中,《军事》《法学》《政治学》卷也立有“曹操”条,《军事》《法学》《美术》卷也立有“李世民”条,《美术》卷也立有“萧绎”“赵佶”条。《文博》卷还立有“赵佶《草书千字文》卷”“赵佶《柳鸦芦雁图》卷”“赵佶摹张萱《虢国夫人游春图》卷”三条。

上述10人的条目有下述值得注意的地方：

（1）有7人是隐性重条，字顺总条目表里不易发现。

（2）曹操、曹丕、萧绎、杨广、李世民、赵佶可按一般合并方式并条。这6人中，曹操、曹丕、李世民3人为开国之君（或事实上的开国之君），萧绎、杨广、赵佶3人为亡国之君（或事实上的亡国之君），应由“中国历史”学科主稿。李煜虽为亡国之君，但南唐毕竟是五代时十国之一，不能同够得上称为一个朝代的亡国之君相比，且以词人的身份著名，由“中国文学”学科主稿为宜。

（3）“梁武帝萧衍”在一版《中国历史》卷中是虚条“（见梁）”，《中国文学》卷以“萧衍”立条为实条。二版要合了，就必须在立条和撰写释文上解构重组。一版《中国历史》卷立“梁”条为实条，立“梁武帝萧衍”为虚条是可以的，因为南朝的梁朝一共才存在56年，开国之君萧衍一人当了48年皇帝，真正的“四纪为天子”（1纪=12年，李商隐诗“为何四纪为天子，不及卢家有莫愁”，说唐玄宗“四纪为天子”，是言其大略，实际上玄宗当皇帝44年）。《中国历史》卷把萧衍的政治活动放进“梁”朝讲，当无不可。萧衍文学成就不凡，一版《中国文学》卷“萧衍”条写了近千字，附两幅图。中国文学史上的“永明体”始于齐，盛于梁；“宫体诗”发轫于梁朝。范文澜先生在所著《中国通史简编》第二版对梁代文学评价不低：“古体五言诗在建安时期是个高峰，在太康时期又是一个高峰，到了南朝特别是梁朝，成为大高原，由此转入律诗的新境界。”（人民出版社1965年版，第409页）“高峰”指的是一部分文士作诗，“大高原”就不限于文士了。

因此，二版仍要立三条：“梁”“梁武帝萧衍”“萧衍（见梁武帝萧衍）”。

释文方面，“梁”条照普通朝代的写法写。“梁武帝萧衍”条要写他的政治活动，也要写他的文学活动（以一版《中国文学》“萧衍”条为基础），还要提到他的学术成就。范文澜先生说，梁武帝“本是一个博学无所不通的大学者，著《孔子正言》《老子讲疏》等属于儒玄的书二百余卷，又著属于佛教的书数百卷，确实表现了他对儒玄佛三家学说

的精通。”（同上书，第 379 页）

（4）上表中有 3 人是君主，一版《中国历史》卷未立条。萧纲是梁简文帝，李璟是南唐中主，李煜是南唐后主。因为他们在一版《中国文学》卷是以诗人身份上书的，所以没有加君主的称号。就二版而言，南朝梁，是一个朝代，萧纲宜以“梁简文帝萧纲”立条，释文写政治活动，也写文学活动，另立“萧纲”为参见条。李璟、李煜毕竟是五代时十国之一、史称“南唐”的小国之君，仍立“李璟”“李煜”条，释文写文学，也兼顾政治。考虑到“李后主”知名度大，可立参见条。

二、帝王条目的标引词

上面讨论“帝王＋诗人”条目的处理意见时，已经涉及部分帝王条目的条头标引问题。《全书》帝王条目不少，如何标引？似应全面考虑。

一版《中国历史》卷大多采取“朝代＋庙号＋姓名”的形式，如“汉高祖刘邦”“宋太宗赵炅”“明成祖朱棣”“清德宗载湉”。这样标引的好处是规范。有些地方也作了变通，如“汉武帝刘彻”中的“武”是“孝武”的简化。“孝武”是谥号，而非庙号（庙号是“世宗”）。用知名度大的“汉武帝”标引是对的。

这种标引方式也有弱点，古代许多皇帝的本姓本名知名度很高，连个参见条也没有设，就难以查检。例如“刘备”“孙权”可谓家喻户晓，而一版未立“刘备”“孙权”条，只立“汉昭烈帝刘备”“吴大帝孙权”条。因为知道他们皇帝头衔的人很少，“汉昭烈帝刘备”条等几成死条，至少是半死条。

一版《中国历史》卷立有“后梁太祖朱晃”“朱温（见后梁太祖朱晃）”两条，这样立条很好，应该推广。立条的帝王姓名知名度大的都应该立参见条，例如刘邦、刘秀、曹操、曹丕、刘备、孙权、刘裕、杨坚、李渊、李世民、李隆基、石敬瑭、钱镠、赵匡胤、赵佶、赵构、忽必烈、朱元璋、朱棣、努尔哈赤、皇太极等。

明清两代皇帝都是一个皇帝一个年号（例外的是，明英宗朱祁镇因为两次当皇帝用了“正统”“天顺”两个年号，清太宗皇太极入关前用了“天聪”“崇德”两个年号）。对于他们，人们习惯上用年号称呼皇帝，例如“崇祯（皇）帝”的知名度比“明思宗朱由检”大得多。因此，明清两代立条的皇帝，都宜加立一个“年号 +（皇）帝”参见条。按照一版《中国历史》卷的条目应加“洪武帝（见明太祖朱元璋）”“永乐帝（见明成祖朱棣）”“嘉靖帝（见明世宗朱厚熜）”“万历帝（见明神宗朱翊钧）”“崇祯帝（见明思宗朱由检）”“顺治帝（见清世祖福临）”“康熙帝（见清圣祖玄烨）”“雍正帝（见清世宗胤禛）”“乾隆帝（见清高宗弘历）”“光绪帝（见清德宗载湉）”等条。

三、避免增设隐性重条

编制二版条目表有一项重要任务是合并一版保留下来的重条，不能一面合并，一面又出现新设的重条。显性重条中条头完全相同的好办一些，略有差异而开头几个字相同的也较易发现，最不好办的是一版的隐性重条，这方面要花大力气。我读条目表过程中也发现新增的一些隐性重条。有些可能是专家提出的，可以理解，因为专家是从学科角度出发的；而编辑同意立，就值得注意了，因为编辑是要从全书观点考虑问题，也许目前还有些顾不上。

《探讨》2000 年第 1 ～ 2 期第 3 页说：“民俗条目表的节日习俗中，列了不属于习俗、带有政治和行政色彩的‘三八妇女节’‘五一劳动节’等条目（上述条目第一版中没设条）。”这是查考不周。一版《外国历史》卷立有“国际劳动妇女节”“国际劳动节”条，释文介绍的就是“三八妇女节”“五一劳动节”。1949 年 12 月中央人民政府政务院公布的节日名称是“国际妇女节”“国际劳动节”，二版如何标引，可再斟酌。

二版“新闻出版”条目表保留了一版“新闻传播工具”条，又增立了近年出现的“传播媒介”条目，后者实际上是一个更宽的概念，包含了前者。既然立了“传播媒介”条，“新闻传播工具”条就应删去。现今的传播媒介，无论是报纸、广播、电视，以及正在兴起的网络，不仅传播新闻，而且传播非新闻性的知识，以及许多娱乐内容。

“新闻出版”条目表保留了一版的“新闻的指导性”条，又增立近年出现的新词“新闻导向”条。仔细想想，后者完全可以代替前者。就标引角度看，“新闻导向”合适，“新闻的指导性”带助词“的”字，应该避免。二版条目表中，除了专名（如剧本名《智慧的痛苦》），尽可能把带“的”字的条头统统消除掉。所谓消除，不是单纯的删除，而是另找标引词，或采取其他方法。例如，一版《中国历史》卷有“先秦的禄”，似可改为“俸禄（制）”，这种制度实行到什么朝代，就写到什么朝代，不限于先秦，因为二版是提倡通贯古今的。

“中国文学”条目表中有新增条目“民间谚语”“民间谜语”，是民间文学专家提出的。一版《语言文字》卷已有“谚语”条，当然二版会保留的。一版“谚语”条定义为：“人民口里常用的现成的话。”可知谚语都是民间的。作为条头，无须再加“民间”，既有“谚语”条，也无须再立“民间谚语”条。

至于“民间谜语”，一版既无此条，也无“谜语”条，这正好提醒我们补上一版之不足。如果增立，愚见以立“谜语”为好，内容可以宽泛些。谜语有民间的，例如“麻屋子，红帐子，里边睡个白胖子”（谜底：花生）；也有文人的，例如“上不在上，下不在下，且宜在下，不可在上”（谜底“一”字）。如以“谜语”立条可把这两方面内容都包括进去。谜语是益智游戏，有中国特色，二版应立条。外国也有谜语，例如希腊神话人物斯芬克司，为狮身人面怪物。他出的谜语：“什么东西早晨用四条腿走路，中午用两条腿走路，晚上用三条腿走路？”（谜底：人）马克思著作引用过。因此，“谜语”条释文要兼顾外国的谜语，至少聊备一格。

一版《建筑》卷有“园林匾额楹联”条。楹联是中国文学作品的一种重要形式，二版宜设“楹联”条，内容不限于园林。“建筑”学科的“园林匾额楹联”条可并入。

四、“新闻道德”要立条吗？

一版《新闻出版》卷有“新闻道德”条，二版条目表保留了下来，从内涵和标引形式看，此条似可留下。可是二版“新闻出版”学科条目表中又有“编辑道德”条，也是从一版留下来的，只是归属不同，前者属“新闻”，后者属“出版”。两个条头的字面含义，似乎存在交叉关系，“新闻道德”包容了新闻的“编辑道德”，而就出版的“编辑道德”而言，又不是“新闻”的“道德”所包容得了的。如何并条？颇费踌躇。

可以说所有的行业或职业都有“道德”问题。

医生是涉及病家生命的职业，人命关天，古今中外无不提倡“医德”，可是一版《现代医学》卷和《中国传统医学》卷都未立条。

“良史”（优秀的史官）记事信而有征，史德高尚，历来受人尊敬。文天祥《正气歌》有“在齐太史简，在晋董狐笔”句，赞美他们高尚的史德。可是一版《中国历史》《外国历史》卷未收“史德”条，连索引都没有。

教师要有“师德”，才能为人师表；从艺要有“艺德”，讲求德艺双馨。一版《教育》卷和艺术诸卷也未立这类条目。不过，一版《政治学》卷倒设有“政治道德”条，尽管现实的政治生活常见偏离道德规范，甚至把“兵不厌诈”推广为“政不厌诈”。

如果二版继承一版的“新闻道德”“编辑道德”“政治道德”（恕我未遍查各卷条目）这些条目，不立其他“××道德”条目，虽然说不上挂一漏万，仍然可以责之为顾此失彼。

愚见以为，各行各业的道德规范虽然有差异，归根到底是做人的问题，“哲学”学科有“伦理学”分支，一版《哲学》卷立有“道德”“德”等条目20多条。二版中诸如“新闻道德”之类的条目似乎可以并入“哲学”学科的“职业道德”条（一版有此条）。

五、横向思考

《全书》二版是统编版，在编制学科条目表的过程中既要立足学科，又要跳出学科。立足学科一般较易做到，所谓“跳出学科”，就要多作横向思考。本学科立（留）了某条目或某些条目，是不是涉及他学科？他学科是不是也有类似条目？等等。姑举一例讨论。

一版《新闻出版》卷设有“广播语言”条，二版保留了。从单学科说，很有必要，而从横向思考，就要斟酌了。话剧语言、教师语言、相声语言、外交语言、公关语言、法律语言、公文语言，等等，都是各有自己的特色，“广播语言”既已立条，那么，像“话剧语言”这些条目是否也要立条？愚以为“广播语言”条还是不留为好，以免令人产生《全书》二版对广播情有独钟。关于“广播语言”的内容可以写进“播音员”条，在“播音员”条释文中谈“广播语言”也是顺理成章之事。

六、一国该选多少作家上书

我读“外国文学”学科条目表，有一个感觉，就是各国选哪些作家上书，给的条目长短，似乎由各国文学的选条负责人说了算，有点各自为政，没有作过综合平衡。我的外国文学史知识只能说是沧海一粟，对一些中小国家的文学更是一片空白。既然不懂，又要提意见，这是颇为为难的，只能从宏观上，从背景资料上通过互相比较谈谈看法。

每个国家选多少作家上书，应该同这个国的文化、历史、经济、人口，以及对世界的影响等相当。“外国文学”条目表初稿保加利亚入选30人，波兰也入选30人，我以为不很合理，但又提不出何人该删，何人该增，因为我只知道波兰有个大名鼎鼎的作家密茨凯维奇，保加利亚有个作家伐佐夫，后者知名度稍次，别的就一无所知。但是波兰出过哥白尼、肖邦、居里夫人这样世界级的人物，保加利亚没有出过，可知波兰的文化底蕴胜过保加利亚。论人口，波兰3800万人，保加利亚900万人。一版收波兰作家33人，收保加利亚作家28人。两者相比，可以说，收保加利亚作家人数已经偏多，二版更不宜拉平。

提了意见有所改进，2000年11月所见的“外国文学”条目表，波兰27人，保加利亚23人。是否合适，尚须研究。

再说蒙古国。一版《外国文学》卷收蒙古国作家18人。蒙古国人口180万（1985年，据一版《世界地理》卷），10万人口就有作家1人在中国的百科全书立条，这个比例太惊人！按此比例，世界文明古国得有多少作家上书？通常，人口数字是当今的，立条作家数是历代累计的。不过蒙古作家18人中生年最早的是宝音尼木和（1902～1937），清一色的现代作家，因为蒙古文学是从1921年革命政权建立时算起的。这样，比例就更大了。二版“外国文学”条目表初稿立蒙古作家12人。蒙古国经济文化发达程度可能比不上中国内蒙古地区，一版《中国文学》卷收蒙古族作家才5人，而据一版《民族》卷“蒙古族”条说，中国境内蒙古族人口为341万人（1982）。经过陈述上述意见，“外国文学”学科条目表中的蒙古作家减为11人，愚以为还可减少一些。

又如阿尔巴尼亚，人口290万（据一版《世界地理》卷），在一版《外国文学》卷有15位作家立条，令人感到“欧洲社会主义明灯”（“文革”中的赞语）光芒还很强。作为对比，爱尔兰（人口350万，出处同上），一个产生过萧伯纳、王尔德（钱钟书《围城》都提到他）、乔伊斯（《尤利西斯》作者）的国度，只收作家 9 人；有 5000 人口的乌克兰也只收作家 10 人。二版“外国文学”条目表为：阿尔巴尼亚收作家 7 人，爱尔兰收 10 人，乌克兰收 8 人。应该说，已有很大改进，不过阿尔巴尼亚的作家人数还可斟酌。

七、作家条目释文的长短

《〈中国大百科全书〉（第二版）编写体例》1.5 和 2.5 规定了条目的结构比例和 5 类条目的字数。虽然在目前编制条目表过程中关于条目长短的问题还未特别引起重视，但是目前如果有所疏忽，会给以后撰稿工作带来许多不便。如果一个应该写 400 字的短条目，给了中条目或长条目，撰稿人提供了 1500 字，编辑删去千把字比较容易，但撰稿人的劳动就会大部报废，勉强留下，就会影响全书的质量和增加读者的负担。如果应该要写 1500 字的条目，只写了 500 字，又要再次麻烦撰稿人了。

关于条目的长短问题，我也是从比较角度考虑的。谨举数例。

《〈全书〉（二版）编写体例》规定的条目结构：特长条约占 1%，长条 5%，中条 30%，短条 59%，呈金字塔形。因此确定条目长短大体上要根据这个比例掌握，当然要考虑不同情况，不能一刀切。“外国文学”条目表中，奥地利文学收作家 20 人，长条 3 条，中条 9 条，两者相加 12 条占 60%。

巴西文学收作家 35 条，其中长条 5 条，中条 8 条。长条比重超过 14%，为体例规定的（5%）近 3 倍。立为长条的 5 位作家一版字数如下：

阿伦卡尔，J.M.de（1829 ～ 1877）500 字

阿尔维斯，A.F.de 一版未立

库尼亚，E.R.P.de 800 字

马查多•德•阿西斯（1839 ～ 1908）900 字

亚马多，J.（1912 ～）1200 字

上述 5 人，除 1 人一版未立条外，其余 4 人，在中国有些知名度的是亚马多，他的诗在 40 年代就有中译本，一版也只写了 1200 字，不是长条。二版总字数比一版少，保留一版的条目字数一般也宜比一版少，因此，这些条目要不要升为长条？须认真考虑。

再从“外国文学”条目表所立的 16 个拉丁美洲国家的条目来看，巴西立了 5 个长条，其他 15 国一共才立了 7 个长条，相形之下，巴西突出了。

条目的长短还要作具体的比较。在 19 世纪第 1 个 1/4 世纪，英国 3 位英年早逝的诗人拜伦（1788 ～ 1824）、雪莱（1792 ～ 1822）、济慈（1795 ～ 1821）齐名，后者稍逊。二版拜伦（一版 6000 字，图 3 幅）、雪莱（一版 6000 字，图 6 幅）都是特长条，而济慈（一版 2500 字，图 3 幅）则是中条，档子拉大了。同样是英国诗人柯尔律治（1772 ～ 1834），一版为 2300 字，图 1 幅，二版给了长条。这些人物早有定评，条目篇幅以保持稳定为宜。

中国作家也要注意这一点。二版“中国文学”条目表中，郁达夫列为中条，可以作比较的是徐志摩、艾青都是长条。一版郁条 6000 字，图 5 幅；徐条 5000 字，图 3 幅；艾条 9000 字，图 6 幅。愚见以为二版给郁氏的篇幅是欠恰当的。郁氏在 20 世纪 50 ～ 70 年代受到不应有的冷落，被指为颓废派的代表，中国大百科全书出版社前副总编辑刘尊棋先生曾写专文驳斥。建议二版改郁氏的中条为长条。

八、少收议论性条目

物理学家周志成先生在《探讨》2000 年第 1 ～ 2 期撰文说：“那些

完全是追求框架的表面的整齐而设的条目，有些是一般议论性的并不提供资料和信息的，可完全删去。”2000 年 11 月 24 日二版“中国文学”学科召开的专家座谈会上，中国文学史家傅璇琮先生谈到，百科全书选条要少些议论性的，多些实质性的。两位学者的观点可谓英雄所见略同。

减少议论性条目，在编制条目表工作过程中就要向这类条目亮红灯。当然，像哲学条目“认识论”“一元论”等不在其列。

“新闻出版”学科条目表立有“新闻理论”条，而且是个领头条，带出一批条目。它的下属条目有“新闻”。“新闻理论”顾名思义，是议论性条目，是从一版继承下来的。这一学科条目表中有“新闻学”条，既然称“学”，必然讲些理论，因此似乎可以把“新闻理论”条并入“新闻学”条，避免叠床架屋。为避免下属条目群“条”无首，不妨让原来的终端条目“新闻”提为领头条，带出一批条目。

“电影电视”学科条目表中立有“电影理论”，为保留下来的一版条目，与之匹配，“电视”门类又新立“电视理论”条。一版“电影”单独一卷，篇幅充分，立“电影理论”条当无不可，二版就要重新考虑了。一版“电影理论”条洋洋洒洒近 20 000 字，读后，觉得这是电影学院教科书的内容，而不是综合性百科全书供检索的内容。如立条目，给字数少了，讲不透；给多了，所占篇幅未免太大。因为已立有“电影学”，也不妨把“电影理论”并入“电影学”条。至于“电视理论”，有的源于“电影理论”，有自身特色的内容，可以概要地写进上层次条目，此条也可不增立。

“电影电视”学科条目表中有“电影导演艺术”条，是个母条，下属设“电影导演（见电影导演艺术）”条。从逻辑上说，这样处理就母子关系颠倒了，应该以“电影导演”为母条，以“电影导演艺术”为子条。百科全书设条，通常是子条见母条，而不是相反。立“××××艺术”，一谈“艺术”，势必长篇大论不可，字数少了不解渴。基于此，建议将“电影导演”改为实条，“电影导演艺术”条不妨删去。

一版《戏剧》卷立有“导演”“戏剧导演艺术”“戏剧表演艺术”条，《戏曲》卷立有“戏曲导演”“戏曲表演”条。前后一对比，从字面看去，仿佛“戏剧”导演、表演有艺术，“戏曲”导演、表演无艺术，实际上都是艺术。笔者以小人之心度君子之腹，似乎有人觉得在条头加“艺术”才够“份”，其实，不仅戏剧早已登艺术宝殿，电影也是公认的第七艺术。“艺术”二字并不一定标在条头。百科全书条头追求简洁，凡是带“艺术”后缀的条头应尽量删去。一版《美术》卷有“绘画”条就未加“艺术”。不过作为艺术的一个门类，“造型艺术”的“艺术”是非有不可的。

为此，笔者建议，字顺总条目表出来后，用计算机检索方法，将带有“理论”“艺术”字样的条目集中起来作一个单项检查。

九、群龙无首的条目应立“首”条

过去谈过，一版《物理学》卷有“中子”二字开头的一群条目，如“中子核反应”“中子剂量和防护”“中子谱学”“中子探测”“中子源”等 9 个条目，而未立“中子”条，显得群龙无首。我是仅仅从编辑角度考虑，在物理学上我是一窍不通的。

近日翻翻《中国大百科全书 • 总索引》得知这种情况还不少。

《财政 • 税收 • 金融 • 价格》卷收有下列条目：

债券的现值和终值

债券发行

债券收益

债券市场

可惜，未立“债券”条。从综合性要求出发，“债券”条必须设，上述条目倒可不设。《不列颠百科全书》《苏联大百科全书》都只设“债券”条。

《社会学》卷有下列条目：

在业人口部门结构（见在业人口社会－经济结构）

在业人口产业结构（见在业人口社会－经济结构）

在业人口社会－经济结构

在业人口职业结构（见在业人口社会－经济结构）

这4条都是“在业人口”打头的，却没有“在业人口”条，似应设置，因为这是一般读者希望了解的。至于它的各种分类方法得出的“在业人口××结构”，则是人口专业人员希望了解的，这些加“××结构”的下层次条目则可不立。《不列颠百科全书》《苏联大百科全书》连“在业人口”条也未设，倒不一定照他们的。我国人口问题严重，从国情出发，不妨设置。

上面所说的，也就是笔者在本书所收的《〈中国大百科全书〉第二版选条的一些问题》一文中提出的“‘班长’原则”。

二版“新闻出版”学科条目表列有：

电子新闻图片处理系统

新闻图片制作

新闻图片管理

这三个条目显得专，或者说是“琐”，且无“班长”，似应合并成“新闻图片”条。条目表中已设的“新闻照片”条亦不妨并入，因为“新闻图片”的概念比“新闻照片”宽，可以把地图、线条图、画片等统统综合进去。

十、“世界”打头的条目，如非专名和术语，大多可删“世界”

“新闻出版”学科条目表，有“世界各国新闻立法”条，一版为实条，二版改为虚条，注“（见新闻法规）”。愚见以为，两条可并成“新闻立法”条。其实“新闻立法”不戴“世界各国”的帽子，就意味着是“世界”的，摘了帽，就合乎简明的原则。

查一下一版《总索引》卷，“世界”打头的条目共99条。可分为三类。一为专名，如“世界粮食计划署”“世界知识出版社”“《世界报》”“《世界人权宣言》”等；二为术语，如“世界时”“世界观”“世界语”；三为一般用法。愚见以为，除了前两类外，一般冠于条头的“世界”，大多可以删去。例如“世界航空史”“世界钢铁工业”“世界人口问题”等条目，一版并没有设“中国航空史”“中国钢铁工业”“中国人口问题”之类同它们相对（或者说上下层次）的条目，如果二版保留“世界航空史”等条目，“世界”二字可以删去。

还有一些条目冠以“世界”，如“世界陨石收集”，反而失去检索意义。二版如保留，可摘去“世界”帽子，其实此条也可以并入“陨石”条。

十一、书名正续编条目力求写通贯条

二版“中国文学”学科条目表中有一些书名条目是正编和续编分别立条的。愚见以为，这些书大抵是编纂而成的，正编出版后影响很广，颇收社会效益，后世赓续之，宗旨、体例大致相似，正续编以合并立条为好。条头以正编为名，续编的书名做一索引，重要些的设参见条。这样设条的好处是，可以让读者知道书的重要性（凡是有续编的书都是有分量的），知道书的延伸和发展，这是符合“综合性”原则的。这样还可以避免来回翻检的麻烦，有的续编，书名以“续”“补”字打头，如《高僧传》《续高僧传》《补续高僧传》就分属G、X、B三部（此处仅举例而言，一版《宗教》卷把这些著作都并入“中国佛教传记”条，成一“口袋条”，二版如何设条另议）。

“中国文学”学科二版条目表中正续编分别立条情况如下：

（1）《古文辞类纂》

《续古文辞类纂》

（2）《天籁集》

《广天籁集》（一版为参见条，二版改为实条）

（3）《青楼集》

《青楼续集》（二版新增）

（4）①《历代诗话》

②《历代诗话》（丛书）（二版未列）

③《历代诗话续编》

（5）牛僧孺（“中国历史”立条）

《玄怪录》（见牛僧孺）

《续玄怪录》

（6）《全唐诗》（一版《中国文学》《中国历史》均立条）

《全唐诗外编》（二版新增）

（7）《全唐文》（一版《中国文学》《中国历史》均立条）

《全唐文补遗》（见《全唐文》，二版新增）

上述条目的处置有需要并条问题，也存在其他问题，谨陈管见。

例 1 的《古文辞类纂》（桐城派姚鼐编）影响颇广。20 世纪 80 年代初有位老先生还要我帮他借这部书。一版《续古文辞类纂》释文介绍了三部书。两部同名的《续古文辞类纂》，一为王先谦编，成书于 1882 年；一为黎庶昌编，成书于 1889 年。释文中又提到蒋瑞藻编《新古文辞类纂》，1922 年出版。《续古文辞类纂》一方面从《古文辞类纂》分出独立成条，一方面自身又包含两种名称的三部书。这样题文并不一致，还不如并入《古文辞类纂》为宜。

例 2《天籁集》《广天籁集》在一版中前者为实条，后者为参见条，很好嘛！二版似不必改弦更张把后者改为实条。

例 3《青楼集》一版已有条，二版似可不增《青楼续集》实条。建议改后者为参见条，将有关内容补充进《青楼集》条释文中。

例 4 条目这样安排似有未妥。①《历代诗话》是一部创作；②《历代诗话》一版注明是丛书；③《历代诗话续编》也是丛书，“续编”是续②而不是续①。现在二版收③而将②条删去，续编就无书可“续”了，摆不平。建议保留②条，③条倒可并入②条。

例 5 的条目要解构重组。一版“牛僧孺”在《中国历史》卷为实条，在《中国文学》卷为参见条：“牛僧孺（见《玄怪录》)。”一版《中国文学》卷另设“《续玄怪录》”条，这样处理是可以的。二版“中国文学”学科条目表中既然把“牛僧孺”条归“中国历史”，再让“《玄怪录》”条去参见“牛僧孺”条就不合适了。牛僧孺既有文才，又当宰相，在晚唐绵延数十年的“牛李党争”中，他是牛党魁首，“中国历史”学科必须有他的条目。既然条目在历史部分，释文可能照顾不了《玄怪录》的内容，参见有可能落空。况且，“中国文学”学科《玄怪录》设虚条，《续玄怪录》设实条，“虚头实尾”的结构，恐怕不好。愚见以为，《玄怪录》宜设实条，《续玄怪录》倒可设虚条。一版这两条都是中华书局程毅中先生执笔的，二版可请他并条。附带说说，无头有尾的条目有时也难免。例如南朝刘宋时有志怪小说集《齐谐记》，萧梁时有《续齐谐记》，都有价值。前者已佚，也只能单立“《续齐谐记》”条了。

例 6 的《全唐诗》，一版《中国文学》《中国历史》都立条，二版可合并。这两个学科卷的“《全唐诗》”条释文中都已提到中华书局 1982 年出版了《全唐诗外编》，因此二版可不增立独立的“《全唐诗外编》”条。如认为一版对《外编》介绍得不够，可作补充。

例 7 二版新增“《全唐文补遗》（见《全唐文》）”做法很对。希望上述条目的安排向例 7 看齐，如果没有特别必要的话。

有的问题，我过去在《探讨》发表的文章中提到过，只是语焉不详，所以在此再啰唆一番。

十二、《大公报》等报条目的并分问题

二版“新闻出版”条目表列有下列条目：

《大公报》（列入［中国近代报刊］）

《大公报》（香港）

《中央日报》（列入［中国现代报刊］）

《中央日报》（列入［台湾地区报刊］）

《文汇报》（列入［中国现代报刊］）

《文汇报》（香港）

《新民报》（列入［中国现代报刊］）

《新民晚报》（列入［其他各类报纸］）

《解放日报》（列入［中国现代报刊］）

《解放日报》（无独立条目，列入“中共各省、市委机关报”表内）

《新华日报》（列入［中国现代报刊］）

《新华日报》（无独立条目，列入“中共各省、市委机关报”表内）

上面几家报纸都是在中国近现代史上有重大影响的。一版处理方法有三种，报名未变的立一条，如《大公报》《中央日报》《文汇报》《新华日报》都是从创刊一直写下来。报名未变在不同地点出版的分别立条，在《解放日报》后加括号注地名上海、西安、延安分立三条；《新民报》《新民晚报》分立（敌伪时北平出版的《新民报》因同陈铭德办的《新民报》无涉，只是名称相同，另立）。

这些条目二版如何立？建议采一版的第一种办法，报名相同一脉相承的立一个条目，但要给充分的篇幅。

《大公报》1902 年英敛之创刊于天津；成为全国性报纸，是吴鼎昌、张季鸾、胡政之 1926 年起主办的时代，香港版也是他们创办的。

时代更替，人事沧桑，报头未易。报业百年老店，全国仅存此家。因此，宜写一通贯条目。一版此条撰稿人为《大公报》老记者方蒙先生，但于香港《大公报》着墨不多，可以此为基础，请我社老编审张遵修、左步青两位先生（他们都是《大公报》资深记者）修改充实。

一版《中央日报》条介绍它的历史沿革甚为简明扼要，唯对台北版现状写得不多，宜补充。该报迁台后因为是在台当政几十年的国民党的机关报，仍为一家很大的报业集团。二版已不再设“台湾省报刊”口袋条，其中有些资料可写入《中央日报》条。

一版《文汇报》条于报纸的历史和现状都有充分的介绍，于港版只有一句话：“《文汇报》1947 年 5 月 24 日被国民党当局勒令停刊，部分记者、编辑和职工去香港，1948 年 9 月 9 日创办香港《文汇报》继续宣传爱国、民主的主张。”于港报发展未作介绍，应作补充。

《解放日报》在延安出版时是中共中央机关报，出版时间为 1941 ～ 1947 年。1949 年 5 月上海解放，《解放日报》在上海出版，为中共中央华东局兼上海市委机关报，华东局撤销后为上海市委机关报。报头未易，一脉相承。一版分别设两条，二版似可合为一条。西安《解放日报》是 1936 年西安事变中创办的，只刊行两个月，可作为前奏曲写入沿革。

《新华日报》为中共在抗战大后方发行的机关报，1937 ～ 1947 年先后在武汉、重庆出版，还出版过华北版、华中版。1949 年 4 月南京解放后在南京出版，先为中共南京市委机关报，后为中共江苏省委机关报，出版至今。1949 年 12 月重庆解放后也曾出版《新华日报》，为中共中央西南局机关报，1954 年因为大行政区撤销停刊。一版《新华日报》有一条实条，有两条虚条〔《新华日报》（华北报）见“抗日民主根据地报刊”，《新华日报》（华中报）见“解放区报刊”〕。二版似可只写一条《新华日报》，除了将“抗日根据地报刊”条中关于《新华日报》（华北报）的内容，“解放区报刊”条中关于《新华日报》（华中报）

的内容吸收进《新华日报》释文外，还要补充关于南京《新华日报》的内容。就现状而言，南京《新华日报》在中共各省市委机关报中是相当出色的，且办有多家子报子刊。

《新民报》和《新民晚报》因为报名不同，以分立两条为好，尽管两者也有血缘关系，上海《新民晚报》是由《新民报（晚刊）》改名的。同样的，今天的“生活•读书•新知三联书店”和它的前身“生活书店”“读书生活出版社”“新知书店”，也宜分别立条。

十三、关于新闻学科条目的表格

《〈中国大百科全书〉（第二版）编写体例》2.14.1 规定：“表格是条目中资料性内容最直观、清晰、系统的表达形式，应充分地加以利用。”适当地运用表格手段，应成为二版的特色。

表格的好处是信息密集，一目了然，节省篇幅，可以互相比较，还能活跃版面。编制表格要搜集、核实大量信息，在许多情况下，比撰写同样篇幅的文字稿，要付出更多的劳动。

一版《新闻出版》卷“中国共产党机关报”条附“中国各省、自治区、直辖市党报一览表”是很好的办法。中共各省、自治区、直辖市委员会的机关报都是一省（自治区、直辖市）首屈一指的大报，影响广大，不立条不太好，立条吗？过去是多报一面，缺乏特点。列表，不失为一种办法。二版可继续采取这种办法。不过，就笔者从 1991 ～ 1998 年参加全国报纸编校质量评审工作所见，20 世纪 90 年代上半期，中共各省、自治区、直辖市的机关报，基本上保持过去的格局，一般出版对开 1 至 2 张，而自 20 世纪 90 年代下半期就纷纷扩版，少的两张，多至 3 ～ 4 张。栏目增多，专版、专页增多，所办子报子刊增多，因此，表格的栏目也要增加。

一版“中国各省、自治区、直辖市党报一览表”栏目为：报纸名称，创刊日期，开版，刊期，主办单位，社址。

二版表名建议改为：“中国共产党各省、自治区、直辖市委员会机关报”。栏目建议改为：报纸名称；主办单位；出版地点（省名+市名，不列街名和门牌号）；创刊日期；简要沿革：分合经过，名称变更，地点迁移〔至市（县）为止〕，刊期和版数变动（如周 × 刊改日刊，四开改对开，4 版扩为 8 版、16 版，甚至更多，设报业集团等），力求简明；主要栏目或专版；发行量：注明年份，或加月；子报子刊：只提报名、刊名、刊期。

我的想法是：把这些栏目内容连缀起来，大体像一个短条目。每种报纸都做索引。

有些省市报有特色的，要单独设条，一版已设《解放日报》（通贯条目），还可考虑设《新华日报》（通贯条目）、《北京日报》《天津日报》《南方日报》等，列有专条的报纸仍旧入表。影响大、有特色的报纸，不受“级别”限制，也可立条，如《深圳特区报》《南方周末》。

一版已列“中国专业报纸”条，释文附有“中国主要专业报纸一览表”，仅列四栏：报刊名称、创刊日期、开版、刊期。介绍基本情况的“主办单位”“出版地点”都付阙如，信息未免单薄。那时，中国的专业报纸不多，刊期长，篇幅少。表列报纸 63 种，日刊只有 3 种，周刊有 29 种。近年专业报刊发展很快，中央部委都办了报纸，有的不止一种，刊期大多为日刊、周 5 刊（除双休日外，天天有报），版面也增加了。中国的专业报纸已成为中国报业的一个方面军。因此建议“中国主要专业报纸（一览表）”参照上述省市报一览表的栏目，适当增减。

此外，建议在“新闻出版”条目表中的“晚报”条释文中附一“中国主要晚报（一览表）”，在适当条目中设“中国计划单列市和省会城市党委机关报（一览表）”（暂拟名）。“都市报”是近年兴起、势头颇健的报纸，二版也应适当反映。

“新闻出版”条目表中列有“中国各省、自治区、直辖市广播电台简表”。表列栏目为四栏：广播电台名称、所属省（市）及所在地、创办日期、主要报道内容。栏目要精心设计，建议改为名称、所在地、开播日期、主要栏目，另加特点、附注。原设计的“栏名”“所属省（市）”是赘语，故删；“主要报道内容”三言两语说不清，故改为“主要栏目”。此外，节目套数、广播的语种和方言、每天广播小时数，则为重要内容，宜列为栏目。条目所列的“中国各省、自治区、直辖市电视台简表”可参照上述建议修改。

十四、让“中国诸民族语言”部分丰富些

一版《语言文字》卷中的“世界诸语言”和“中国诸民族语言”两个分支是介绍世界和中国的语言系谱——从语系到语种的。就这两部分同二版“语言文字”学科条目表作一比较，值得注意的是“中国诸民族语言”大部分由实条改成了虚条（参见条）。例如一版实条“黎语”条，改成“黎语（见黎族）”条。

1. 一版和二版“诸语言”条目数的变化 “世界诸语言”分支一版共立条目 150 条，其中参见条 24 条（占 16%）；二版共立 173 条，其中新增 28 条，参见条 25 条（占 14.7%）。

一版“中国诸民族语言”部分共设 101 条，其中参见条 10 条（占 10%）；二版共立 100 条，其中跟“世界诸语言”共立的条目 23 条，自立的条目 13 条，参见条 64 条（占 64%）。可以说，二版这部分条目瘦得可怜。

2. 两个不平衡 二版把中国大量少数民族的语言条目由实条改为参见条，这就发生两个不平衡。

第一，处理方式不平衡。语言和民族在许多场合下是同样的专名 + 通名。如“布依语”和“布依族”，“土库曼语”和“土库曼人”。二版将中国的“布依语”并入“布依族”，并没有把“土库曼语”并入

“土库曼人”条，显然这样处理是不平衡的。附带说一下，布依语和土库曼语的使用者都只有200万人。国外的语种条目不但没有合并，而且增加了一些，如新增“巴什基尔语”（据《苏联百科辞典》，使用者90万人），中国的语种条目却砍了很多（由实条改成虚条）。

第二，选条标准不平衡。选条要有原则，要有标准，有的可以量化。例如世界上大小河流不计其数。作为大型综合性百科全书究竟选哪些河流条目，我想，河流的长度是首先要考虑的。当然还要考虑流量、经济价值、文化价值、旅游景观等。语种条目的选取，使用人口多寡无疑是要考虑的重要因素。一版的“壮语”，使用人口1300万（1982，据一版释文，下面未注明出处的都是这样）在二版降为参见条，二版新增“汤加语”，据《不列颠百科全书》“汤加”条，全国人口为9.9万人。使用人口多，而且是中国境内的语种条目，由实条降为虚条；使用人口少，而且是中国境外的语种，反而新增条目，显得很不平衡。

上面两点，加上上面统计数字表现出国外语种条目增加、国内语种条目减少的情况，表明二版语言方面条目的编制存在着“厚外薄中”的倾向。本来哪一个国家编的百科全书总是突出本国的条目，而语言文字学科条目表与此相背，“中国特色”将如何体现？

3. 要尽可能保持语言分类系谱 一版《语言文字》卷关于“诸语言”的目录，是一个完整的语言分类系谱：语系－语族－语支－语种－方言，层次分明，体系井然。二版条目表“世界诸语言”仍保持原来体系，而“中国诸民族语言”已不再成体系了（从语支开始）。

中国诸民族语言之成为体系，是解放前后几代语言学者共同努力的成果。语言学大师赵元任、李方桂、罗常培从20世纪20～30年代开始做了开创性的调查研究工作，薪火相传，后学继起，于是才有中国诸民族语言的系谱，写在《语言文字》卷的《条目分类目录》上。目录上有三处“[语支未定]”，体现出学者们的严肃学风。诚然，二版不强调按体系选条的，但是原来体系很好，不影响选条而且有助于选条，又何必去毁损体系呢？二版按规划不再在卷首设置条目分类目录，但是仍可从参见系统中体现出我们选条的有序结构。让有心的读者知道，我们选条是有章法的。

4. 有的并条造成条目撰写不便 把语言条并入民族条，有时会造成逻辑上和写作上的不便。例如一版设“彝语支”条，包括“彝语、哈尼语、傈僳语、拉祜语、纳西语、基诺语”6个语种。二版设“彝语支（见彝族）”。这样，“彝族”条释文就要承担一部分本不属于它的任务。“彝语支”使用人口630万人（1982），而彝族人口为400多万（1982）。“彝族”条写“彝语支”，有点题不对文；“彝族”不写“彝语支”，将使“彝语支”条的参见落空。选条就要考虑到未来的工序，不给以后撰稿造成困难。

5. 国外百科全书重视语种选条 语种是独立的概念，是人类知识领域中的基本知识；语种是独立的术语，有自身的内涵，明确的四至。各国百科全书都选收大量语种专条，而不把它们并入民族条目。例如《不列颠百科全书》既立“马里人”，也立“马里语”（使用人数为50万人）。我们百科全书更有充分理由既立“苗族”，也立“苗语”（使用人数400万人）。有的小语种，只有几万个人口使用，国外百科全书也立了条目。例如《不列颠百科全书》和《苏联大百科全书》都设有“布拉灰语”条，这是巴基斯坦一个部落联盟使用的语言，据《苏百》说，使用人口只有7.2万人（1978）。《全书》一版未立条，二版已增立了“布拉灰语”。

语言固然是识别民族的标志之一，但两者并不是一一对应。例如“瑶语”，中国境内瑶族一部分人使用“勉语”，海南岛苗族则使用瑶语。此外，从百科全书编纂角度看，“中国诸民族语言”这个分支中参见条高达64%，也不相宜。民族条目的撰稿人一般说来不宜撰写民族语言方面的内容。说汉语的人数以亿计，而音韵学家、文字学家过去是凤毛麟角，现在也为数不多。

郑重建议：一版中国少数民族语言条目立有专条，而二版改为参见条的希望改回来。退耕还林！

（原载《探讨》2000年第7～8期，2001年第5～6期）

艰巨的工程：编制《中国大百科全书》第二版条目表

——《中国大百科全书》第二版社会科学一些学科条目表读后感

从1999年12月以来，我一直在参加《中国大百科全书》第二版社会科学一些学科（有的应该说是知识门类，姑且统以“学科”称之）条目表[1]的阅读、讨论和研究工作。要把这些条目表整合成为《全书》二版统一的条目总表，看来是一项规模宏大、头绪纷繁、程序复杂、任务艰巨的工程。

在第一版编辑工作中，编辑部流行一句话，大意是，前期工作做得不好，会给以后的工作带来无尽的麻烦。这是心血和痛苦换来的金玉良言，决不可等闲视之。我们目前编制条目表，是二版编纂工作实质性的开端，目前工作任何方面稍有差池，都会给后续工作造成被动，以至遗患无穷。下面谨就条目表编制问题陈述管见，敬请百科同仁指正。

确立四个观念

编制二版的学科条目表跟编制一版的学科卷条目表颇有不同之处，愚以为要树立四个观念。

一、全书观念。时刻记住，二版各学科条目表是《全书》条目总表的组成部分。诚然，一版各学科卷条目表也是《全书》条目表的组成部分，但因为一版是分卷出版的，学科卷有很大的相对独立性。每

---

[1] 有的学科称为“框架”。我以为《不列颠百科全书》的《百科类目》（Propaedia）才是“框架”，我们目前编制的是分类条目表。

个学科卷所选条目不仅主体部分可以同别的学科卷重复，而且在外围部分有很大的伸展余地，甚至可以各自“跑马占地”。例如石窟条目，《考古》卷“中国石窟寺考古”小分支列 23 条（其中 1 条为参见条），《建筑》卷“三国两晋南北朝建筑”列 5 条，《文博》卷“石窟寺”小分支列 31 条，《美术》卷“中国石窟艺术”小分支列 40 条（其中 3 条为参见条）。这些条目大多重复，有的是四重奏。《美术》卷“中国建筑艺术”分支列有 118 条，粗略估计，有 80% ～ 90% 条目同《建筑》卷“中国建筑史”中的条目重复。甚至在 1 卷中也有这种情况。例如《新闻出版》卷“新闻”“出版”两部分各自为政，既有“新闻自由”条，又有“出版自由”条，两条都引用最早提出出版自由主张的英国作家弥尔顿的言论。其实，只须立“出版自由”一条即可。因为出版物即包括报纸、期刊、图书、音像作品、电子出版物等。至于 10 个卷列有“孔子（丘）”条，7 个卷列有“王国维”条更是众所周知。这种情况在二版中是绝不允许的。如果出现这种情况，辞书界有一个通俗说法叫“双包案”。在编制学科条目表中就要考虑到这一点，研究二版如何消除异卷重条问题，并做好“消重”准备工作，不能像一版编制学科卷条目表那样“自顾自”。二版各学科设条时就要考虑他学科有没有同样的条目。

二、继承观念。《〈中国大百科全书〉（第二版）总体设计纲要》开宗明义就说：“《中国大百科全书》第二版是第一版的修订重编版”。一版是 20 世纪 70 年代末至 90 年代初我国学术界一代精英编纂的，要作为优秀遗产继承下来，充分吸收一版的长处，这一点在编制条目中就要体现出来。不要轻易删去不应删去的条目。例如“图书馆学”部分删去了全部有关杜威十进分类法的条目（共 3 条）。殊不知这种分类法在 20 世纪上半叶为国内大部分图书馆所采用，至今，国际标准化组织（ISO）仍然采用这种分类法（当然作了改进），美国 95% 的公共图书馆仍在采用。如果觉得列 3 条多了，可并成 1 条，不能没有。每个学科在编制二版条目表都要写出编制说明，其中第一项就应该写出对一版有关学科选条情况的评价，发扬优点，改正缺失。在这方面，就个人所见范围来说，“外国文学”和“语言文字”学科是做得很好的。有的学科尚付阙如。

三、成品观念。设计条目表要考虑到未来成品的样子，即未来成书版面上如何出现的问题。有经验的厨师为准备一席酒菜上市场买菜，每买一种东西，都会考虑到未来的酒席是什么样子，几个冷盘，几个热炒，几个大碗，几个汤，以及几种饮料、水果、甜食之类。我们设计条目表时，在这个问题上往往有所疏忽。例如，“人类学”条目表新增条目中设有“眼部”条，而一版《现代医学》卷已设“眼”条，估计二版不会删去。“医学”卷的“眼”当然是介绍人体的“眼”（一版《生物学》卷未列“眼”，如果列了，则必然是阐释各种动物的眼）。《全书》二版是按音序统排的，“眼”“眼部”两条相邻排列，就会被读者一眼看出编纂上的缺陷。增设新条目要考虑这一点。

再说继承一版的老条目。“永乐大典”条一版《中国历史》《新闻出版》两卷都收了。这是铁杆条目，二版必收无疑。二版“中国文学”条目表继承一版收了“《永乐大典》戏文三种”条。《永乐大典》这部中国最大的类书，全书 22 877 卷，现仅存 797 卷，烬余之物，弥足珍贵。单就“中国文学”学科而言，收此条是有理由的。但就《全书》二版而言，未来版面上相继出现“《永乐大典》”“《永乐大典》戏文三种”两条，读者就会生疑：“大典”虽然仅存不足 4%，但仍有 1000 多万字，内容相当丰富，为何独厚于“三种戏文”？因此，“戏文三种”立不立条，如何立条就须斟酌。

现在，选条就是在为未来大筵席备菜，不能“捡到篮里就是菜”，要顾及未来的“成品”。

四、阶段观念。胡人瑞先生在《探讨》1999 年第 1 期发表《〈全书〉第二版考古文物部分选条情况介绍》一文说：“这次选条不能还按第一版的老路子走”。老路子不走，新路子是什么，怎么走？我以为，编制《全书》二版的学科条目表要分三步走，即分为3个阶段。

编制二版条目表要分三步走

《全书》一版学科卷的条目表形式大体是这样的，分类分层次列出条目名称（条头），条头（有的附外文）之后注明大小条，有的条目注明加什么插图，详细些的还附有编写提纲，提出注意事项。这种条目表尽管经过多次修改，有所增删，基本形式不变。学科卷条目表大致定了（当然编纂过程还有些调整修改），就可请学科编委会约请撰稿人执笔写稿了。

《全书》二版条目表的编制情况要复杂得多。《〈中国大百科全书〉（第二版）总体设计纲要》规定：

> 《全书》第二版按照本纲要和编写条例等要求，对第一版的条目慎重地采取“留（保留条目）、删（删除条目）、合（合并条目）、分（分设条目）、移（学科或分支学科间移动）、改（改条目标引词或部分改变条目主题）”的方针，并增补必要的新条目。新增条目约占《全书》第二版条目数的1/3左右。

按照上述规定，《全书》有2/3是老条目，有1/3是新条目。对老条目还要作留、删、合、分、移、改6种方式处理（加上新增的“增”，共7个字，姑且称为“七字经”），这跟一版全是新条目的情况就很不相同，况且一版是分卷出版的，二版是统编出版的，这就决定了二版条目表编制工作的复杂性。

我以为二版的条目表编制工作要分三步走，也就是经历“分—合—分”3个阶段。第一步，编制学科选条条目表；第二步，编制《全书》二版条目总表；第三步，从条目总表中分拆出学科条目，编制学科组稿条目表。

一、学科选条条目表。这就是《全书》二版条目总表的基础，也是以后编成组稿条目表的依据。对这个条目表的要求是：所列条目既包括一版相应学科卷的保留条目，也包括新增条目；结构应是分类分层呈阶梯式排列，而不是按音序或其他方式排列（哪怕是局部）；念好“七字经”，在条目名称之后既要注明条目大小、有无插图等，又要按“七字经”的要求注明情况和处理意见，以便据以同他学科商量归属问题，也便于下一步编制《全书》二版条目总表；显性重条要逐一注出，隐性重条要尽量找出，提出相关条目组合方式和标引方式的建议。一句话，这个选条条目表要成为学科的一本“总账”，要像派出所的户口册，每个条目生死、婚嫁、迁徙等等情况一查便知。这个条目表还可以作为责任编辑的“手册”，同任一条目有关事项可以统统记入，成为“备忘录”，记载详备对以后组稿、编稿、审稿大有用处。

二、《全书》二版条目总表。这是二版编纂中的基础工程。要把二版各学科选条条目表整合成《全书》二版条目总表，任务十分艰巨。至少有下列工作：①合并不同学科的显性重条，包括一版的异卷重条，二版各学科新增条目同一版保留条目的重条，二版各学科新增条目相互之间的重条。②检查、发现、合并不同学科的隐性重条，也包括“老老之间”“新老之间”“新新之间”的重条（“老”指一版保留下来的条目，“新”指二版新增的条目）。③调整错综复杂的交叉条目。④各学科各分支之间、大小条目之间以及其他方面的平衡工作。⑤条头构词形式的规范化。⑥防止重大漏条，既考虑应列而未列，也考虑不应删而被删。⑦为被删条目中某些重要信息安排寄托之所。⑧理顺按学科分类的条目总表和按字顺排列条目总表。条目总表在每个条目之后仍然注明大小条，插图否，以及所归属的学科，跨学科条目仍然注明多学科代字，以主管学科写在前。例如“孔子”条假定由“哲学”负责统稿，则“哲”字写在前，但仍列入“中国历史”“中国文学”“教育”等卷的组稿条目表，表达形式为“孔子（哲、中史、中文、教……）”，以免被非主管学科误认为遗漏。⑨其他。

三、学科组稿条目表。这是从二版条目总表中分离出来的学科条目表。二版的撰稿方式有 3 种：①统稿，一版多学科重条用这种方式；②改稿，对一版保留下来条目的修改，确实很完美的，也可审而不改；③写稿，就新增条目而言。下文将专节讨论 3 种撰稿方式。组稿条目表在条目标题之后除注明上述各项外，还要注明撰稿方式和撰稿要求。已有适当人选的可写上撰稿者。

念好“七字经”

编制选条条目表要念好“七字经”。

《总体设计纲要》规定新增条目占 1/3 左右，那么其余 2/3 则是老条目，有直接保留的，也有经过合、分、移、改后保留的。因此学科选条条目表，应该是既包括一版的条目，也包括新增条目。在形式上是按学科、分支、小分支、条目群的分类形式，呈阶梯状排列。分类方式既可利用一版的，也可视需要作必要的改动。

二版学科选条条目表跟一版学科卷条目表不同之处，就是每个条目名称之后增注七个字中的一个字，有的不止一个字，例如合并之后又改动标引词。

下面仅就所见所思，陈述个人的意见。

一、保留。保留条目要注明“留”，让社内外条目表审查者考虑，是否确有留的必要。有时，就一个学科来说是“留”，就全书来说，可能其他学科也有同名或同实条目，这就要查一下《总索引》，凡是他卷也有的同名条目就要注明，要把所有的学科卷名都用简称注上。例如《美术》卷的“中山陵”条，当然是保留条目，这个条目在《建筑》《土木》《文博》卷也设条，就得逐一注明，以便几个学科商定条目归属和由哪个学科统稿。有的条目是隐性重条，希望也能检查发现并注明，例如《美术》卷设“汾阴后土祠”，《建筑》卷设“金后土祠”，实际是同一事物，只是一冠地名，一冠朝代名罢了。《总索引》是查不出来的，就要相关学科责任编辑辛苦了。这种情况就单科而言是“留”，就全书而言是“合”。

二、删除。删除条目务必慎重，考虑周详。提出的条目表要包括注明“删”的被删除的条目，以便社内外条目表审查者了解删除情况，斟酌删除是否得当。只提供入选条目，不提供删除条目，很少人有这样好记性，一眼看出漏了什么。删除失当，造成漏条，借用“草菅人命”的说法，就是“草菅条命”。

“新闻出版”部分条目表删去了一版所列的20世纪上半叶在全国影响很大的《东方杂志》《大公报》，报业巨子史量才，名报人张季鸾等条目，都是不妥当的。同样，删去一版的《纽约时报》《泰晤士报》《朝日新闻》等条目也不妥当。

有些条目虽然有必要删除，但条目所含的信息对于二版读者仍有一定价值，应设法把有关信息纳入其他条目中去。这也是编制条目表时值得注意的问题，应多采取名为“删”实为“并”的方式，不过执行起来颇为费事。

删除还要注意到应删而未删的条目。例如“外国文学”条目表保留了“《百科全书》”条，此条论类别和条目释文都同“文学”无涉；保留的“外百老汇”条完全讲戏剧演出，同创作无关。这是一版《外国文学》选条未妥之处，二版“外国文学”学科应删去这些条目或移给他学科。希望学科条目表制作者要多读一版该学科卷和有关卷的条目释文，这对选条是大有裨益的。

三、合并。条目合并有几种情况：

（1）异卷同名条合并。像上面提到的7个卷都设“王国维”条要合并，这是没有争议的。

（2）同卷异名同实条目合并。《中国历史》卷既设有“提花织机”

条，又以“提花织机”的简称设“花机”条，且均为实条，宜合并。“提花织机”比“花机”更能顾名思义，且《纺织》卷也以此立条，宜以“提花织机”作条头，《纺织》卷此条当然也要一起合并。

（3）下层次条并入上层次条。例如《新闻出版》卷的“受众调查”“受众需要”宜并入“受众”条。

（4）异卷不同名而同实条目的合并。同一事物到了不同学科便给予属于自己的名称，这类条目也宜合并。

例如：泥板文献（《图书》）

泥板档案（《档案》）

泥版书（《新闻》）

“版”应作“板”，“泥板”是供阅读用的，供印刷用的才作“版”。诚然，在古代汉语中“版”“板”相通。这组条目合并后，似可用社会通用的“泥板书”作条头。

又如：甲骨文（《语言》《中国历史》）

甲骨学（《考古》）

甲骨文献（《图书》）

甲骨档案（《档案》）

甲骨卜辞（《中国文学》）

甲骨文书（《新闻》）

甲骨文中的舞蹈记载（《音乐》）

这组条目似可并成“甲骨文”一条，建议由“考古”学科统稿，考古学界是甲骨学者荟萃之所在。

此外还有分布于多卷的“纸草书”“羊皮书”“蜡板书”“金文 ××”“石刻 ××”“缣帛 ××”“写本”“活字 ××”“雕版 ××”“缩微 ××”等等都要考虑并条。

至于大量首字不同的隐性重条，也有合并问题，下面再谈。

四、分拆。一般说来，A + B 条头不利于 B 的检索。有些术语本来是并举的，例如“义与利”“运动与静止”则是例外。第二版哲学条目表把一版的“唯名论与实在论”分列为“唯名论”“实在论”两条是很好的做法。

“中国文学”学科把原先的“荆刘拜杀”分为《荆钗记》《刘知远白兔记》《拜月亭》《杀狗记》，同时增列“南戏四大名剧”（参）是很妥当。不过，“南戏四大名剧”最好写成名词解释性的短条，参见下属四个条目。戏曲界似乎有一种习惯，往往将几出有关的戏各取首字合称，如《失街亭》《空城计》《斩马谡》合称“失空斩”。一版《戏曲》卷列有“一人永占”条，它是《一捧雪》《人兽关》《永团圆》《占花魁》的合称，也应考虑适当的表达方式，当代读者熟悉这种取名方式的已经不多了。

因为文学名著有很高的检索性，需要单独立条，从作家条中分拆出作品条是必要的。例如从“老舍”条中分出“《骆驼祥子》”条，但也要有个“度”，避免把作家条目的内容拆空了。

五、移动。“中国历史”学科把《九章算术》、张衡、王景、张仲景、华佗、陶弘景、裴秀、祖冲之、王叔和、雕版印刷术、活字印刷、指南针、水运仪象台和假天仪、沈括、郭守敬、黄道婆、《徐霞客游记》等移归科学技术学科，将 151 个历史地理条目移给中国地理，都做得很对。

“哲学”学科把“扬雄”移归“中国文学”，其实，扬氏作为思想家比文学家的地位更突出。《中国文学》“扬雄”条定性语是“西汉学者、辞赋家”，学者居前。“哲学”把“扬雄”移出，他的著作条目“《太玄》”“《法言》”也跟着被删去了，这两部书只有《哲学》收，删了，可惜了，宜恢复。

六、改题。这里的“题”指条目标题，即条头。《〈中国大百科全书〉（第二版）编写体例》2.6.2 ③规定：“标引力求简明，一般不超过 2 ～ 3 个词。”就这项规定看，一些学科条目表的某些条头标引词存在戴帽、穿靴、啰唆、泛化、文章标题等方面的问题。

（1）戴帽的要摘帽。一版许多条目标题冠有朝代名、地名或其他名称。有的是必要的，如“唐末农民战争”“南京大屠杀”，有的并非必要。例如“中日甲午战争”“上海小刀会起义”“国立中央研究院”“湘赣边界秋收起义”，删去“中日”“上海”“国立”“湘赣边界”字样，不仅简化了条头，可能更符合习惯，即更便于检索。

（2）穿靴的可脱靴。这里说的“脱靴”指的是删去条目标题的后半截。例如，“北京猿人的发现”可删“的发现”，“殷墟发掘”可删“发掘”，“中华苏维埃共和国临时中央政府”可删“临时中央政府”，这样不仅简化了条头，而且可以较全面地概括事物，阐述事物。

又如，“《中国历史研究法》及其《补编》”可删“及其《补编》”，此书确有《补编》，但不必在标题上过于求全，释文中加以介绍就是了。同样的情况在《中国文学》卷还另立条目，如“《全唐诗》”和“《全唐诗补编》”，“《玄怪录》（见牛僧孺）”和“《续玄怪录》”，“《古文辞类纂》”和“《续古文辞类纂》”。愚见可以立正篇为条头，释文把“续编”写在一起，因为“续”名气不大。如果“续”胜于“正”，名气大于“正”，也可为“续”立个参见条。这也是一种“合并”。《天文学》卷立有“《畴人传》”条，释文写了“续编”“三编”“四编”，都不另立条，只做索引，已有先例可援。此外，《玄怪录》为参见条，《续玄怪录》为实条的设条法也不可取。正续合并后，《玄怪录》宜改为实条。

（3）啰唆的要简化。例如，“军事”学科列有“空中交战”，宜简化为“空战”。“中国文学”学科已把“五四以来的外国文学翻译”简化为“近代翻译文学”，不但条头简化了，含义也丰富了。

（4）泛化的要改进。例如，“中国历史”学科条目表“历史研究方法”（虚领头条）之下设有“阶级分析法”“默记法”“例证法”等，这些条目离开了阶梯排列的上层次标题，含义就很泛。“阶级分析法”

在许多场合可用；“默记法”可理解为学习方法；“例证法”用途很广，不同学科的文章都用“举例以明之”；都不仅仅是历史研究方法。此外，所列方法中的“自然科学方法在历史研究中的运用”也过长。

这些条头就条头改条头恐怕不容易改好，愚见以为，不妨将“历史研究方法”作为条头写一个条目，其下属的条目标题作为条目释文的层次标题。这样做，可以避免“泛化”，而且还因为：第一，历史研究方法是高等学府培养高级研究人才开的课程，一般读者只要知道个大概就可以了。第二，各种研究方法互相辅益，彼此有联系，放在一个条目中更便于介绍。

（5）文章标题式的条头要另想办法。“中国历史”学科条目表中列有“专题讨论”一群条目，其中的条头大多是文章标题式的，谨对一些条目提出修改建议。①“汉民族形成问题”可否在“汉族”条中作介绍。②“中国农民战争史的研究”，可否改设“［中国］农民战争”条。③“中国奴隶社会与封建社会的分期问题”“中国封建社会阶段划分问题”“中国近代史断限问题”，可否归纳成为“历史分期［问题］”条目，如果外国历史也有关于世界史或国别史的历史分期问题，可以一起介绍。④“中国历史上的爱国主义与民族英雄问题”，可否收其基本论点纳入“爱国主义”条中。

七、新增。这是大题目，因为新增条目占《全书》二版 1/3，即 20 000 条。谨就所见，陈述几点意见。

（1）避免增加一版他学科已有的条目。例如：“中国文学”学科增设“郑玄”（一版《中国历史》《语言》《教育》《新闻》《哲学》已设条）、“邵雍”（《哲学》已设条）。“教育”学科增设“罗素”（《数学》《哲学》已设条）、“许衡”（《中国历史》《哲学》已设条）、“吴澄”（《中国历史》《哲学》已设条）。

“中国历史”学科增设“方志学”（《地理学》已有条）、“民国档案”“谕旨”“奏疏”（《档案》已有条）、“历法”（《天文》已有条）、“范蠡”（《军事》《经济》《哲学》已有条）。

凡是要增设的条目，最好查一下《总索引》看看一版别的学科收了没有，再考虑是否有必要新设。当然一版他学科设有条目，难以预料二版是否保留，不过两个学科卷都设或都要设的条目，二版要删除的可能性不大。

凡是《总索引》中列出的他卷已设的条目，最好查阅一下他卷的条目释文，看看二版是否需要补充材料。例如顾毓琇，在一版《电工》《自动控制》两卷都有条目，但他还是一位文学家，用顾一樵名字写了大量剧本，一版《中国文学》《戏剧》都未设条，二版就需要补充介绍他戏剧成就的资料。组稿时要告诉撰稿人只写文学戏剧方面的成就，可不必写科技方面的成就。

（2）避免增加介绍事物某一侧面的派生性条目。例如“军事”学科一版已有“战役”条，二版条目表一方面从内涵展开，增设“战役指挥”“战役准备”“战役协同”“战役军团”；另一方面从外延展开，增设“联合战役”“进攻战役”“阵地进攻战役”“陆上战役”“登陆战役”“防御战役”“抗登陆战役”“反空降战役”“游击战战役”，等等。这些条目适合以军人为读者对象的军事专业百科全书的要求，不甚适合以普通人为读者对象的综合性百科全书的要求。

（3）避免增设主体不属于本学科的条目。“外国文学”学科条目表中列有“《民约论》”“法兰克福学派”“文化社会学”“格式塔心理学”“俄狄普斯情结”这些条目，似无必要。“《民约论》”（目前通行的书名是商务印书馆新译本名《社会契约论》）一版《政治学》《哲学》已有条目，它是一部政治学著作而不是文学著作，尽管著者卢梭也是文学家。“法兰克福学派”是社会学学派，“文化社会学”是社会学的分支，这两个条目一版《社会学》已设条。“格式塔心理学”是心理学的重要流派，一版《心理学》设有3000多字大条目。“俄狄普斯情结”是心理学术语，“外国文学”学科已设有“奥狄浦斯”（Oedipus，希腊神话人物，以杀父娶母而知名），只因译名不一致未能发现，可在Oedipus条释文中加几句即可，可不另设条，但译名要统一。

（4）避免增设标引词和内容都不合百科全书要求的条目。例如“新闻出版”学科增设“各级报社党的领导组织”条。从标引方式说，不合乎检索要求，20世纪90年代出版的新闻专业辞书如《中国新闻实用大辞典》（1996）、《新闻学大辞典》（1993）均未列；从内容说，党的组织在我国各地区、各部门都有，既为“各级报社”立条，就要为“各级政府”“各级工厂”“各级商店”“各级出版社”“各级学校”……立条，否则就不平衡，而且容易遗漏，所以不列为好。如果内容有必要写，可写入“中国共产党”条内。

（5）避免一“增”就是增一个大体系。文学理论条目因为一版《中国文学》《外国文学》分开编纂出版而收得不多，史学理论条目也因《中国历史》《外国历史》分开编纂出版而收得不多。因此，二版需要增加条目。但是一说“增”，就列出一个大体系，《外国文学》理论部分共列182条，《中国历史》部分共列122条，一些条目显得细了。愚见以为，对于综合性百科全书中这些学科的理论条目，要本着“三基”（基本理论、基本概念、基本事实）原则列些“大路货”就可以了。

隐性重条

《全书》二版制作条目表过程中对一版隐性重条的处理是颇为棘手的。所谓隐性重条是指内容相同而条头不同（如“甲骨档案”和“甲骨文献”），尤其是首字不同，从《总索引》中是难以检出的。例如《宗教》卷用“弘一”立条，《音乐》《戏剧》《美术》卷用“李叔同”立条，就不容易发现这是一人两名，应该并条。胡人瑞先生将《考古学》卷的“铜器”“商代铜器”“西周铜器”“东周铜器”“汉代铜器”5条，《文博》卷的“中国古代青铜器”“二里头青铜器”“商代早期青铜器”“春秋战国青铜器”“晋国青铜器”“虢国青铜器”等12条，一共17个条目合并成“青铜器”一条，既是条目合并工作，也是异卷重条的处理工作，又体现出百科全书的综合性，值得学习。下面谨就所见，陈述一下隐性重条的发现和处理建议。

一、通过“脱帽”检出隐性重条。例如：

两汉均输（《中国历史》）

两汉平准（《中国历史》）

均输（《财政》）

平准（《财政》）

均输、平准论（《经济学》）

上述5条似可合并为“均输”“平准”两条。

因此，建议各学科责任编辑对所有冠以朝代名、地名的条目摘去“帽子”检查一下《总索引》能发现许多隐性重条。

二、错综重条需要解构重新设条 例如：

云梦秦墓（《考古》参见条）

秦简（《中国历史》）

云梦秦简（《考古》《文博》）

睡虎地秦简（《法学》）

云梦秦律（《中国历史》）

上述6个条目，分属4个学科，3个不同的字打头，又分为3个层次：墓、简（载体）、律（内容），都冠有地名：秦（大）、云梦（中）、睡虎地（小）。这组条目似可解构重组为两条，载体1条，内容1条。具体如何定名，请“中国历史”“法学”“考古”3学科定。

又例如：

云居寺（《宗教》）

云居寺石塔群（《建筑》）

房山石经（《宗教》《考古》）

房山云居寺石塔及石经（《文博》）

这组条目可解构重组为“云居寺”“房山石经”母子两条。寺条兼带写塔，稍涉石经。“房山石经”名称稳定，可独立成条。两条互做文内参见。

三、要作通盘考虑、专题研究的条目群。例如：

五岳（《建筑》共 3200 字，其中泰山 900 字，衡山 600 字，华山 400 字，恒山 500 字，嵩山 500 字）

道教名山（《宗教》共 3200 字，其中泰山 200 字、图，衡山 200 字、图，华山 200 字、图，恒山 150 字，嵩山 200 字，龙虎山 200 字，茅山 300 字，阁皂山 150 字，青城山 250 字、图，罗浮山 250 字，终南山 100 字，武当山 250 字，崂山 250 字，巍山 150 字）

泰山（《中国地理》800 字、图）

泰山刻石（《文博》）

衡山（《中国地理》500 字、图）

华山（《中国地理》700 字、图）

《华山庙碑》册（《文博》）

恒山（《中国地理》500 字）

嵩山（《中国地理》500 字、图）

嵩岳寺塔（《美术》《考古》《宗教》《建筑》《文博》）

茅山（《中国地理》400 字、图）

青城山（《中国地理》，400 字、图）

罗浮山（《中国地理》600 字，缺道教内容）

武当山（《中国地理》800 字、图）

武当山风景区（《建筑》800 字）

武当山金殿（《建筑》500 字，《文博》600 字、图）

崂山（《中国地理》300 字，道教内容不多）

上面这个条目群需要重新组合，建议由“中国地理”主持统稿。组合意见如下：①“五岳”“道教名山”由长条改为中条或短条，以“××山”为实条。②一版“中国地理”的“泰山”等10条保留，充实人文内容；另增设“龙虎山”“阁皂山”“终南山”“巍山”4条，自然人文内容各有侧重。③“嵩岳寺塔”有5卷设条，“武当山金殿”有两卷设条，可见它们的重要性，应保留；“《华山庙碑》册”文物价值高，也应保留。④至于“武当山风景区”，为《建筑》卷条目。《建筑》卷除此以外，还设有“太湖风景区”“雁荡山风景区”“黄山风景区”“武夷山风景区”“桂林山水”5条。国家确定的风景名胜区不止这6处，如何设条？如何标引？请“中国地理”酌定，并请安排划定“黄山”和“黄山风景区”之类并存条目的分工。⑤一版“五岳”条写每个“岳”字数同《中国地理》五岳每个条目的字数相当，内容丰富，二版统稿时宜统筹兼顾。

又如：

佛教四大名山（《建筑》共3400字，其中五台山1100字，峨眉山800字，普陀山600字，九华山800字）

五台山（《中国地理》700字，《宗教》800字、图）

普陀山（《中国地理》500字，《宗教》700字）

峨眉山（《中国地理》600字，《宗教》800字、图）

峨眉山佛寺（《美术》900字）

峨眉山圣万寺铜铁佛像（《文博》600字、图）

九华山（《中国地理》450字，《宗教》800字、图）

这组条目建议合并成“佛教四大名山”（中或短条，仅作概述）、“五台山”“普陀山”“峨眉山”“九华山”5条。有关事项参照为“五岳”“道教名山”条目提供的参考意见。

此外，一版有些学科各具形式的条目要经过专门研究，整理组合才能列入二版条目表。

文学艺术方面标有“主义”字样的艺术风格流派条目就是这样。这些条目是：

浪漫主义（《外国文学》《美术》）

浪漫主义建筑（《建筑》）

浪漫主义戏剧（《戏剧》）

浪漫主义音乐（《音乐》）

印象主义（《外国文学》《美术》）

印象主义音乐（《音乐》）

后印象主义（《音乐》）

现实主义（外国文学）

现实主义戏剧（《戏剧》）

现实主义法学派（《法学》）

超现实主义（《外国文学》《美术》）

超现实主义电影（《电影》）

超现实主义戏剧（《戏剧》）

社会主义现实主义（《外国文学》）

魔幻现实主义（《外国文学》）

西班牙语美洲的现实主义（“外国文学”学科新设）

古典主义（《外国文学》）

古典主义建筑（《建筑》）

古典主义戏剧（《戏剧》）

古典音乐（《音乐》）

古典舞蹈（《舞蹈》）

现代主义（《美术》）

现代主义（《外国文学》见未来主义、达达主义、超现实主义）

现代主义建筑（《建筑》）

现代主义音乐（《音乐》）

象征派（《中国文学》）

象征主义（《外国文学》《美术》）

象征主义戏剧（《戏剧》）

未来主义（《外国文学》《美术》）

未来主义戏剧（《戏剧》）

从上面列条情况可看出，《外国文学》《美术》两卷只以“×× 主义”列条，而《戏剧》《音乐》两卷则以偏正结构出现，用“×× 主义戏剧”“×× 主义音乐”列条，《电影》只有一条，形式相同。“现实主义”还有冠多种定语的。

是否可请文学学科责任编辑作专题研究，探讨这些条目在二版如何设置的问题。

二版组稿三种方式

《全书》一版的组稿方式比较单一。一般说来，学科卷条目表制定之后，就由学科编委会以及分支学科主编约人撰稿。学科编委会成员和分支主编都是各学科的学术权威和学科带头人，十分了解学科的学术力量，能够选择到“最适当的人撰写最适当的条目”，保证了《全书》的质量和权威性。

二版的情况就颇不相同。前面说过，按《总体设计纲要》规定，二版有 2/3 左右为老条目，1/3 左右为新条目。因此，组稿方式就跟全是新条目的一版不同。我以为二版组稿应该有三种方式：统稿，改稿，撰稿。前两种同一版留下的条目有关，后一种同新增条目有关。目前编制条目表工作是组稿工作的前工序，要为下一步做好准备，就不能不考虑组稿方式。

一、合并条目（统稿）。二版有工作量很大的合并条目的统稿任务。孙关龙先生在《探讨》1999 年第 1 期发表文章说，据他和欧绍全先生统计，“第一版有条目 79 541 条，其中重复条 12 752 条（条头重复），净重复条约 9000 条……但不包括隐性重复条”。“若把隐性重复条计算在内，估计第一版的净重复条在 10 000 条以上。”

这 10 000 多条异卷重复条是一座储量丰厚的知识矿藏。例如，沈括在《物理》《中国历史》《天文》《生物》《地理》《化工》《音乐》《哲学》《中国文学》共 9 卷列有条目，亚里士多德在《外国文学》《物理》《力学》《教育》《外国历史》《心理》《生物》《戏剧》《法学》《政治学》《哲学》《经济》共 12 卷列有条目，等等。这些条目从不同侧面介绍了这些百科全书式的人物，就为二版准备了充分的综合资料。

但是，为了把这座宝山开发利用起来，二版就面临着一版编纂工作不曾遇到的艰巨的统稿（并稿）任务。既然一版有两个卷（甚至更多的卷）都列有条目，必然是重要的术语、专名，二版是不大可能把它们删去的。《不列颠百科全书》负责人吉布尼在我社开创之初的 1979 年来社介绍百科全书编纂经验时谈到，凡是有两部他国著名百科全书都选上的条目，《不列颠百科全书》也要入选。二版对待一版的重条似乎也应本着这种精神。一版的重条估计有 10 000 多条，约占二版条目总数 60 000 条的 17% 以上，所以说工作量不轻。

统稿要做好下列工作：①确定主稿学科，即条目要由一个学科管理（统稿人不一定是这个学科的），避免多学科都管或都不管；②选定统稿人；③成稿后由主稿学科请有关学科合审稿件；④同相关条目协调，例如作为人物的孟子（轲）一版有 7 个学科卷设条，作为著作的《孟子》有 3 个学科卷设条，如果是两位学者统稿，统稿后要放在一起审读，免生抵牾，因为两条将来是排列在一起的；⑤按一般稿件执行外三审和内三审制度。

关于选择统稿人，因为涉及两个以上学科，应该由编辑部或确定的主管学科责任编辑主持其事，并征询社外专家和有关学科责任编辑的意见。统稿人的选择应考虑以下几点：

（1）原撰稿人原则。如果原撰稿人身体许可，应作为首选，尤其是一人为多学科撰稿的。例如“机器翻译”在一版《语言文学》《电子学》《自动控制》《图情档》4 卷设条，中国社会科学院语言研究所原副所长刘涌泉先生既是《图》卷此条的撰稿人，又是《语》卷此条两位撰稿人之一，就可请他统稿。

（2）优选原则。如果原撰稿人不止一人都具备统稿条件，则要查阅有关卷条目释文从学术上和文字上优中选优。

（3）主学科原则。例如阮元在《中国历史》《语言文学》两卷设条，阮氏虽为封疆大吏但功在训诂（如校刻《十三经注疏》，编纂《经籍纂诂》），宜由语言学者统稿。

（4）条目群原则。相关条目最好集中统稿。例如章太炎（炳麟）在一版《哲学》《语言文字》《中国历史》《教育》《政治学》《新闻出版》《法学》《社会学》《中国文学》9 卷设条，他的主要成就在文字学，除按主学科原则由语言文字学者统稿外，还要考虑到条目群原则。他和大弟子黄侃一起成为“章黄学派”，黄侃在《语言文字》《中国历史》都设条，章黄宜统由“语言文字”学科负责统稿。王念孙（《史》《语》有条）、王引之（《史》《语》有条）父子有学术传承关系，也应集中统稿。

（5）社内统稿。社内同仁（包括离退休的）有条件的（专业熟悉，文字又好）也可担任统稿工作。例如“百科全书”一版《语言文字》《新闻出版》《图情档》3 卷设条，撰稿人为姜椿芳、金常政，姜氏已故，可请金氏统稿。

编辑部对统稿人一是提出要求，必须兼顾事物或人物各个侧面，可以有所偏重，不能有所偏废；二是提供资料，即《全书》一版需要并条内容的各学科有关条目的复印件。

二、修改稿件（改稿）。这里的改稿不是编辑工作中一般稿件的修改，而是特指二版编纂工作中就一版的条目释文按二版的要求所进行的修改工作。这个名称还不理想，先这么叫，再斟酌。统稿是将一版保留下来多个条目合并成一条，改稿是将一版保留下来的一个条目修改成合乎二版要求的。条目修改的情况有三种：一是一版条目不必改动就转入二版（但须审读，并须同相关条目协调）；二是稍作修改转入二版；三是作较大修改或补充转入二版。修改包括删节压缩，条头标引词的改动，插图的更替等。

二版全书 60 000 条，其中新增条目为 20 000 条左右，从一版保留下来的为 40 000 条左右（包括经过并、分、改），其中除了 10 000 多条为合并条目用“统稿”方式组稿以外，有 30 000 多条属于“改稿”范围，在三种组稿方式中比重最大。

二版为“修订重编版”。为了保持二版对一版的继承性，并且减轻编辑加工的工作量，在一般情况下，应尽可能在一版同一条目的基础上修改，不另起炉灶（尤其是出于名家之手的条目）。因此，要设计一种稿纸，复印一版的条目，贴在上面，请专家在复印件上修改补充。在稿酬支付上也要鼓励这样做。

三、撰稿。这是对二版新增条目而言的。新增条目是就全书而言的，凡是学科新增条目必须经过核查，无论从名称来说，还是从实质来说，确是一版各学科卷未设的，而且有必要设置的，才能组稿。组稿时要向撰稿人提出撰写要求，提供编写提纲，以及其他应该注意事项，《〈全书〉（第二版）编写体例》对此已作了详细的规定。

三种学科类型

《全书》一版分类分卷出版，每个学科和知识门类都自成一个独立的体系，然而学科和知识门类的知识结构是彼此交叉和互相联系渗透的，加上术语分歧和词语组合上的随意性，就全书而言，便存在多种多样的交叉重复条目。编制统稿的二版条目表就要采取多种措施，防止重条，划分学科类型就是一种办法。

从编制《全书》二版条目表的要求出发，可以把学科划分为三种类型，即以基础学科为第一类，以应用学科为第二类，以边缘学科、新兴学科、横断学科、跨学科的学科为第三类。第一类学科条目表求其完备，成为体系；第二类学科条目表，借用基础学科条目表中所列条目之后，达到大体完备就可以了；第三类学科条目表只设置一些拾遗补阙的条目。举例而言，“化学”“化工”“冶金”“材料科学”等学科门类中，“化学”为基础学科，条目表要成系统。“冶金”“化工”是工业生产门类，只设“化学”条目表未设的条目，为保持相对系统性，设“化学”条目表中已设的条目，必须说明“归化学”之类字样，这样的条目表经社外专家和社内同仁审查，他们就知道这是有意识的门类划分，而不是遗漏（当然确有遗漏，是另一码事）。至于“材料科学”，只能列些拾遗补阙条目，也就是孙关龙先生提出的，呈点状分布；不能搞体系，有了“材料科学”的体系，别的学科就不成体系了。“科学总论”“旅游”“文学理论”（分支）也只宜列拾遗补阙条目，以不搞分支体系为好。

2000 年 2 月

（原载《探讨》2000 年第 1 ～ 2 期）

编写《中国大百科全书》第二版附录“大事年表”的一些设想

一、定位

附录性的大事年表。

大事年表就出版形式而言，有的是独立出版物，如《中外历史年表》（翦伯赞主编，中华书局版），《中国近代史事日志》（郭廷以编著，台湾“中央研究院”版）；有的是作为出版物附录形式出现的，如《中国大百科全书》一版大多数学科卷的“大事年表”，《梁漱溟评传》（人民出版社版）附录《梁漱溟年谱》。我国纪传体正史的“本纪”基本上是以年表形式写成的，置于一代史书之首，成为全书的史事纲领，这里就不讨论了。

百科全书的附录性大事年表有正文作依托，因此：

1. 文字可以简明，也应该力求简明。

2. 必须做参见，使大事年表成为全书的有机组成部分。（一版《哲学》卷附录《哲学概念、术语译名对照表》编纂不易，价值很高，可惜没有运用参见手段，未能同主体链接在一起。）

3. 用词，尤其是参见词，必须同正文一致，彼此不能抵牾。发稿前必须做好对勘工作，以发现彼此的差错，纠而正之。

《中国大百科全书（精粹本）》（以下简称《精粹本》，中国大百科全书出版社 2002 年出版）“大事年表”记载：“1962 年，加勒比海危机发生”。这条记载有三点可议：一是用词同本条条头不一致，条头是“加勒比危机”（无“海”字）；二是未排楷体字，使记载游离于全书正文；三是只说“发生”，不知“结束”了没有，读者有悬念。如果依条目释文，写作“1962 年，10 ～ 12 月加勒比危机”就好了。

《精粹本》“大事年表”1990 年起很少有参见词（楷体字），1995 年起完全没有参见词。参见词由多到少，由有到无，透露了《精粹本》只是“大事年表”记事延长到 2001 年，选条和条目释文基本上并未相应延长。二版“大事年表”的下限和条目正文的下限要尽可能做到大体一致。

4. 年表应作为百科全书检索的渠道之一（时序检索）。

二、篇幅

包括条数和字数。

1986 年 3 月 6 日中国大百科全书出版社总编辑会议通过的《〈中国大百科全书〉成书编辑体例》38-2 规定：“大事年表以起源、重大发现和发明等具有重大历史意义的事实为内容，一事一条（前面用黑圆点标示），不必逐年记述。大事年表应简明扼要，每条以 20 ～ 50 字为度。一般学科卷以 1 万～ 2 万字为宜（按 150 万字标准卷计算）。”

《精粹本》是一卷本，1700 万字，“大事年表”共 2639 条，平均每万字 1.55 条。《中国大百科全书》（以下简称《全书》）第二版计划 30 卷，5000 万字，建议“大事年表”收 5000 ～ 6000 条，平均每万字 1 ～ 1.2 条。每条字数以 30 字（按《精粹本》1 行计）至 120 字（4 行）为度。加权平均以 60 字计（即 1 行占 30%，2 行占 50%，3 行占 10%，4 行占 10%），则

5000～6000条 × 60字＝30万～36万字

有的记事只有几个字，如“西班牙内战”，加上“1936～1939年”，仍需占 1 行。

三、比例

主要是三种比例：古今比例、中外比例、文理比例。诚然，三种比例之间存在错综关系。

古今比例。古今如何划出界限，是争论不休、难有定论的问题。姑且以从远古到 19 世纪末为“古”，以后为“今”，无非是便于规划。

《精粹本》大事年表共计 2639 条，其中从远古至 19 世纪末为 1422 条，占 53.9%。20 世纪（到 2001 年为止）为 1145 条，占 46.1%。

应该厚今而不薄古。但是“今”也不能过“厚”，毕竟只有一个世纪。建议“古”（到 19 世纪末），占 60% ～ 65%，“今”占 35% ～ 40%，按这个大致的尺度掌握。

中外比例。《精粹本》年表共计 2639 条，其中中国内容为 888 条，占 33.6%，外国的为 1751 条，占 66.4%。这是比例失衡，中国内容比重偏低。

中国大百科全书出版社首任总编辑姜椿芳先生说：“《中国大百科全书》是世界内容的百科全书，即所谓国际性的百科全书。各国同类的百科全书都以介绍本国的科学、文化和各方面的情况为主，《中国大百科全书》也不例外……”（姜椿芳：《从类书到百科全书》，中国书籍出版社 1990 年版第 42 页）第二任总编辑梅益先生在《中国大百科全书》出齐作总结时把“侧重中国”列为《全书》的“五项基本要求”之一。他说：“《全书》有 8 卷分别介绍中国的历史、地理、文学、戏曲和传统医学，与此相对应，还有 5 卷专门介绍外国的文学、历史和地理。其他各卷，中外比例不尽相同，但有关我国的内容都占较大比重……”（《梅益论百科全书》，中国大百科全书出版社 1996 年版第 12 页）两位总编辑“侧重中国”的主张和实践是一致的。条目正文内容是这样，大事年表也应该是这样。

建议《全书》二版“大事年表”中国内容（包括中外关系）的条数

占 50% ～ 55%，外国的（包括联合国等国际机构的活动不直接涉及中国的），占 45% ～ 50%。

《精粹本》大事年表中某些时段中外比例严重失调，例如 19 世纪，共记事 450 条，中国内容 61 条，占 13.6%，外国内容 389 条，占 86.4%。19 世纪是中国由封建社会进入半封建半殖民地社会时期，外侮频仍，局势动荡，变革迭起，许多大事失记。例如，英占香港、九龙，德占胶州湾，俄占大连湾，法占广州湾，日占台湾，俄占东北大片土地（这些都是国耻）等未记，捻军活动，左宗棠收回新疆等也未记。20 世纪上半叶，也有许多大事失记。例如，1916 年孙中山在广州任军政府陆海军大元帅，1921 年任非常大总统，1916 年中国参加第一次世界大战，1937 年平津沦陷，上海沦陷，迁都重庆，次年武汉、广州沦陷，1941 年香港沦陷，都没有记载。还有文学团体如文学研究会、创造社、左联的成立也未记载。诸如此类，不胜枚举。

文理比例。这里所说的“文理”，大致相当高等院校招生的文理划分。“文”包括哲学、人文科学、社会科学（含历史）、文化教育、文学艺术等内容；“理”包括自然科学、工程技术等方面的内容。当然这只是大致的划分。《精粹本》所记大事，属于“文”的 1873 条，占 70.97%，属于“理”的 776 条，占 29.03%，这个比例大致可以。二版“大事年表”文理比例可以控制在“文”占 67% ～ 70%，“理”占 30% ～ 33% 的范围内。

至于下一层次的比例，难以作出规定。但在编写中要注意，例如，理（狭义的）工平衡，数理（更狭义的）化平衡，既不能顾此失彼，又不能强求平均。

四、选条

这是一项难度很高的工作。要站在历史的高度，有宏观的视野，作认真的权衡，选取具有世界意义和全国意义的事件。要注意选取生产工具和生产技术的重大改进。例如火药的发明，是中国四大发明之一，很难系年，仍需记载。据《化工》卷“火炸药工业发展史”条记载为3～9世纪。可惜《精粹本》失记。

凡是例行会议无重要内容可以不选，例如人大、政协会议年年开，有的可以不写。（王昕若先生建议）

农民起义不是具有一省或数省规模的不列条。有的属于“起义”，有的属于“起事”，要加区别。

外国事件具有重大全国（本国）意义的或是具有世界意义的方可入选。国家的独立，国家的兴亡分合，都要记载。例如19世纪第一个四分之一世纪，南美洲的委内瑞拉、哥伦比亚、海地、厄瓜多尔、阿根廷、巴拉圭、乌拉圭、玻利维亚等国先后摆脱西班牙殖民统治，宣告独立，要一国一国做记载。第二次世界大战后，亚洲的越南、老挝、印尼、菲律宾、印度、巴基斯坦、缅甸等国纷纷独立，非洲的利比亚、苏丹、摩洛哥、突尼斯、加纳、几内亚、喀麦隆、塞内加尔等国纷纷独立，也要一国一国记载。1990年苏联解体，各加盟共和国宣告独立，南斯拉夫联邦碎裂，每个国家都要有记载。如立陶宛1940年并入苏联，1990年独立，要分别列条。

《精粹本》对南美各国独立，只有“1806～1826年发生西班牙美洲独立战争”一条；对东南亚各国独立极少记载；非洲在二战后至1980年，有40余国独立，只记一条：“1960年非洲喀麦隆、刚果（利）（今扎伊尔）、乍得、中非、刚果、尼日利亚、毛里塔尼亚等国获得独立，史称非洲独立年”。二版要一个一个国家补上。

二版大事年表如以《精粹本》为基础，修订增补工作任务很大。

五、系年

系年就是“大事”的“事”如何挂到“年表”的“年”上去。这里说的“年”是广义的，上到“亿年”“世纪”，下至“月”“日”。

1. 不要把传说同真实的历史相混。例如《精粹本》年表：

公元前 26 世纪　·中国史官沮诵、仓颉造文字

“沮诵”，《辞源》《辞海》均未收。不知为何许人也。“仓颉”，《辞源》《辞海》都说是传说中人物；何况，文字不可能是一二人所能创造的。范文澜《中国通史简编》第一卷，列有“夏朝传说”“商朝事迹”两条标题。一为“传说”，一为“事迹”，界限分明，值得学习。

《精粹本》年表中关于尧、禹之事，都作信史记载，要重新考虑。同仓颉造字一样，要有“传说”字样。

2. 时代不能颠倒。例如《精粹本》年表记述：

200 年　·中国三国时代曹操大破袁绍于官渡（见**官渡之战**）

208 年　·中国东汉末孙权、刘备……在赤壁击败曹操

前一条用“三国时代”，后一条用“东汉末”，三国在前，东汉在后，是这样吗？又如：

220 年　·中国东汉末曹丕称帝，国号魏，建都洛阳。汉亡

235 年　·中国东汉末马钧作司南车

既然“220 年”“汉亡”，“235 年”还是“东汉末”，说得通吗？汉既亡，焉能再现东汉？同书“马钧”条定性语是：“中国三国时代机械制造家。”年表跟正文岂不相悖？

3. 重大事件要记出月日（不是指无法查的）。例如：

1945 年　·8 月 28 日，中国毛泽东抵重庆，与蒋介石会谈
·10 月 25 日，日本台湾总督签署投降书，台湾、澎湖列岛重入中国版图
·苏军攻克柏林，德国无条件投降
·美国先后向日本广岛、长崎投掷原子弹
·苏联对日宣战
·日本无条件投降……

这种记述方式，给读者造成很大错觉。以为毛泽东到重庆时，苏军还未攻克柏林；日本台湾总督先投降，日本后投降。攻克柏林，德国投降，美国投原子弹，苏联对日宣战，日本投降，都是了不得的世界大事，不能只记年，不记月日。中国大百科全书总编委会主任胡乔木先生对百科释文记事有如下要求："事物的发生时间和事实要写清楚，能写出年代要写年代，能写出年月要写年月，尽量不要含混和不确定……"（转引自《人民日报》1993年11月10日）

4. 慎言"最早"。例如：

公元前776年 ·中国史载"十月之交"，"日有食之"，为世界上最早的日蚀记录

这个记录，在中国也不是"最早"。一版《天文学》卷"日食"条说：中国日食记录，"最早的一次是《尚书·胤征》记载的'乃季秋月朔，辰弗集于房……'古今中外的学者们对这次日食的具体年份推断不一致，有的推算在公元前2165年，有的推算在公元前1948年，但一般都认为这是世界最早的日食记录"。可见，即使按公元前1948年算，也比《精粹本》所记的早1100多年。此外，《精粹本》所记还有可议之处是：a）"十月之交"句出自《诗经》，不宜用"史载"，一般读者未必有"六经皆史"的观念；b）"十月之交"和"日有食之"之间有"朔日辛卯"句，是表示日期的，不宜略去；c）"日蚀"宜用"日食"。

5. 人物如何系年，要有统一体例。有的人物记载有生卒年，如"1814～1875年法国画家J.-F.米勒在世"；有的只说卒年，如"1832年中国汉学家王念孙卒"。应该有统一的体例。

6. 评论语不能系年。例如"1936年日本法西斯专政建立"。这只是一种评论语，并无具体事件作为标志，如果有，要写明，否则此条似可删去。

六、平衡

编写大事年表，从宏观到微观，事事处处要注意平衡。上面谈到“古今比例”“中外比例”“文理比例”是宏观上的平衡。下面说说其他方面的一些平衡。

1. 选事平衡。①不能选小失大。例如记了北京荣宝斋（1672）的开张，却不记北京大学、清华大学的成立，孰轻孰重，不必赘言。记了 1945 年 10 月 25 日台湾日本总督的投降，未记范围更大的 1945 年 9 月 9 日中国战区日寇在南京的投降（冈村宁次向何应钦），同年 9 月 2 日日寇向同盟国投降（在密苏里舰上，重光葵向麦克阿瑟）。②不能顾此失彼。例如记了书法家颜真卿卒年（785）、柳公权卒年（865），漏了书圣王羲之。记了史学家章学诚的卒年（1801），未记声望相当的同时代的钱大昕（1728 ～ 1804）、赵翼（1727 ～ 1814，一版《中国文学》收，《中国历史》未收）。记了空想社会主义者欧文、傅立叶、圣西门，不记空想社会主义的开山祖师托马斯 • 莫尔（著《乌托邦》）。记了老舍、茅盾，恐怕不能不记胡适；记了陈独秀，恐怕不能不记蔡元培。记了 1885 年台湾建省，失记 1884 年新疆建省。③前后不照应。如记 1946 年“蒋介石撕毁停战协定”，而不记 1946 年 1 月签订停战协定，既无前言，何来后语？甚至 1946 年 1 月举行的政治协商会议这样当时的头等大事也未记。说有容易说漏难，补漏极不容易。

2. 篇幅平衡。如同百科条目有长短一样，记大事也要注意这一点。例如“1771 ～ 1858 年英国空想社会主义者欧文在世……”记了 6 行，而恩格斯条只有 1 行：“1820 ～ 1895 年德国 F. 恩格斯在世”，连个头衔（如“无产阶级革命导师”）也没有。

3. 用语平衡。例如：

1694 ～ 1778 年　· 法国资产阶级启蒙思想家伏尔泰在世

1712 ～ 1778 年　· 法国资产阶级启蒙思想家 J.J. 卢梭在世

1713～1784年　·法国启蒙思想家狄德罗在世

同样是“启蒙思想家”，有的加“资产阶级”，有的不加，提法不一样。我赞成左步青先生的倡议，少贴阶级标签（《探讨》2000年第5～6期第5页），前两则可删“资产阶级”。又如：

20世纪30年代　·资产阶级宏观经济学和微观经济学逐步形成

不知有没有无产阶级的宏观经济学和微观经济学？如果没有，此条似应删去“资产阶级”。再如：

1924年　·中国第一个纯碱厂在塘沽建成投产

1926年　·中国最大的私营航运企业民生轮船公司在四川合江成立

后者有“民生轮船公司”，前者应补“永利制碱公司”。即使给这两条分别加上创办者的名字范旭东、卢作孚也无不可，他们是毛泽东主席赞扬过的四位对中国民族工业发展有贡献人物中的两位（另两位是张之洞和张謇，年表中都已经提到）。永利制碱公司建于1917年（《化工》卷），宜记建立之年；民生公司创于1925年（《中国历史》卷，《中华民国史辞典》），而不是1926年。又民生轮船公司创办时不大，后来才发展成为长江最大的民营航运企业。

4. 要全面考虑，不要受资料左右。我在编一版读稿时，看到这样的情况：撰稿人通晓法语的，法国的事讲得多；撰稿人通晓俄语的，俄国和苏联的事讲得多。编写大事年表的外国部分，要避免上述情况。

七、体例

1. 以编年体为主，纪事本末体为辅。例如：

1948年　·9月12日，中国东北野战军发起辽沈战役

1948年　·11月6日，中国华东、中原野战军发起淮海战役

这两条都是有头无尾，有始无终的，应该把结束的时间（分别为1948年11月2日，1949年1月10日）一起写，因为前后不过两三个月。

2. 记事一般不加评论，不作引申。年表记事，力求述而不作，不要贸加评论。例如：

1999年 ·4月23～25日，北约19国首脑庆祝《北大西洋公约》签署50周年。会议正式通过《联盟战略概念》表明，北约已由防御性军事联盟变为具有“干预性”和“扩张性”的政治军事集团

此条评论可删去，如果需要，可写入条目，不宜写进大事年表。评论可能录自新华社的说法。新华社在20世纪50年代一直说“北约”是侵略性的，早已超出“干涉性”“扩张性”，现在说它当初是防御性的。这种评说因时而异，似乎没有个准。其实任何军事集团都标榜防御性，实质上都很难说没有扩张性，只不过限于自身力量，或者受外部条件制约，未能如愿罢了。又如：

公元前2371～前2230年 ·古代两河流域阿卡德王国时期。国王萨尔贡统一两河流域南部，向君主专制过渡

上例“向君主专制过渡”，可删去。国王都有了，表示君主制已经建立，已经完成“过渡”，不是“向……过渡”。又，按“阿卡德王国”条，在“公元前2371年”之前有“约”字。年表去“约”，不严肃。

3. 客观表述，不用敬称。例如：

1998年 ·6月25日～7月3日，美国总统克林顿对中国进行国事访问。与江泽民主席就重大的国际和地区问题达成广泛的共识

前面用“美国总统克林顿”，后面就要用“中国国家主席江泽民”，两者对等。“江泽民主席”姓名在前，职衔在后，是敬称，百科全书要求客观性，不宜使用。条目释文如此，大事年表也如此。“先生”“老

一辈”这类敬称，都是百科禁语，不宜用。引文则照录。

4. 记事提法，要以《全书》正文为准，不另起炉灶。例如：

约公元前 23 世纪　· 中国尧命羲、和观测天象，制定历法，以 366 日为一年，置闰月以正四时

一版《天文学》卷“羲和”条，释文以《史记·历书》“黄帝考定星历”为依据，定性语为“传说中中国古代掌管天文历法的人。相传是黄帝时代的史官”。这就同上述记述有三点不同，一为“黄帝的史官”，而不是“尧”的官；二为“相传”，并未标明；三为“羲和”是一个人，而非“羲、和”两个人。尽管“羲和”条也提到有“羲和”是两个人、四个人、两家族诸异说。年表应以条目释文为准，有异说的，仍以主说记事。又如：

1947 年　· 5 月，中国华东野战军在孟良崮战役中全歼敌主力之首整编 74 师

按：“孟良崮战役”条释文说“整编 74 师”是“五大主力”之一，而不是“主力之首”。

5. 用语要斟酌。例如：

1936 ～ 1939 年　· 西班牙内战发生

“发生”为时点用语，同前面的“1936 ～ 1939 年”时段用语不配合，“发生”宜删。这种情况很多，仅举一例而已。

1982 年　· 11 月 26 日～ 12 月 10 日，中国五届人大五次会议举行……

1999 年　· 3 月 5 日～ 15 日，第九届全国人民代表大会第二次会议在北京召开……

两条一用简称，一用全称（缺“中国”字样），似可用简称。一用“召开”，一用“举行”，以用“举行”为好，因“召开”还有“召集开会”之意。又如：

1998 年　· 5 月 14 ～ 16 日，中共中央、国务院召开国有企

业下岗职工基本生活保障和再就业工作会议。江泽民在会上作重要讲话，提出……

上例“重要讲话”是当下的报纸语言，可删去“重要”。马克思的话不是不重要，通常也只是说“马克思说”。胡乔木先生说，“不要使用宣传性、颂扬性的词语，要用客观陈述的方法，以保持释文的客观性和稳定性。”（转引自《人民日报》1993 年 11 月 10 日）

6. 已经标示年代，有的可不再加“古代”。同样是公元前第 3 千纪至第 2 千纪的事，外国为“古代印度”“古代埃及”“古希腊”“古代两河流域”，而中国概不加“古”“古代”字样。愚见是：a）“古”和“古代”统一用“古”；b）“两河流域”是自然地理用语，可不加“古”。

八、其他

1. 重点必须抓住。例如：

1915 年 ·12 月 12 日，袁世凯复辟帝制

此条宜改为“袁世凯称帝，改‘中华民国’为‘中华帝国’”，因为事关国体、国名的变更，须记载。

1861 年 ·中国慈禧太后发动政变，杀肃顺，载垣、端华自尽；改元同治，两太后垂帘听政（见辛酉政变）

上例开头宜有“咸丰帝奕詝卒，子载淳继位”字样，表示政变的背景。《中国历史》卷的“大事年表”即言及此。并且应加“年号祺祥”，以便同后文“改元同治”相呼应。又如：

1846 年 ·德国伽勒发现海王星

海王星的发现者首功归于法国勒威耶，是他根据天体引力计算出它的位置。恩格斯称赞他在笔尖下发现海王星。一版《天文学》卷“大事年表”写作：“德国的伽勒根据法国勒威耶的理论计算发现海王星……”《天文学》卷伽勒未设条，勒威耶设条，从中也可看出孰轻孰重。

2. 详简务求得宜。一种是失之于简。例如：

1989 年　· 东欧政治剧变

东欧剧变可记之事很多，如两德合并，东欧诸国政治制度变革，不宜过简。

另一种是失之于繁。例如：

2000 年　· 2 月 15 日，江西省南昌市中级人民法院以受贿罪、行贿罪、巨额财产来源不明罪，一审判处原江西省副省长胡长青死刑。剥夺政治权利终身，并没收财产，追缴非法所得 161.77 万元。3 月 8 日，最高人民法院核准江西省高级人民法院的终审裁定，胡长青被执行死刑。

这一条超过 120 字，比记孔子条还长。用许多字说明审判程序和判决内容，在大事年表里，显得无甚必要。似可简化成为："大贪污犯、原江西省副省长胡长青被判处死刑，×× 日执行。"用"被"字可省去行为主体、审判程序；光提判处死刑就够了，剥夺政治权利、没收财产等在法律上属于"附加刑"（又称"从刑"）。加"×× 日执行"，用以区别"缓期执行"。

3. 要持民族立场。例如：

1932 年　· 1 月 28 日，中国发生一 · 二八事变

此条写法不妥，不说性质，没有地点，有点日本教科书的味道。宜改为："……日军侵犯中国上海，一 • 二八事变发生"。

4. 地名需要核实。例如：

约 100 年　· 基督教音乐在中亚兴起，先后确立亚美尼亚圣咏，叙利亚圣咏

亚美尼亚在南高加索，叙利亚在西亚（或中东）都不在"中亚"。似误。"确立……圣咏"，也不搭配。又此则记事，查一版《宗教》《音乐》卷，均未查到，似可删。

5. 未能与时俱进。例如：

约公元前 21 ～前 16 世纪　·中国夏朝

约公元前 16 ～前 11 世纪　·中国商朝

夏商周断代工程阶段性成果在《精粹本》启动之前的 2000 年 10 月就已公布：夏朝起止时间为“公元前 2070 年～前 1600 年”，商朝为“公元前 1600 年～前 1046 年”，周朝始于前 1046 年。《精粹本》“夏商周断代工程”条已有释文，可惜年表未予采用。

6. 文字需要推敲。在这方面问题颇多，上面已经提到一些，下面再举一些例子讨论。

约公元前 5000 ～前 4000 年　·古代埃及出现以太阳和月亮为规律的日历……

上例的“规律”前缺个动词，似可改为：“古埃及出现以日月运行规律为依据的日历……”

公元前 213 年　·中国秦始皇采用李斯建议下令焚书（见焚书坑儒），次年坑杀方士、儒生

上例的“（见焚书坑儒）”应移至句末。此条似可简化成为：“中国秦始皇焚书坑儒”，系年则改为“公元前 213 年～前 212 年”。

公元前 26 世纪　·古埃及著名的狮身人面像落成

上例中的“著名的”为赘语，宜删；“落成”宜改为“竣工”。

公元前 25 ～前 23 世纪　·古代两河流域古巴比伦发明在陶片上刻画地图……

公元前 18 世纪　·古巴比伦出现农人历书……

上面两例都讲“巴比伦”，前者冠“古代两河流域”，后者未冠，前者可删去。又，巴比伦不像希腊，有古今之别，巴比伦之前的“古”似可删。不过有“古巴比伦王国”“新巴比伦王国”之分，只有谈到“王国”，才需加“古”“新”。

7. 用心搜集资料。掌握充分的资料，是编好年表的前提。笔者有

如下建议：

①先将《全书》一版 60 多个学科卷（加上《世界经济百科全书》）的大事年表搜集在一起，用电脑按时间先后排成总表，作为编写大事年表的基础。

②从一版未编大事年表的《外国文学》《政治学》《教育》《语言文字》《哲学》等学科卷中撷取资料。

③从二版新收条目和原有条目新增释文中撷取资料。

④从我社在《全书》一版出齐后编辑出版的专业百科全书（如计量百科，戏曲百科）和地方百科全书（如澳门百科）中撷取资料。

⑤其他。

2002 年 7 月 21 日初稿，2002 年 9 月 30 日修改

（原载《探讨》2003 年第 1 期）

年号应从实书
——《二版怎样表达纪年之我见》读后

《探讨》1998 年第 2 期刊出楼遂女士写的《二版怎样表达纪年之我见》一文（以下简称“楼文”）很有见解。她的结论是：“中国历史上怎样记，我们的百科全书二版就怎样上书，按体例括注相应的公元年份。”我完全同意。按照楼文归纳的第一种意见，要把一版中的中国历史上王朝纪年改成公元纪年难以办到，就是按第二种意见把鸦片战争至辛亥革命（1840 ～ 1911）期间的王朝纪年改成公元纪年，恐怕也会是举步维艰。这两点意见都很正确。本文讨论 1840 ～ 1911 年期间改动一版的纪年问题，为楼文补充一些理由。

一、鸦片战争至辛亥革命期间的事件改用公元纪年表达，窒碍殊多

《〈中国大百科全书〉（第二版）编写体例（草案）》有下述规定：

> 鸦片战争以后至辛亥革命（1911），一般用公元纪年，可以不括注清王朝纪年，但在叙述重大历史事件时，为了使读者了解历史背景，可括注清王朝纪年。

这一规定有待商榷。楼文用“黄遵宪”条的实例，实际上是对上述规定中的“一般用公元纪年”的说法持有异议。

“一般”者，就是占优势地位者。如果执行“一般”，势必要把一版原来记述这个历史时期的事件所用的王朝纪年，即使不是全部，至少也是大部，改成公元纪年。这样做，窒碍殊多。

现举《军事》卷清末四大重臣曾国藩、左宗棠、胡林翼、李鸿章的条目为例。“曾国藩”条约1000字，用道光、咸丰、同治3个年号（按一版体例，第一次出现“道光 × 年”，加括注公元年份，下同）共12处；“左宗棠”条约600字，用道光、咸丰、同治、光绪4个年号共12处；“胡林翼”条约500字，用道光、咸丰2个年号共7处；“李鸿章”条800字，用道光、咸丰、同治、光绪4个年号共11处。4条字数共约3000字，共出现王朝纪年42处。文中提到的年代都在鸦片战争以后，辛亥革命以前。

历史学家陈垣在《拟编〈中西回三历岁首表〉意见书》中说过：

> 民国纪元以前，中西历法不同，西历岁首，恒在中历岁暮，少者差二十余日，多者差五十余日。今普通史学年表，多只为中西年之比照，而月、日阙焉。据此纪年，中西历恒有一岁之差异。

如果把曾、左、胡、李4条中所用的王朝纪年改成公元纪年，那就得先把这些王朝纪年所记事件发生的“月”弄清楚，如果是在一月至十月的，还可简单地将王朝纪年的“年”改为相应的公历的“年”。如果是在十一月至十二月的，必须把“日”弄清楚，才能按有关工具书确定是公元的当年，还是下一年。要做到这一点，可不是一件简单的事。处理3000字的稿子，查明42处王朝纪年的月和日（且不说还有别的问题要处理），这是何等麻烦的任务！

也许认为曾、左、胡、李在《中国历史》卷都立有条目，《军事》卷的这些条目要合并，到时候要弄清王朝纪年所记事件的月、日只有一部分。确实如此。以个人所见到的情况，一版还有许多卷所记事件，也是用王朝纪年来记事的。例如《中国文学》卷，“李慈铭”条出现王朝纪年5处，“陈三立”条出现3处，“黄遵宪”条除了楼文提到的一处外，还有11处，把这些王朝纪年改成公元也是颇费工夫的。解决这个问题需要3个条件：一是编辑有相应的学识（尤其是文献检索知识），二是要有资料（本社藏书显然不够，例如传世的曾国藩年谱有8种，我社一种未备），三是要有充分的时间。

再举纯事件条目为例。《教育》卷“癸卯学制”条释文说：

> 1903年（光绪二十九年）7月清政府命张百熙、荣禄、张之洞以日本学制为蓝本，重新拟订学堂章程，于1904年1月公布，即《奏定学堂章程》，是年为旧历癸卯年，故称癸卯学制。

文中的“是年”有歧义，承上文是指1903年，还是1904年？严格的表达方式是：“光绪二十九年为癸卯年，故称‘癸卯学制’。”如果以当时行用的传统历法为主，加注公元，就可以避免歧解，节省篇幅。又，“荣禄”应作“荣庆”。

二、“全篇体例应相对统一”原则难以贯彻

鸦片战争至辛亥革命这段时间的事件如果改用公元记述，还应考虑到下述问题。

1. 难以“局部统一”。国家标准《出版物上数字用法的规定》4.2规定“全篇体例应相对统一”。这是关于出版物数字的规定。我想，这个原则在纪年问题上也是要贯彻的。其实，一版早有“局部统一”的体例约定，上述标准也是参考了我社的经验，用文字肯定下来的。

以清代数学家李善兰的条目为例。《天文学》卷“李善兰”条释文说：

> 嘉庆十五年十二月二十八日（公元1811年1月22日）生于浙江海宁县……光绪八年十月二十九日（公元1882年12月9日）卒于北京。

李氏生年在鸦片战争前，卒年在鸦片战争后，生年和卒年似乎不能采取两种表达方式。如果以鸦片战争的发生年——1840年划线，采取两种表达方式，就难以做到“全篇体例应相对统一”了。

上文提到的人物条目，例如，“黄遵宪”条释文中提到王朝纪年共

有12处，如果都能考证出确切的公元纪年当然很好，如果有一处或几处未能考证出来，那怎么办？难道能在一个条目中有的地方用王朝纪年，有的地方用公元纪年？“全篇体例应相对统一”的原则，又如何贯彻？

2. 应当符合语境。写文章要照顾语境，用纪年也不例外。《中国文学》卷“李慈铭”条释文说：

> 同治九年（1870），41岁始中举。光绪六年（1880），51岁始中进士。

“同治九年”和“中举”，“光绪六年”和“中进士”是相匹配的。按照清朝的科举制度，各省乡试考举人，照例在秋季举行，称为“秋闱”；会试考贡士和殿试考进士，照例在春季举行，称为“春闱”，王朝纪年换为公元纪年不会有岁尾年头的“年差”问题。上面这句话换为公元纪年则成为：

> 1870年（同治九年），41岁始中举。1880年（光绪六年），51岁始中进士。

虽然转换纪年方式顺利，但却给人以一种不协调之感，如同“甲子年得博士学位”，把“康熙元年”写成“康熙1年”一样。

三、胡绳的《从鸦片战争到五四运动》也用王朝纪年

鸦片战争至辛亥革命这段历史用王朝纪年括注公元纪年的表达方式在当代史学著作中也不乏例子。历史学家、中国社会科学院前院长胡绳的《从鸦片战争到五四运动》（人民出版社1981年版）一书就是这样表述的。试抄两例：

> 曾国藩（1811～1872），出身于从富农而成为地主的家庭，道光十八年（1838）考中进士，以后做了十多年的京官，升任到

礼部侍郎兼兵部侍郎。咸丰二年（1852）因为母亲病死回到湖南湘乡家中。（第117页）

光绪二十三年（1897）在湖南建立的由谭嗣同、唐才常等领导的南学会，是积极从事政治活动的一个组织。（第514页）

可见，上面援引过《军事》《中国文学》这些卷关于1840～1911年纪年的表达方式同胡绳这位史学界权威人士的著作的表达方式并无二致。

四、顾炎武说：年号应从实书

明末清初的大学问家顾炎武在《日知录》中说："年号应从实书"（《日知录集释》，岳麓书社1996年版第713页）。我对这句话的理解是，年号应当以当时当地政府颁行的历法为准（昙花一现的政权不在其例，伪满洲国康德年号不能用）。

在西方，公元前46年古罗马统治者凯撒制定儒略历，因为历年平均长度为365.25日，比回归年长度365.2422日长0.0078日，到1582年教皇格雷果里十三世改历的时候，累计相差已约10天，春分日已在3月31日。格雷果里十三世把儒略历1582年10月4日（星期四）的下一天定为格雷果里历10月15日（星期五），中间跳过10天，使春分日回到3月21日。格雷果里历年平均长度为365.2425日，接近回归年长度（以上参见一版《天文学》卷"公历"条）。它公布后，各国开始行用的时间并不相同，天主教国家最早，新教国家居次，东正教国家较晚。中国是在1912年（民国元年）孙中山宣布用公历的。到20世纪，世界大多数国家已行用格雷果里历，所以得名"公历"。

1912年1月1日中华民国临时政府成立，临时大总统孙中山于次日发出通电：

各省都督鉴：中华民国改用阳历，以黄帝纪元四千六百零九年十一月十三日为中华民国元年元旦，经由各省代表团决议，由本总统颁行，订于阳历正月十五日补祝新年，请布告。孙文（一月二日）

电文转引自《历法漫谈》（陕西科学技术出版社 1984 年版第 87 页）。电文中的黄帝纪元 4609 年是辛亥革命时期孙中山创办的《民报》所用的年号，为大多数革命党人所接受。当时革命派报刊所用的黄帝纪元并不一致。如对辛亥年（公元 1911 年 1 月 30 日至 1912 年 2 月 12 日），《黄帝魂》为黄帝纪元 4622 年，《江苏》等报刊为黄帝纪元 4402 年。以孙中山为首的革命党人所办的报刊以推翻清王朝为宗旨，当然不用清王朝纪年，而用黄帝纪元，以表明立场。

西方国家开始行用“格雷果里历”时间有先后，在百科全书释文中应该注意这一点。英国大科学家 I. 牛顿的出生日，按儒略历是 1642 年 12 月 25 日，按格雷果里历（即今天的“公历”，相对于儒略历称“新历”）是 1643 年 1 月 4 日。英国是 1752 年 9 月 14 日开始行用格雷果里历的，在牛顿出生时，还行用儒略历。因此，牛顿出生年月日的表达方式应该以儒略历为主，括注公历：“生于儒略历 1642 年 12 月 25 日（公元 1643 年 1 月 4 日）。”

主张中国的王朝纪年改用公元纪年，或者将从鸦片战争至辛亥革命这个历史时期的纪事改用公元纪年，都是一种理想的要求，只是施行起来会遇到许多实际困难。例如，楼文提到的黄遵宪，据《中国历代人物年谱考录》（中华书局 1992 年版）所录，有 6 种黄氏年谱，我社图书馆均未收藏，编辑者怎能改黄氏条目释文中的王朝纪年为公元纪年？如果几种年谱中的说法互有出入，又将如何处理？而《全书》岂止一个黄遵宪，又岂止人物条目！

我的具体建议是：《〈中国大百科全书〉（二版）编写体例（草案）》上述规定宜作修改，至少，《中国历史》卷关于 1840 ～ 1911 年用公元纪年的表达方式不宜推广到其他学科。如果要推广，应先搞试点，不妨以“黄遵宪”条或别的条目做实验，把释文中的全部王朝纪年准确地改为公元纪年，看看有多大的工作量，也要估量一下有多大的效益，也就是计算一下“投入”和“产出”。

（原载《探讨》1998 年第 3 期）

《中国大百科全书（精粹本）》体例之失
——关于人物条目把生卒地写进条头括号的问题

中国大百科全书出版社 2002 年出版的《中国大百科全书（精粹本）》（以下简称《精粹本》）在体例上有一项跟我社以往出版的综合性百科全书（如《中国大百科全书》第一版 74 卷本、《中国大百科全书（简明版）》）不同之处，就是人物条目把人物的生卒地写进条头括号中，分别置于生卒时间之后。此举并非创造，而是仿效《不列颠百科全书》（以下简称《不列颠》）。《不列颠》是一部历史悠久、饮誉全球的百科全书，值得借鉴的地方很多，不过在这一点上，中国的百科全书人物条目不应该学，学不起也学不了。

应该尊重中国重视乡贯的传统

为什么说不应该学，因为中西文化背景不同。

《〈中国大百科全书〉编辑方针》第 3 条规定："《全书》要有中国的特点和风格，重视对我国历史文化遗产、科学技术成就和多方面情况的介绍。"关于中国特点，我社两任主持第一版的总编辑姜椿芳先生、梅益先生都作过论述。

就人而言，中国人重视乡贯，西方人重视出生地。中国的史书，从《史记》开始，人物传记大多只写籍贯（以"××××人也"形式表达），很少写生卒地。例如《史记·淮阴侯列传》："淮阴侯韩信者，淮阴人也。"（《史记》，中华书局点校本第 2609 页）《史记·司马相如列传》："司马相如者，蜀郡成都人也。"（同上书，第 2999 页）

近日看了我社人事处的两种表格。一种是“职工简历表”，有“籍贯”栏，无“出生地”栏；另一种是“干部履历表”（中共中央组织部1999年制），既有“籍贯”栏，也有“出生地”栏。近月因为申请出国探亲，从美国大使馆领来“非移民签证申请表”，表中只有“出生地”栏，而无“籍贯”栏。从上述三个“表”中明显看出中西文化风俗上、价值取向方面的差异。

20世纪初年，商务印书馆出版中国第一部中小学德育教科书——《最新修身教科书》，署名是“浙江山阴蔡元培、福建长乐高凤谦、浙江海盐张元济修订”。其中的张元济曾任商务印书馆编译所长、董事长，原籍浙江海盐，“生于广州”（《张元济年谱》，商务印书馆1990年版第5页），可见署名不冠出生地，只冠籍贯。

这是百年旧事，但是乡贯情结至今依然。

我社老编审张遵修女士，籍贯河北南皮。她告诉过我，生于天津。《中国出版人名词典》（中国书籍出版社1989年版）“张遵修”条书“河北南皮人”，未见出生地。另一位老编审胡人瑞先生，籍贯浙江桐乡。他告诉过我，生于重庆，故乡从未去过。《中国出版人名词典》“胡人瑞”条书“浙江桐乡人”，也未提出生地。

中共中央胡锦涛总书记，报纸公布他是“安徽绩溪人”。从有关资料得知，他生于江苏泰州，他家迁居泰州已有五六代之久。新华社多次公布的简历，都未提到他的出生地。

中国人重视乡贯是一种民族心理，一种文化积淀。编纂有中国特色的百科全书应该尊重这种文化传统，没有必要轻率地去否定，换个新花样，何况这种重乡贯的文化传统并不妨碍中国实现现代化。当然释文中籍贯之外加上出生地也是可以的，第一版就是这样做的。例如《力学》卷“钱学森”条释文中有“祖籍浙江杭州”“生于上海”字样。

把生卒地写进条头，我们学不了

《精粹本》把人物条目的人物生卒年作为一种体例，写进条头的括号内，就成为非有不可的信息。既然将生卒地放在条头括号内，置于跟生卒时间同等的地位，编纂者就要像对待生卒时间那样，严肃地对待生卒地点。人物的生卒年查不到，考不出，释文内要说明“生卒年不详”，“生活在 ×× 年间”，对生卒年有疑要加“？”，加“约”“后”字样，等等，很少有缺项的。人物有籍贯，但不知道是不是等于出生地，怎么办呢？既不敢随便地把籍贯当出生地写进条头括号，又不便说“出生地不详”，这不是使编纂者为难吗？

为什么说学不了呢？我们重乡贯的文化传统决定了我们关于人物生卒地的资料积累不多。百科全书的编纂是“述而不作”，爱因斯坦提出相对论之前，百科全书就没有“相对论”条。文献上没有积累起立条人物生卒地足够的资料，编纂者也就无法贯彻关于把生卒地写进条目括号的体例要求。无米之炊，巧妇难为；少米之炊，难以果腹。

笔者抽查了《中国大百科全书·中国文学》卷张姓条目，共 42 人。其中现代作家两人——张恨水和张天翼，释文有出生地的也只有他们两人。张恨水“祖籍安徽潜山”“出生于江西”；张天翼“出生于江苏南京”“祖籍湖南湘乡”。其余 40 位文学家都有籍贯，有两种表述方式。一种如张衡，释文为“南阳西鄂（今河南南阳）人”；一种如张籍，释文为“原籍苏州（今属江苏）”“迁居和州乌江（今安徽和县乌江镇）”。“×××× 人”，其含义可以是籍贯，也可以是出生地。在交通不便、人口很少流动的古代，籍贯往往就是出生地，但不能臆断为出生地。要查明或考定这 40 位只有籍贯的文学家的出生地恐非易事。此项体例制定者如果有兴趣不妨试试，查明（前人已经考定的）或考定（前人从未考定的）这 40 位文学家的生卒地需要多少个工作日？查考出一半又需要多少时间？我们学得起吗？说实话，能查考出半数，我就甘拜下风！

体例是否妥当，请看实践结果

一项体例规定得是否得当，要经过实践的检验。下面是《精粹本》中国张姓人物条目这项体例实践情况的统计。

表1 《精粹本》中国张姓人物条头生卒地统计

序号	项　　目	人数	比重
1	已故人物有生卒地的	22	14.0%
2	已故人物有出生地的	2	1.3%
3	已故人物有死亡地的	12	7.6%
4	已故人物无生卒地的	93	59.2%
5	已故人物小计	129	82.2%
6	在世人物有出生地的	15	9.6%
7	在世人物无出生地的	13	8.3%
8	在世人物小计	28	17.8%
合计		157	100.0%

表 1 的序号 1“已故人物有生卒地的”22 人，序号 6“在世人物有出生地的”15 人，两项共 37 人，信息是完备的。序号 2“已故人物有出生地的”2 人，序号 3“已故人物有死亡地的”12 人，两项共 14 人，完备率按折半计算，为 7 人。信息完备人数是 22+15+［（2+12）×0.5］= 44 人，即占总数 157 人的 28%。

为了便于对照，笔者随机抽样调查了《不列颠百科全书（国际中文版）》S 部第 101 ～ 169 页人物条目 157 条的条头括号内生卒地的情况，统计如表 2。

表2 《不列颠》人物条头生卒地抽查统计

序号	项　目	人数	比重
1	已故人物有生卒地的	123	78.3%
2	已故人物有出生地的	1	0.6%
3	已故人物有死亡地的	2	1.3%
4	已故人物无生卒地的	2	1.3%
5	已故人物小计	128	81.5%
6	在世人物有出生地的	29	18.5%
7	在世人物无出生地的	0	0
8	在世人物小计	29	18.5%
合计		157	100.0%

表 2 的序号 1“已故人物有生卒地的”123 人，序号 6“在世人物有出生地的”29 人，两项共 152 人，信息是完备的。序号 2“已故人物有出生地的”1 人，序号 3“已故人物有死亡地的”2 人，两项共 3 人，信息完备率按折半计算，为 1.5 人。信息完备人数是 123+29+［（1+2）×0.5］＝153.5 人，即占总数 157 人的 97.8%。

如果按百分制评分，《不列颠》得 97.8 分，应属优等；《精粹本》得 28 分，距及格也远得很，说句不中听的话，是个失败的纪录。

生卒地点和时间的失误和缺项

翻翻《精粹本》中国人物条目条头括号内的记载，问题不少。

第一，误把籍贯当出生地。举几个现代知名人物条目为例。

梁思成（1901，广东新会～1972-01-09，北京）　中国建筑学家。梁启超长子。（《精粹本》）

这里说梁思成生于“广东新会”，错了，应作“日本东京”。《中国大百科全书·建筑》卷“梁思成”条说：“广东省新会县人。1901 年 4 月 20 日生于日本东京。”现成的资料不用，不可理解。他的父亲梁启超是1898年“戊戌变法”（又称“康梁变法”）的领导人。变法失败后，逃亡日本，是个“国事犯”。戊戌变法的参加者谭嗣同等六人都被处死（史称“戊戌六君子”），清廷怎能饶得了首领梁启超，让他的夫人在故乡广东新会生孩子？于事无据，于理不合。此外，《建筑》卷所写的梁思成出生的月日——“4月20日”，也应补上。

马寅初（1882-06-24，浙江嵊县～1982-05-10） 中国经济学家。浙江嵊县人。曾获美国耶鲁大学和哥伦比亚大学博士学位。（《精粹本》）

这里说马寅初生于“浙江嵊县”，错了，应作“浙江绍兴”。中国社会科学院近代史研究所严如平、熊尚厚主编的“中华民国史资料丛稿”《民国人物传（八）》“马寅初”篇说：“马寅初，初名元善，浙江嵊县人，1882年6月24日（清光绪八年五月初九）生于浙江绍兴。”（中华书局1996年版401页）又上海人民出版社《民国掌故》中《马寅初和他的两位妻子》一文也说：“马寅初出生在浙江绍兴一个以酿酒为业的小作坊主家庭。”也要提到，马氏1982年5月10日在北京逝世，新华社发了消息，各报都登，可谓众所周知。我社1999年出版的《中华人民共和国国史百科全书》也有此记载，可是《精粹本》马氏条却没有传主的逝世地点。《中国大百科全书•经济学》卷“马寅初”条只说“浙江嵊县人”，未说出生地，没有错。

此外，《精粹本》的“曾获美国耶鲁大学和哥伦比亚大学博士学位”，这一说法有问题。《民国人物传（八）》说，马寅初“进美国耶鲁大学后，改学经济学。……1910年毕业，获得硕士学位，再进美国哥伦比亚大学研究院，……1914年底修完学业，获得经济学、哲学双博士学位。”

张季鸾（1888-03-20，陕西榆林～1941-09-06，重庆） 中国新闻家，政论家……接办《大公报》，任总编辑。（《精粹本》）

这里说张季鸾生于“陕西榆林”，错了，应作“山东邹平”。名记者高集作《忆我姑父张季鸾二三事》文前简介说：张季鸾“榆林人”，“出生于山东邹平县”（见章立凡主编《往事未付红尘》，陕西师范大学出版社 2004 年版第 93 页）。徐铸成著《报人张季鸾先生传》（生活 • 读书 • 新知三联书店 1986 年版）也说张氏生于山东，14 岁才随母亲扶父亲灵柩归葬，始到榆林。张季鸾被周恩来称为“文坛巨擘，报界宗师”，现在知道张季鸾的人不多了。

第二，自家人不知自家人。《精粹本》卷首列有“中国大百科全书总编辑委员会”成员名单，其中张姓五人：张庚、张震、张友渔、张含英、张钰哲。他们在书中都立有条目。其中已故的张钰哲生卒地齐全，已故的张友渔缺出生地；健在的（就出版时而言）张庚、张震、张含英都没有出生地，而且只有出生年份，而缺月日。他们都在北京，打几个电话就能解决问题的事都没有做。大百科总编委会成员的信息不全，可以说是自家人不知自家人。

第三，生卒地点失之于粗。天文学家张钰哲的出生地，《中国大百科全书 • 天文学》卷说他“生于福建省闽侯县”（第 550 页），《精粹本》“张钰哲”条标示的出生地是“福州”。今福州市辖 5 区 6 县，其中包括闽侯县，这样张氏出生地就笼统化了。出版家张元济，据《张元济年谱》说“生于广州”（第 5 页），而《精粹本》张元济条条头标示出生地则是“广东”，抽象化了。小说家张爱玲，当今大红大紫，网络信息说她卒于美国加州洛杉矶，《精粹本》“张爱玲”条标示的死亡地是“美国”，粗了。

第四，顶级人物信息空白。中国人编的百科全书，中国人物尤其是顶级人物的生卒地的信息应该是齐全的。笔者抽查了“千古一帝”秦始皇，“万世师表”孔子，著名将领岳飞三人《精粹本》的条目，三条条头括号内生卒地的位置上都是空白的，未免说不过去。《史记 • 秦始皇本纪》载：“秦昭王四十八年正月生于邯郸”（《史记》，中华书局点校本第 223 页）；又载始皇三十七年“七月丙寅，始皇崩于沙丘平台”。

（同上书，第 264 页）“沙丘”在今河北广宗县城西北。《史记·孔子世家》载：“孔子生鲁昌平乡陬邑。”（同上书，第 1905 页）“陬邑”在今山东曲阜城东南。《史记》算不上僻典，这些信息不知为何不用。岳飞生于相州汤阴（今属河南省），被害于南宋都城临安（杭州），更属常识范围。

第五，张姓人物卒年有误。立条人物的生卒时间是比生卒地点更重要的信息。笔者抽查张姓人物生卒地点时，顺便也看到《精粹本》张姓立条人物生卒时间问题。国民党政要张群，《精粹本》标示的生卒年是“1889～1974”，而我社 1999 年出版的《不列颠百科全书（国际中文版）》标示为“1889-05-09～1990-12-14”，《中华民国史大辞典》（江苏古籍出版社 2001 年版）标示为“1889～1990”。可见《精粹本》说张群死于 1974 年是错的，《不列颠》等辞书说他死于 1990 年是对的。《中国大百科全书·中国历史》卷“张群”条条头生卒年标示为“1889～ ”。此卷为 1992 年出版的，可能撰稿时张群还健在，编辑印制过程来不及把他的死亡时间的信息补上（我记得新华社为张群去世发过新闻），但是仍可作为张群不是死于 1974 年的佐证。

电影艺术家张艺谋，《精粹本》标示的生年为“1950，陕西西安～ ”，出生年有疑。我社 1999 年出版的第一版《电影》卷说：“1950 年 11 月生于陕西西安”，但是，我社 1999 年出版的《中华人民共和国国史百科全书》“张艺谋”条说：“陕西西安人。1951 年 11 月 14 日生。”有待考证。

第六，没有遵循历史原则。同一聚落或地区，在历史上名称是有变动的。人物条目的生卒时间要同生卒地点名称取一致，也就是当时叫什么，就该写什么。可以用今注古，不能以今代古。《不列颠》很重视这一历史原则。例如德国哲学家叔本华条条头括注为：“（1788-02-22，普鲁士但泽［今波兰革但斯克］～1860-09-21，美因河畔法兰克福）。可是《精粹本》有的条目没有做到这一点。例如张学良条条头括注为：（1901-06-03，辽宁台安～2001-10-15，美国夏威夷）。问题在于，1901年还没有“辽宁”这个省名，那时叫“奉天”。《辞海》“辽宁省”条说：“清初置盛京，清末改奉天省，1929年改辽宁省。”

第七，未能利用我社先出百科的信息。请《精粹本》编辑同仁“上穷碧落下黄泉”搜求史料，要求未免过高，但是查证一下我社已出版的百科全书，似乎是可以做到，也应该做到的。因为发现《精粹本》“张群”条卒年有误，我就把《精粹本》张姓中国人物条目同我社1999年出版的《不列颠百科全书（国际中文版）》（此书中国条目是中国人执笔的）、《中华人民共和国国史百科全书》（简称《国史百科》）中张姓人物条目生卒时间和生卒地点作了对照。兹将《精粹本》未能利用《不列颠》《国史百科》两种先出百科全书而造成的信息失误和缺项的情况列表如下。

表3　《精粹本》和《不列颠》张姓人物生卒时间和地点对照表

条目	《精粹本》（2002年版）	《不列颠》中文版（1999年版）	说明
张国焘	1897～1979-12，多伦多	1897-11-26～1979-12-03，加拿大多伦多	《精》缺出生月日，死亡之日
张恨水	1895～1967	1895-04-24，中国江西广信[今上饶]～1967-02-15，北京	《精》缺生卒月日和地点
张君劢	1887～1969	1887-01-08，中国～1969-02-23，美国旧金山	《精》缺生卒月日和地点
张群	1889～1974	1889-05-09～1990-12-14	《精》卒年误，缺生卒月日
张天翼	1906，南京～1985，北京	1906-09-10，中国江苏南京～1985-04-28，北京	《精》缺生卒月日
张之洞	1837～1909	1837-09-02～1909-10-04	《精》缺生卒月日
张作霖	1875～1928-06-04	1875-03-19～1928-06-04	《精》缺出生月日

表4 《精粹本》和《国史百科》张姓人物出生时间对照表

条目	《精粹本》（2002年版）	《国史百科》（1999年版）	说明
张爱萍	1910～	1910年1月9日生	《精》缺出生月日
张春桥	1917～	1917年2月生	《精》缺出生月
张岱年	1909～	1909年5月23日生	《精》缺出生月日
张鼎丞	1898～	1898年12月生	《精》缺出生月。一版《军事》为“1898年生于福建永定”，缺出生地
张君秋	1920～	1920年10月14日生	《精》缺出生月日
张澜	1872～	1872年4月2日生	《精》缺出生月日。一版《中国历史》亦为“1872年4月2日生”
张廷发	1918～	1918年4月9日生	《精》缺出生月日
张友渔	1899～	1998年12月14日生	出生年有出入。一版《法学》为“1899～ ”,《新闻出版》为“1899年1月生”。存疑
张云逸	1892～	1892年8月10日生	《精》缺出生月日。一版《军事》为“1892年8月10日生于广东文昌”，《精》缺出生地
张震	1914～	1914年10月5日生	《精》缺出生月日
张治中	1890～	1890年10月27日生	《精》缺出生月日。一版《中国历史》亦为“1890年10月27日生”

体例的规定和修改，必须慎之又慎

百科全书体例的规定和变动，是牵一发而动全身的事，必须反复思考，权衡利弊，广泛征求意见，做到慎之又慎。修改要做可行性研究，不妨在局部范围内试验，看看执行起来有没有困难、窒碍、弊端，凡事不能专从“好处”想。笔者在编一版时，参加过体例的起草和讨论，深感此事之不易。今年春天，读到《吕叔湘全集》第12卷中初次发表的《〈现代汉语词典〉编写细则（修订稿）》，布局之严谨，设想之周详，思路之缜密，衡鉴之慎重，都令人叹为观止。《现代汉语词典》是中国第一部现代汉语规范型辞书，在辞书编纂理论、编纂工艺、编校质量方面都达到前所未有的新高度，其成就起源于这个出自语言学大师吕先生之手的《编写细则》，值得好好学习。

《精粹本》出版后，编辑部赠我一部，浏览中我觉得把生卒地点置于条头的做法不妥，因为未见书面资料，也就未便发表意见。近读《探讨》2004年第1期刊出孙关龙先生的大作《第二版条头的成书体例——兼谈对第一版体例的继承和发展》，文中提到："2002年出版的《中国大百科全书（精粹本）》在简明版的基础上也前进了一步，把生卒地写进了括号内，释文中不再陈述。"笔者在上文所述的关于把生卒地写进括号内的诸多缺陷，能够叫作"前进了一步"吗？也许有人会说，这是由于时间有限无法严格贯彻体例之故。这项体例的规定者难道不知道领导给予《精粹本》编辑的期限？难道不考虑执行和贯彻这项体例究竟需要多少时间？

孙先生把生卒地写进条目括号内也列为节省字数之列。我非常赞成百科全书要做到文约义丰，要用最少的符号承载最大的信息，自己也曾向这方面努力。把生卒地写进条头括号内，实际上是留下了70%以上的空白，其中有些是因为中国重乡贯的传统而无法填上的，有些是我们编辑上的疏失没有填上而"露怯"了，想用这种方式节约字数，用曾经流行一时的话说，叫作"占小便宜吃大亏"。

节省篇幅必须以不损伤必要信息为前提，百科人物条目（主要就中国人物而言）释文即使写有出生地，一般也要写籍贯，因为这是一个人的基本信息。君不见，中华人民共和国公安部制的"居民户口簿"，篇幅甚小，就既有"出生地"栏又有"籍贯"栏；上面提到的中央组织部1999年制的"干部履历表"也是这样。写出生地又写籍贯也便于知人论世。例如，第一版《新闻出版》卷"王云五"条释文说"原籍广东香山"，"生于上海"。据王云五著《岫庐八十自述》（台湾商务印书馆1967年版）说，1911年武昌起义后，孙中山先生于是年12月从海外返国至上海，王云五主持广东香山旅沪同乡会欢迎会（孙中山是广东香山人，香山于 1925 年为纪念孙中山而改名中山），其才能为孙氏所赏识。1912 年孙中山就任中华民国临时大总统，就任命王云五为总统府秘书，成为王氏从政之始。如果不知王的籍贯，事情就成为无根之由。孙关龙先生说：“把生卒地写进括号内，释文中不再陈述。”这里所说“释文中不再陈述”的，如果指的是“生卒地”，明达的编纂者当然不会这样做，如果指的是“籍贯”，就值得商榷了。

2004 年 9 月 14 日写完

（原载《探讨》2005 年第 1 期）

地方百科全书选条的两个问题

一、地域范围

地方百科全书的选条是以地域为范围的。地方百科全书都冠有地域——当今的地域——的名称。如果从历史的观点看，任何一个地域名称及其所包括的范围都不是通贯古今的，而是常有变动的。改朝换代要发生变动，就是在同一朝代也有变动，甚至不止一次。这种变动包括四个方面：一是名称的变更，二是境域的变化，三是治所的变迁，四是政区单位名称的变易，或者兼而有之。因此地方百科全书都会遇到关于历史地域的界限如何划定的问题，以及由此引起的诸如民族名、行政建置、地名的选条问题。下面拟结合编纂《黑龙江百科全书》的具体实践，谈谈这个问题。

黑龙江地区古为肃慎地，汉为挹娄、夫余地，都无边界可言。唐为室韦、靺鞨地，唐廷在此建立室韦都督府、黑水都督府、渤海都督府。辽代属东京道和上京道。元代属岭北行省和辽阳行省。明代属奴尔干都司，为女真族活动地区。这些政区都不宜作为选条的地域范围。

黑龙江之名用于政区，始于清康熙年间。从那时起，黑龙江地区设立单一政区的有三次。

第一次是清康熙二十二年（1683）设立“镇守黑龙江等处将军”（通称“黑龙江将军”），其辖区据《嘉庆一统志》为“东西距三千五百三十五里，南北距四千里”，大致包括今黑龙江省境内的松花江左侧地区、呼伦贝尔地区，以及外兴安岭以南、黑龙江以北的广大地区。

第二次是清光绪三十三年（1907）设黑龙江行省，此为黑龙江建省之始。因为沙俄于1858年和1860年先后强迫中国签订《中俄瑷珲条约》和《中俄北京条约》，割占了外兴安岭以南、黑龙江以北以及乌苏里江以东的大片土地，黑龙江建省时的面积较之于黑龙江将军前期辖区面积已大大缩小了。1931年九•一八事变后，东北沦陷。日本侵略者在占领初期将东北三省划分为14省、1特区、2特别市。抗日战争胜利后，行政建置历有变迁，到中华人民共和国成立时这里仍分设松江、黑龙江两个省。

第三次是1954年8月，松江省和黑龙江省合并成为新的黑龙江省，恢复了这个地区的单一省的建置，保持至今。

毫无疑义，现今的黑龙江省的地界，是《黑龙江百科全书》选条的基本范围。凡是当今的人、事、物条目，均不出这个空间范围。但是如上所述，在历史上以黑龙江命名的政区范围有过变化，为了便于选取历史性的条目，我们还用了“黑龙江地区”的概念作为《黑龙江百科全书》选条的地域范围。它所包括的区域大体上相当于黑龙江流域，也可理解为上述三次设置的以“黑龙江”命名的政区的叠加。不过在该书概述文章和条目释文中“黑龙江地区”还有狭义的概念，大体相当于1907年以后的黑龙江省和1954年以后的黑龙江省政区的叠加，用以概述九•一八事变后分为几个省市的情况下整个地区的情况。

同地域范围有密切关系的民族、行政建置、地名的选条，也要注意地方百科全书的特色。如《黑龙江百科全书》在编纂过程中就采取了这样几条原则。

1. 民族的选条采取古宽今严的原则

黑龙江地区从远古至清代基本上是我国少数民族居住和活动的地区。从新石器时代起，生活在这个地区的居民逐渐形成三大族系，东部和北部的肃慎族系，西部大兴安岭两侧的山戎、东胡族系，中部嫩江流域的涉貊族系。他们很早就同中原王朝建立贡属关系。《竹书纪年》有息慎（肃慎）向帝舜“贡弓矢”的记载；《左传》有“肃慎、燕、亳，吾北土也”的记载，认为这些民族的居住地为周王朝领土。后世出现在黑龙江地区的民族，虽历有兴衰分合，但都同上述三大族系有渊源关系。战国至秦汉先后出现的乌桓、鲜卑属于东胡系；夫余为涉貊后裔；挹娄为肃慎分支。魏晋至隋时的黑龙江地区东部和东北部为勿吉和靺鞨（肃慎的苗裔）之地；西部则为室韦（鲜卑的一支）、豆莫娄（夫余的遗民）之地。唐时，靺鞨的一支粟末靺鞨以今黑龙江省宁安为都城，建立渤海国。唐末，鲜卑后人契丹崛起，建辽，灭渤海国，而与五代的梁、唐、晋、汉、周以及北宋对峙。辽末，靺鞨后裔女真族崛起于今黑龙江省阿城，建金，接连灭辽和北宋后，与南宋对峙百余年。在元代，黑龙江地区东西两部分别居住着女真人和蒙古人各部落。在明代，女真人再次崭露头角。在清代，黑龙江地区西部居住着蒙古、达斡尔、鄂温克和鄂伦春诸族，东部居住着满洲、赫哲、库页、恰喀喇诸族。

历史上居住在黑龙江地区的诸民族都是时强时弱，时消时长，时小时大，时衰时兴的。他们的活动地域很难用古代的或今天的行政区划加以范围。各民族是这样，各民族内部的部落也是这样。历史地图对历代政区的界线和聚落的位置一般绘制得比较明确，而对于民族活动的区域往往受史料限制，只能标个大概。《中国历史地图集》从商代到西汉有6幅图标有“肃慎”，而谭其骧主编的《中国历史地图集·释文汇编·东北卷》在引述《山海经》（郭璞注）、《新唐书》《吉林通志》之后只能说：“肃慎的分布当以今牡丹江流域即今宁安一带为中心。”（中央民族学院出版社 1988 年版第 29 页）较远的肃慎时代是如此，晚近些也是如此。对于努尔哈赤发迹所在的部落建州女真的“迁徙过程”，《中国历史地图集·释文汇编·东北卷》也说“各家考证互歧，需要重新厘订”（同上书第 238 页）。

因此，《黑龙江百科全书》对历史上民族的选条取从宽的原则，曾经以黑龙江地区为居住地核心的民族入选，曾经以黑龙江地区为居住地边缘的民族也入选；崛起于黑龙江地区的民族列条，居住于黑龙江地区邻近而对这个地区有影响的民族也予列条。有些对黑龙江地区有重大影响的民族，还选取他们的分支列条，例如除了将女真族列条以外，还将建州女真、海西女真、东海女真列条，以便读者了解黑龙江省的过去。

对于当代的民族，则取从严的原则。据 1985 年统计，现今黑龙江省除汉族外，有 45 个少数民族。《黑龙江百科全书》只选收 10 个世居于黑龙江省的民族：满族、朝鲜族、回族、蒙古族、达斡尔族、锡伯族、鄂伦春族、赫哲族、鄂温克族、柯尔克孜族。

2. 行政建置的选条采取古略今详的原则

黑龙江地区开发较晚。中央政府在黑龙江地区设置政区机构始于唐代。历史上在黑龙江地区设立的政区机构一般收至一级政区和二级政区。例如明朝在黑龙江地区设有许多卫所，书中只收“建州三卫”，其余均未收列。从清末开始，选收到县级，当代则收到乡镇一级。收录情况大致如下：

①在黑龙江地区内的行政建置，如唐代的黑水都督府，元代的浦与路、恤品路。

②首府在黑龙江地区而辖区不完全在黑龙江地区内的行政建置，如唐代的渤海都督府，金代的会宁府，明代的奴尔干都司，清代的宁古塔将军。

③首府不在黑龙江地区而其辖区包括黑龙江地区一部分的行政建置，如辽代的东京道、上京道，元代的辽阳行省。

④上一级政区首府不在黑龙江地区，而下一级政区在黑龙江地区，则为下一级政区建置列条，如清代吉林将军属下的三姓副都统、宁古塔副都统。

⑤清代黑龙江将军辖区和黑龙江省建置的道、府、厅、县，予以列条，如黑河道、呼兰府、安达厅、呼伦县。

⑥伪满洲国也有它的行政建置，此为历史事实，不能因“伪”而加以忽视，凡在黑龙江地区内或部分在黑龙江地区内的均予列条，如三江省、北安省、东满总省、兴安总省。

⑦现代的行政建置力求详细，除了省、市、地区、县的建置列条外，全省乡镇一级行政建置均列为条目。这也打破了目前国内工具书不收乡镇建置的惯例。

3. 地名的选条采取古今兼顾的原则

①古代文化遗址的发掘工作，主要是在中华人民共和国成立以后进行的，选条一般以黑龙江省现有省界为范围。

②古今异名的古地名予以列条，如脑温江（今嫩江）、按出虎水（今阿什河）、三姓（今依兰）、卜奎（今齐齐哈尔）。

③历史上的驿道凡以黑龙江地区某一地点为起讫点的均予以收录，如唐代渤海国的龙原日本道，明代的海西西路陆站，清代的宁古塔－盛京驿道。

④原在黑龙江地区内后被沙俄割占、现在俄罗斯境内的重要地名予以列条，如库页岛、海参崴、双城子、庙街、伯力、海兰泡、尼布楚等；中俄界山外兴安岭亦予列条。这些条目释文指明现今名称，但不写目前情况。

⑤现在黑龙江省境内（包括同邻国、邻省接壤）的山脉、河流、湖泊、平原、山峰、名胜地、旅游点、发生过重大事件的小地名（如珍宝岛）、哈尔滨市的重要街道予以列条。

二、共性条目

辞书选条通常总要稍稍越出它的名称或性质要求范围，如标准语辞书要适当选收一些方言词语，专业性百科全书要选收相邻学科的条目。同样地，地方百科全书也要选收共性知识主题的条目。原因在于，地方百科全书是以地方区域作为选条空间范围的，而地方空间范围是以政区界线为基准的。可是无论自然界的事物还是人类社会活动，并不是都受政区界线限制的。因此，地方百科全书就要适当选收既同本域（某一地方百科全书界定的范围）有关，也同邻域（邻近地区）以至广域（更大地区）有关的知识主题条目——姑且把这样的条目称为共性条目。仍以《黑龙江百科全书》为例，其中选收的共性条目大致涉及以下几个方面。

在物产方面，注意收录这样一些条目：

①某些物产虽然是许多地方都有的，但当地的产品在全国乃至世界上占有重要地位，如大豆、亚麻、马铃薯。

②在当地农产品中占有重要地位、关系到国计民生的产品，如玉米、春小麦。

③当地最先引进然后推广到国内其他地区的，如啤酒花、虹鳟鱼、东北黑蜂等。

④主要产于当地的珍稀动物，如国家一类保护动物东北虎、丹顶鹤。

⑤以当地为国内最大产地的珍贵产品，如大马哈鱼、紫貂。

⑥作为当地特殊标志的物产，如省树红松，省鸟天鹅，省花紫丁香。

在政治社会方面，注意收录这样一些条目：

①分布于全国或国内某些地区而又世居于当地的少数民族，如满族、蒙古族。

②内容涉及整个国家，而同当地关系尤其重大的中外条约，如《中俄尼布楚条约》（1689）、《中俄瑷珲条约》（1858）、《中俄密约》（1896）、《中苏友好同盟条约》（1945）。

③涉及一个大区域的事件、组织，而对当地的历史有重大影响者，如涉及整个东北地区的九•一八事变、东北抗日义勇军、伪满洲国、东

北抗日联军。

④对当地的社会、经济有重大影响的外国跨国性经济侵略机构，如华俄道胜银行。

⑤涉及国内许多省区的重大建设工程而其中包括当地者，如三北防护林。

共性条目采取“大题小作”的撰写方式。大题，就是用覆盖面较宽的条目标题，例如用“三北防护林”“九•一八事变”取代“三北防护林黑龙江省建设工程”“九•一八事变对黑龙江省的影响”。小作，就是条目释文在解题之后，不作全面铺开叙述，只侧重介绍同黑龙江省有关的部分。不过解题也要避免过于急遽，过于“单刀直入”。原来的“三北防护林黑龙江省建设工程”条释文是：

> **“三北”防护林黑龙江省建设工程** “三北”包括东北、华北、西北。黑龙江省纳入三北防护林工程的有讷河、克山、克东、甘南、富裕、依安、拜泉、海伦、龙江、齐齐哈尔、林甸、明水、青冈、望奎、绥化、泰来、杜尔伯特、大庆、安达、兰西、呼兰、巴彦、肇源、肇州、肇东、哈尔滨、宾县、双城、阿城29个市县。一期工程以农田防护林为主，造林73万公顷，森林覆盖率由原来的4.3%提高到11.3%，基本实现农田林网化。近400万公顷农田得到保护，每农户薪炭林达到0.1公顷。风速平均降低20%～25%，水分蒸发量减少16%～18%，土壤含水量增加9%，地温提高0.9～1.4摄氏度，无霜期延长2～6天。二期工程以小流域治理为重点，1986～1988年造林18万公顷，森林覆盖率提高到13%。

这段释文介绍黑龙江省三北防护林的情况是扼要而具体的，可是对“三北防护林”缺乏宏观的说明，背景不够清楚，令人有偏狭之感，这可能是受条目标题的制约。因此将条目标题改为“三北防护林”，并将第一句改为一段话，作为开头：

三北防护林 中国西北、华北和东北（简称“三北”）生态经济建设工程。国务院1978年决定兴建。建设范围包括：陕西、甘肃、宁夏、青海、新疆、山西、河北、北京、内蒙古、辽宁、吉林、黑龙江12个省、自治区、直辖市。一期工程（1978～1985）包括396个县（旗、市），共造林605.53万公顷，飞机播种造林10.6万公顷，封沙育林89.7万公顷，森林覆盖率由原来的4%提高到5.9%。从1986年开始进入为期10年的二期工程。黑龙江省纳入三北防护林工程……

这样，条目释文的宏观概述和微观描述就结合起来了。

（原载《辞书研究》1993年第2期）

地方百科全书的释文

改革开放以来，我国已出版了综合性百科全书（《中国大百科全书》到1990年年底已出版51卷）和专业性百科全书（如《中国医学百科全书》《中国农业百科全书》）。目前，地域性百科也已着手编纂。中国第一部省的百科全书——《黑龙江百科全书》已经编纂完成，即将由中国大百科全书出版社出版。

《黑龙江百科全书》的条目大多是当地的专家学者执笔。他们居其地，处其境，无论考察山川城邑，研究草木虫鱼，了解民情风俗，探闻历史陈迹，访求乡邦文献，查阅档案书牍，都有因利乘便之宜。

以《黑龙江百科全书》（以下简称《黑百》）的收条情况同《辞海》（1979年版，下同）作一比较：《黑百》收黑龙江历史人物365条，其中为《辞海》所收的有23条（占6.3%）；收河流条目132条，其中为《辞海》所收的有14条（占10.6%）；收地名1524条，其中为《辞海》所收的有99条（占6.5%）。这是就可比因素而言。《辞海》按体例不收在世人物条目，而《黑百》收当代人物条目952条，其中只有少数已经去世。《辞海》是综合性辞书，百科条目以全世界为收词范围，在某一局部范围，如一个学科、一个地域，收词较专业性、地域性百科全书为少，那是理所当然的。这里只是说明《黑百》的大量条目为其他辞书所未收。估计有80%～90%条目的信息汲取自第一手资料，仰仗黑龙江省的专家学者搜求资料，爬梳排比，权衡取舍，归纳提炼，撰成条目，裒辑成书。他们较之于身处异地他乡的学者自有其优越条件，从而保证了书稿的质量。

即使以其他辞书已有条目而言，《黑百》的撰稿人也是独立撰写，自出机杼的。试以清末边疆史地学家曹廷杰这一条目为例，将《辞海》和《黑百》两书的释文作一比较。《辞海》是这样写的：

> **曹廷杰** 清末学者。湖北枝江人。光绪九年（1883）以候选州判在吉林任职。明年督办边务，于光绪十一年四月奉命去伯力（今苏联哈巴罗夫斯克）一带察探边情。历尽艰辛，往返一万六千余里。以亲身见闻并征引群书，阐明黑龙江北岸、乌苏里江东岸地，历代均为中国领土。著有《东三省舆地图说》《西伯利亚东偏纪要》《东北边防辑要》《伯利探路记》等。义理精审，向为研究东北历史地理学者所重。

《黑百》是这样写的：

> **曹廷杰（1850～1926）** 清末民初东北边疆史地学家。字彝卿，湖北枝江人。1874年任清国史馆汉誊录。1883年投效吉林边防，在三姓靖边军办理边务文案，并从事东北边疆史地研究。1886年奉命前往东西伯利亚调查俄边情况。对与吉林毗连的俄国边疆城镇、兵数多寡、地理险要、道路出入、屯站人口、土产赋税等，进行了细心的考察，并提出抵御侵略的建议。同时还考察了黑龙江下游明代永宁寺遗址，第一次拓回永宁寺碑文，此为19世纪中叶以前中国疆域远至库页岛（萨哈林岛）的历史见证。后任吉林知府、吉林省矿政调查总局帮办、吉林官运总局会办等职。著有：《东北边防辑要》《西伯利东偏纪要》等。

《辞海》的条目写得精练扼要，突出了传主的学术成就，并做出中肯的评价。《黑百》的条目也写得要言不烦，提供较多的考察内容和生平信息，并且提供了《辞海》所没有的生卒年份；提到拓下永宁寺碑文，因为此举为后世留下了重要文献（碑现存海参崴博物馆，字迹已模糊）。《辞海》白璧微瑕，提到曹氏著作《西伯利亚东偏纪要》（《中国历史大辞典•史学史》卷的“曹廷杰”条也如此），衍一“亚”字，

《黑百》作《西伯利东偏纪要》是正确的。“西伯利”是俄语 Сибнрь 音译，“西伯利亚”是从英语 Siberia 译出的，两者的地理概念相同，而中译名以后者为通用。不过作为书名，似应以原著所书为准。地方百科全书对当地史、地、人、事、物的介绍，自然要较一般辞书更为详细。《黑百》除了为曹氏立条外，还为他的著作《东北边防辑要》《西伯利东偏纪要》立了专条，写了解题。

清代史学家赵翼在《廿二史劄记》中说：“《后汉书》与《三国志》，论时代则后汉在前，而作史则《三国志》先成，且百余年也。”“汉末诸臣，如董卓、袁绍、刘表、吕布、袁术、公孙瓒、陶谦、刘焉等，二书各有传。今两相比较，繁简互有不同。大概同作一传，则后人视前人所有者必节之，前人所无者必增之，以见其不雷同抄袭。”（《廿二史劄记校证》，中华书局版，第 119 ～ 120 页）赵氏注意到后出的《后汉书》虽然写了先出的《三国志》已有的人物传记，但繁简不同，无抄袭之嫌。修史如此，编辞书也未尝不然。从上引曹廷杰的条目看，《黑百》是做到了“不雷同抄袭”，并补充了重要信息——曹廷杰的生卒年份。

事物总有两面性。正因为处其地，历其境，耳濡目染，个别条目作者也不免受地方立场的影响，受行政分工的羁绊，受不规范语言的熏染，以致某些用语、某些提法不能尽合百科全书的规范性、客观性的要求。

一是地方视角。一个人久处一地，自然而然地积累起乡土感情，言其乡曰“本乡”，言其县曰“本县”，言其省曰“本省”。拿起笔来写百科全书条目，也会漫不经心地写下“我省”“本省”字样。例如在一个“公司”条目中，介绍它的任务时就说“经营本省自营商品的业务”。地方视角有时还在用语上表现出来，下面是两条初稿的例子：

冯仲云 ……江苏武进人。1927 年 4 月在清华大学求学时加入中国共产党。1930 年 10 月来哈尔滨从事地下工作……

倪伟 ……辽宁海城人。1939年加入中国共产党。历任陕甘宁边区民主政府民政科长、处长、县长。抗日战争胜利后来东北，任拜泉县长……

这两个条目有“来哈尔滨”“来东北”字样，都用“来”字表示传主的行动。“来”字有多义，在此处表示“由彼至此”，即由别的地方到说话人所在的地方，表明作者是从哈尔滨、从东北的视角说话的。按照百科全书须从客观立场表达的要求，“来”字似可改为“到”字。就倪伟一例而言，他是“辽宁海城人”，本身就是东北人，说他“来东北”，也未免“见外”，不妨改为“回东北”。

再举两个例子：

大庆毛毯厂 ……主要产品有特大宽幅拉舍尔毛毯、单层拉舍尔毛毯。产品远销中东、日本、德国……

阿城防水材料厂 ……所产金都牌350#石油沥青粉面油毡远销中国香港、新加坡、马来西亚、阿联酋等地。

两个条目都用“远销”字样。从局部观点来说，用“远销”并不错，如果把眼光放大些，日本是中国的近邻，中国香港是不久将回归的中国领土，固然不能言“远”，即使是德国、阿联酋，在交通发达、地球“变小”的当今世界，同样不能言“远”。前些年，我国某造船厂制成载重万吨的轮船，报纸称之为“万吨巨舶”，殊不知20世纪70年代已经出现50万吨以上的大油轮，万吨轮已算不上“巨舶”了。这和货物一出口就称“远销”一样，似乎是宏观意识和时代意识弱了些。

二是分工观点。专业和部门分工的观点，往往也反映在地方百科全书条目上，如：

北黑线 铁路支线。位于黑龙江省中西部偏北。为旧北黑线（北安—黑河）的一段。自北安站出岔向北经二井子、二龙山、讷谟尔站至龙镇，全线长62.5公里。旧北黑线始建于1933年，全线长303公里，1935年2月通车，成为伪满洲国北部一条干线。

1946 年苏联红军将全线拆除。1963～1965 年修复北安至龙镇段，由哈尔滨铁路局运营。……龙镇至黑河段（235 公里）于 1986 年动工修建，1989 年 9 月通车，属地方铁路。

铁路条目要求写明：（1）位置；（2）起讫站；（3）长度；（4）修筑经过；（5）意义；（6）归属。应该说，这些信息大体具备。但由于作者是从哈尔滨铁路局的角度落墨的，一开头只写属于该局管辖的北安至龙镇的一段，给人以名为“北黑线”，实为“北（安）龙（镇）线”之感。虽然后面也对作为地方铁路的一段作了介绍，但仍然使人认为是两个独立的部分。作为百科全书条目，既然是一条铁路，自应作为一个整体下笔，然后分别介绍它的两个组成部分。先总说，后分述，这也是文章作法的普遍要求。为此把释文修改为：

北黑线　位于黑龙江省中西部偏北。自北安站出岔向北经二龙山、龙镇、孙吴至黑河。旧北黑线全长 303 公里，始建于 1933 年，1935 年 2 月通车，为伪满北部的一条干线。1946 年全线被苏联军队拆除。1963～1965 年修复北安至龙镇段（62.5 公里），由哈尔滨铁路局运营。……龙镇至黑河段（235 公里），于 1986 年动工修建，1989 年 9 月通车，属地方铁路。

三是党政不分。我们国家是中国共产党领导的，在社会生活中党政不分的事情是颇为惯见的，在日常语言中党政不分也习以为常。因此，一些不规范的用法也渗透到百科全书的条目中。下面是两条初稿的例子：

金浪白　……1978 年任黑龙江省委统战部副部长，兼民族事务委员会主任。

任仲夷　……1972 年任黑龙江省革命委员会副主任，……1977 年 11 月调任广东省委第一书记兼省长。……

前一条目中的“任黑龙江省委统战部副部长，兼民族事务委员会主任”，看不出何者为党的职务，何者为政府职务；后一条目中的“调任广东省委第一书记兼省长”，也没有明确指出党政职务的区分。有人会说：“‘××省委’，谁不知道是‘中国共产党××省委员会’的简称？”诚然，有点政治常识的人是知道的。不过，这只能在非正式场合下使用。正式的法律、命令、文件、报道历来用规范的名称。百科全书自宜采取规范的用语。《中国大百科全书·军事》卷中的邓小平的条目，关于他最后两个职务的最后一次任职是这样表达的：“1987年11月被选为中共中央军委主席，1988年4月被选为中华人民共和国中央军委主席。”因此金浪白、任仲夷两个条目也须在“××省委”之前冠以“中国共产党”或“中共”字样。

这两个条目之所以造成党政不分，除了所担任的党的职务未冠以“中共”之外，还在于定语的省略。前一例中“民族事务委员会主任”如用全名应冠以“黑龙江省”。撰稿人可能以为前面已有“黑龙江省”字样就省略了。可是前面的“黑龙江省委”是专名，不宜切取它的一部分“黑龙江省”作为后面“民族事务委员会”的定语。民族事务委员会是政府的机构，就目前的表达方式而言，读者按照定语承前省略的语法习惯，误以为承接“黑龙江省委”，就会把“民族事务委员会”当作中国共产党属下的机构了。

在“任仲夷”条中，还有一个问题是他1977年11月调至广东时，按当时的地方行政建制，省一级政府的首长称省革命委员会主任，不称省长。直到1979年7月1日第五届全国人民代表大会第二次会议通过修正《中华人民共和国宪法》若干规定的决议，同时还通过了《中华人民共和国地方各级人民代表大会和地方各级人民政府组织法》之后，地方政府才由革命委员会改称人民政府。以省而言，首长也由“省革命委员会主任”改称“省长”。

四是政企不分。我国在20世纪50年代末至80年代初推行过人民公社制度。按法令规定，人民公社既是经济组织，又是基层行政区域。80年代初，我国已恢复乡、镇为基层行政区域，作为“政社合一”的人民公社已不复存在。可是某些农牧企业单位条目释文还是含有政企不分的意味。例如：

> **勃利种畜场** 全国较大的种畜场，1953年建。总面积76.5万亩，其中耕地10万亩，草原10万亩，森林44万亩，水面4500亩，全场总人口1.4万人，其中职工4500人。

按通常理解，种畜场是一个农牧业的企业（或事业）单位，从事种畜繁殖，推广优良品种。可是释文直言有多少面积，有多少人口，俨然是一个行政区域。因为通常只有国家、政区条目，在我国是国家、省、市、市辖区、县、乡、镇、自治区、自治州、自治县、自治乡等条目，才写土地面积、人口。如果这个种畜场实行政企合一制度，必须在释文中作出说明，否则就要把“总面积”改为“占有土地面积”，删去“总人口”数，保留“职工”数。下面这个条目对政企合一先作交代的写法是可取的：

> **呼中林业局** 与呼中区人民政府是政企合一的机构。……辖区面积74.20万平方公里，人口5.5万。

五是管理机构同它的管理区域概念相混。例如：

> **呼中自然保护区** ……东北与呼中林业局接壤，西南与内蒙古自治区的古汉马自然保护区、阿龙山林业局、甘河林业局毗邻。地理坐标为东经122°45′～123°21′，北纬51°18′～51°56′。

> **塔河林业局** ……东邻十八站林业局，南接呼中林业局和新林林业局，西与阿木尔林业局相连，北以黑龙江为界与苏联隔江相望。

这两个条目一个以区域立条，一个以机构立条，而在释文介绍“四至”时却有共同的问题：混淆作为管理机构的林业局和它的经营区域的概念。从前一条目说，作为自然保护区，四至的边界只能是林业局的经营区，而不可能是林业局的局址。因此在几个“林业局”之后，宜加“经营区”字样。从后一条目说，林业局讲“四至”，从字面上说，只能是局址的“四至”，可是这样写意义不大，除非是园林古迹建筑群（如北京故宫东邻劳动人民文化宫，西邻中山公园，南面是天安门广场，北面是景山）。从释文“北以黑龙江为界，与苏联隔江相望”推测，作者要介绍的显然是林业局“经营范围”的“四至”。因此在条目释文开头就要有“经营管理范围”字样，同上条一样，在相邻的“林业局”之后加“经营区”字样。如果概念上明确了，条目的修改并不难。

1991 年 1 月

（原载《编辑之友》1991 年第 3 期）

简明百科全书条目要求“五性”

近来读了一部简明百科全书的少量条目试写稿，觉得有些问题值得商榷。现在把我的意见归纳为以下五点，求教于高明。

一、综合性。《中国大百科全书》采取分类分卷的方式编纂，有的主题在两个以至更多的卷都立有条目。这些条目在一个学科卷中只能有所侧重地写。而现在这部简明百科全书则是打破学科畛域统编的，对于上述主题，就不能根据某一卷的材料来编写。试写条中有“刘半农”条，只说传主是诗人，其实他还是造诣很深的语言学家，在中国第一个用实验语言学方法研究汉语声调，并留下著作——《四声实验录》。“丁西林”条，虽然提到传主是剧作家、物理学家，但只是举了戏剧作品为例，而未提到他的物理学成就：最先用热电子发射的实验证明麦克斯韦尔速度分布定律。这种情况可能是执笔者对这两位现代人物了解不够，只是根据《中国文学》卷来写，未及查阅《语言文字》卷、《物理学》卷及其他材料。其实，不仅是两卷以至多卷立条的主题要多看材料，就是只在一卷出现的主题，也要尽可能参考多几种中外文辞书然后再动笔。

二、正确性。内容正确是辞书的生命，有的条目似乎对此注意不够。例如“伯牙”条，定性语是“中国春秋时代琴师”。伯牙作为琴师，知名度很高，是否真有其人，尚无定论。《辞海》“伯牙”条的定性语是：“古代传说人物。相传生于春秋时代。”两句用两个“传”字，可见其慎重。我们不能遽然断定为真人。又如“印度尼西亚”条释文说：“国土由 1.3 万多岛屿组成。其中新几内亚、加里曼丹、苏门答腊、苏拉威西和爪哇等大岛占总面积的92%。”新几内亚岛分两部分，东部为巴布亚新几内亚领土，西部属印尼；加里曼丹岛南部（约占全岛2/3）属印尼，北部大部分属马来西亚，并为文莱国之所在。条目的释文写得过于笼统，似乎这两个岛全属印尼。这样写，说不定要引起外交上的麻烦。

三、协调性。有的条目虽然短短百余字，仍然要求内部协调，成为一个整体，对此也注意不够。例如“杨绛”条，定性语是“中国现代女作家，文学翻译家”，而提到她的作品时说，“著有剧作《称心如意》《弄假成真》，另出版有译作和论文集”，令人感到头衔跟作品举例不协调。作家，一般指写小说、散文有成就的（广义的作家还包括诗人、文学评论家等），写剧本而有成就的，一般称“剧作家”。如果杨绛的创作以剧本最著名，她的定性语应该首先用“剧作家”。如果仍用“作家”作定性语，则要交代一下：“擅长于剧本、散文创作。”她所译的塞万提斯的《堂吉诃德》是世界名著，在我国是继林纾、傅东华之后又一种译本，为翻译界所推重，似应作为这位翻译家译著的实例。

四、平衡性。平衡对编辑辞书是全方位、多层次的。既要考虑条目释文内部的平衡，也要考虑条目之间的平衡，当然还要注意学科之间的平衡，地区、国家之间的平衡，不同时代之间的平衡，等等。这里只就看到的少数条目举一例。上面提到杨绛“历任教授”，而刘半农的经历却未提到他曾任北京大学教授，而论知名度和影响，刘都不下于杨。我以为如果杨绛提到当过教授，刘半农也应提到。

五、简明性。就一个条目而言，要简明似须注意两点。一是就信息而言，删去不必要的信息，舍去次要的信息。例如“丁西林”条，已有剧作家、物理学家两头衔，就可舍去“社会活动家”的头衔，如果保留，也很难用有限的字数举例说明。二是就文字而言，要力求精简，惜墨如金。例如军事演习”条说：“有时也是为了向敌方炫耀武力，以达到某种政治目的。”此句似可简化为“有时也是为了炫耀武力”。因为

“炫耀武力”的对象不仅有“敌方”，可能还有结盟的“伙伴”，国内的反对派，被统治者等等。“炫耀武力”本身就包含有政治内容，加上“以达到某种政治目的”，似为多余。

此外，有些东西还须做些具体规定。例如人物条写不写最高学历学衔。我读过一些作家条目，都无学历，好像都是自学成才的。其实有些作家是有学历的，丁西林是英国伯明翰大学理学硕士，刘半农是法国国家文学博士。我以为，援“费孝通”条之例，写出在国内和国外的最高学历学衔。又，最高职务也要写，如同军人条目有最高军衔一样。

（原载《探讨》1988 年总第 31 期）

简明百科全书条目的撰写

《中国大百科全书》（以下简称《全书》）第一版的编纂工作已进入后期。中国大百科全书出版社目前正在依据《全书》编纂几部简明百科全书，有的已经上马，如《简明中华百科全书》（以下简称《简明中华》）；有的正在规划，如十卷本《简明中国百科全书》；有的名称虽无“简明”字样，就其篇幅而言，也可归入“简明”之列。这种情况在国外百科全书出版事业中不乏先例。比如法国拉鲁斯出版社出版 P. 拉鲁斯主编的《十九世纪通用大辞典》（17 卷，8 开本，1866 ～ 1890，前 15 卷共 20 700 页）以后，又出版了多种辞典，如《拉鲁斯新插图辞典》（8 卷，1897 ～ 1907），以及 1907 年以来已发行数千万册的《小拉鲁斯辞典》。《苏联大百科全书》第二版（51 卷，1950 ～ 1958）出版后，接着出《苏联小百科全书》（10 卷，1958 ～ 1960）；《苏联大百科全书》第三版（30 卷，1970 ～ 1978）问世后，接着出《苏联百科词典》（1 卷本，1980 年开始出版，逐年修订，中国大百科全书出版社于 1986 年出版中译本）。这些“全书”和“简明本”之间都有血缘关系。所不同的是，“拉鲁斯”和“苏百”编简明本所依据的是统编统排的百科全书，而中国大百科全书出版社编纂简明百科全书所依据的是宏观规划并不严密的、分类分卷出版的百科全书，编辑上就有更大的难度。

有人认为编纂简明百科全书有《全书》为依据，抄抄就是。笔者以为，恐怕不尽然，即使抄，也颇有讲究。

类型

简明百科全书条目的撰写，大致可分为四种类型。

压缩型 即将《全书》条目释文加以摘录，删去一些次要内容压缩而成。这种情况一般只适用于《全书》和简明百科全书条头（或主题）相同，而在《全书》中只有一个条目（而且不是太长的条目）的。如《教育》卷的“南开大学”条。

改写型 将条头相同而见于《全书》两个或更多学科卷的条目，撷各条之精华，加以改写。例如“五台山”，《中国地理》《宗教》两卷都有条，前者写一般地理的内容，后者写它作为佛教胜地的内容。《建筑·园林·城市规划》卷（以下简称《建筑》卷）“佛教四大名山”条的“五台山”一节，字数比上面两卷中任一卷的“五台山”条都多，写法也有所侧重。这样就要汇合改写。对于《全书》只见于一个学科卷的长条目，其段落序次不适应简明百科全书要求的，也要改写。有的条目改写还要作适当的增订和补充。

综合型 条目内容散见于《全书》若干学科卷的，须重新汇总写成，如介绍一个国家的条目。要写“匈牙利”条，就要将《世界地理》卷的“匈牙利”条，《外国历史》卷的“匈牙利历史”条，《世界经济百科全书》（不妨视同《全书》的一卷）的“匈牙利经济”条，《外国文学》卷的“匈牙利文学”条，《音乐·舞蹈》卷的“匈牙利音乐”条，《民族》卷的“匈牙利人”条，《语言·文字》卷的“匈牙利语”条等等综合写成，而且要补充缺项，更新资料。

独立撰写型 简明百科全书的条目为《全书》所无，而《全书》中的其他条目也未包含其全面内容的须独立撰写。有下述情况：（1）按分类分卷“无枝可栖”的，如“中国科学院”条；（2）应立条而未立条的，如“中子”条；（3）某些卷收入人物较严或出于其他原因而未收的人物，如数学家王元、谷超豪，文学研究家夏承焘、游国恩；

（4）新出现的事件如海湾战争，新出现的人物如梅杰、叶利钦。这些条目在《全书》中无所倚傍，而必须依据可靠资料写成，并且要注意同其他条目协调。

上述四种类型中比较容易处理的该是压缩型吧！1978年全国高等院校招生统一考试的语文试题作文一项是选了一篇1700多字的论文，让考生仔细阅读缩写成500～600字，要求缩写以后仍然是一篇完整的论文。这同我们把《全书》的较长条目压缩成简明百科全书的短条目十分相似。叶圣陶先生称赞“这一回的作文题打破了命题作文的老传统，是思想上的大突破，大解放”。[1]用缩写文章作为试题能判出考生语文程度的高下，可知缩写条目也未始没有甲乙之分。把事情看得太容易了，对工作未必有好处。

步骤

简明百科全书条目的撰写，如果把工作工艺流程化，大致要有以下几个步骤。

搜集资料 简明百科全书是综合性的百科全书（《简明中华》则是地域范围内的综合性），因此写条目，首先要掌握所写条目需要的资料。对于压缩型或改写型条目来说，至少要掌握《全书》各卷已有的资料，牛顿在《物理学》《数学》《天文学》《力学》《哲学》五卷中都有条目；孟子在《哲学》《教育》《经济学》《中国历史》《心理学》《经济学》《政治学》《社会学》八卷都有条目（有些卷是以“孟轲”立条的），而且《中国文学》卷还收有《孟子》这部书的条目。如果要写“牛顿”“孟子”这样的条目，至少这些资料都要掌握齐全，不宜抓住

[1] 叶圣陶：《去年高考的语文试题》，载《叶圣陶语文教学论集》，教育科学出版社1980年版，第159页。

力学的牛顿来写全面的牛顿。有些资料比较隐蔽，同一题材的资料散在多卷并不好找。例如“崖墓”，《考古学》卷以“汉代崖墓”立条，讲一个时代的；《建筑》卷以“四川崖墓”立条，讲一个地域的。《考古学》卷的“汉长安南郊礼制建筑遗址”条和《建筑》卷的“西汉明堂辟雍和王莽宗庙遗址”条，内容几乎相同。神话人物西王母在《宗教》卷没有独立设条，但在“神仙”条中有“西王母”小标题，而在《中国文学》卷则以“西王母故事”立条。同一人、事、物在不同学科卷用不同的条头标引也不是个别的。如《戏剧》《美术》《音乐•舞蹈》三卷中的李叔同，就是《宗教》卷的弘一；《哲学》卷的夏尔丹（P.T.de Chardin），就是《宗教》卷的德日进。可见撰写一个条目即使在全书范围内找资料也要费些功夫。至于独立撰写的条目就要掌握更广泛的资料了。清代历史学家赵翼说：“一代修史，必备众家记载，兼考互订，而然后笔之于书。”[1]修史如此，撰写条目也是这样。

认真鉴别 各种资料到手后，要仔细阅读，认真鉴别，决定取舍。要分清主要和次要，根本和枝叶，为百科全书所需要的和并不一定需要的，还要分清为百科全书需要的和简明百科全书需要的。要从简明百科全书要求出发，对资料反复比较，再三衡量，选取最必要的信息。

《唐诗三百首》是旧时读书人必备之书，它之所以家喻户晓，在于编选者有很高的鉴别力。诗人臧克家的评价是，选上的都是好诗，好诗没有完全选上，因为只选三百首。简明百科全书条目字数有限，信息的选取务必撷精取粹。笔者在20世纪50年代参加翻译三卷本的《苏联百科辞典》（1953～1955年出版，时代出版社的中译本于1958年问世），译过“李白”条，不过一二百字，提到两首诗是《静夜思》（床前明月光）和《月下独酌》（花间一壶酒），甚佩选诗得当。简明百科全书条

——

[1] 赵翼：《廿二史劄记》，见《廿二史劄记校证》，中华书局1984年版，第14页。

目资料的选择也要本着这种精神。

统筹布局 任何一部百科全书的每个条目都是这部百科全书的有机组成部分，而每个条目本身（不论长短）又是一个有机体，简明百科全书的条目也是这样。所以简明百科全书条目的撰写，既要考虑条目在框架中的地位，又要考虑本身的谋篇布局。在这方面，《中国大百科全书编写体例》规定的条目编写提纲同样适用于简明百科全书，只不过《编写体例》规定的编写提纲线条较粗，带有普适性，撰写某一条目还得拟一个较细致的提纲。举例而言，编辑《简明中华》时，曾拟了一个编写“北京”条的提纲供撰稿人参考。提纲内容如下：（1）概述（定性语、位置、面积、人口和民族、所辖区县）；（2）自然状况（地势、气候）；（3）历史（至1949年）；（4）工业（提到两三个有条目的大厂矿）和手工业；（5）农业和水利（提到两三个有条目的水库）；（6）交通（铁路、民航、公路、地铁）；（7）城市建设；（8）教科文（提到几个有条目的大学、科学院、博物馆、名胜古迹、文化名人故居）。凡是提到有条目的下属县、厂矿学校名等均作参见词处理，带出一系列条目。“北京”条只要求写一千字上下，提纲就有百余字。即使是一二百字的短条，也要有个提纲，以便安排释文的序次，避免重大遗漏。《苏联百科词典》平均每条不足百字（按汉译文计算），而主编者却为编此书规定了几十种条目类型编写提纲，值得参考。

妥善表达 简明百科全书的条目释文要达到“简而明”的要求，须下很大功夫。所谓简，就是字字句句精打细算，力求用最小的篇幅容纳最多的信息，做到言简意赅，文约义丰。所谓明，就是思路清晰，表达明确，逻辑严密，层次井然。要注意消除删节的“斧”痕，组合的“焊”缝，避免压缩后的和合并成的文章常见的文气不贯、若断若续、支离松散的文病。

当然，实际的写作过程难免反复。有时稿子写完了，还要再查资料。

诸忌

就笔者所见，简明百科全书的撰写有以下几种禁忌。

忌片面 片面性是依据《全书》撰写简明百科全书条目的常见病、多发病。《全书》是按学科或知识门类分类分卷出版的。在编辑《全书》过程中，各学科卷对于跨学科条目的撰写，总是强调有所侧重，守住边界，不要把手脚伸到别的学科去，无疑是正确的。这却为目前依据《全书》条目撰写简明百科全书条目带来不便。简明百科全书中跨学科的条目，某些撰稿人往往只是依据一个学科卷或从一个侧面来写。例如汉代大儒郑玄的传记条，撰稿人只是根据《哲学》卷的条目把他作为经学家来写，没有考虑到郑玄还是训诂学家，在《语言·文字》卷也立有条目。即使独立撰稿，这种片面性也可能发生，那就是受撰稿人研究方向的影响。例如《简明中华》有“大沽”条，初稿只写了当前的情况，未写出大沽口在明清两代是海防要塞，鸦片战争后英国、法国、日本的侵略者曾五次在此登陆入侵的史实。这是因为撰稿人是经济地理专家，对于历史地理注意不够。《军事》卷是把大沽口作为兵要地志立条的，如果利用《军事》卷的资料，问题也就迎刃而解。

忌出错 任何书稿都不应当出错，要把错误减少到最低限度，这是共性问题。这里所谈的忌出错，是指防止那种撰写简明百科全书容易犯的带有个性的错。共性的错要防止，带有个性的错尤要警惕。这里提三种：（1）抄错，即把《全书》正确的东西抄错了。例如董仲舒的生年，《哲学》卷为“前 104”，而一部简明百科全书的初稿错抄成“前 109”。读稿时以为是根据什么可靠资料纠正《哲学》卷之误，经查七八种资料，无一例外地都说董氏生年为公元前 104 年。好在董氏知名度大，可查的资料多，很快就改正过来，如果遇到较僻的人、事、物条目就麻烦了。（2）擅改，即自作主张改动《全书》正确的内容。《哲学》卷的先秦思想家“伯阳父”条中说：“公元前 780 年，西周发生地震……”而某书同名条初稿却说：“周幽王三年（前 779）发生地震。”把“前 780 年”改为“周幽王三年（前 779）”，估计笔误的可能性不大。经查《史记 • 周本纪》（中华书局 1982 年版）、《中国大百科全书》的《固体地球物理学 • 测绘学 • 空间科学》卷的“地震”条、《中国地震历史资料汇编》第一卷（科学出版社 1982 年版），它们所载内容均与《哲学》卷完全一致。对于《全书》内容，如果没有可靠依据和充分理由是不宜擅作修改的。（3）“错抄”，即把错误的资料抄了下来写进条目。某书“傅奕”条初稿中有“相州邺（今河北临章）人”。邺为著名古地名。《史记》中的“西门豹治邺”的故事编入中学课本，传布很广。邺所临者为“漳河”，非“章河”，“临章”应作“临漳”。错误源于利用了不可靠的资料。

忌孤立 人类的知识是个整体，把整体的知识切割成条目编百科全书，仍须设法把条目同上下左右的条目连接起来，以表示事物之间的相互联系。这种联系在百科全书编纂中是建立参见系统。参见系统也应同样应用于简明百科全书。

南宋思想家陈亮、叶适二人，一为永康学派领袖，一为永嘉学派巨擘。在《哲学》卷中“陈亮”条的定性语是：“中国南宋思想家，永康学派的代表。”“叶适”条的定性语是：“中国南宋思想家，永嘉学派的代表。”因为“永康学派”“永嘉学派”都有条，所以两处的学派名都排楷体，以便参见。这样介绍和这样处理是完全符合百科全书要求的。可是某书这两个条目初稿的释文都只说传主是南宋思想家，未说明传主同所属学派的关系，这样人物就孤立了。至于陈亮，他不但是思想家，而且是著名爱国词人和经济思想家，《中国文学》卷、《经济学》卷都立有条目。《唐宋词鉴赏辞典》收陈亮词 12 首。他的“商藉农而立，农赖商而行”一语为后世传诵，表明他在这两方面成就不凡。可是该书的“陈亮”条初稿对此未着一字，丰满的人物枯槁了。可见撰写条目必须多读资料，扩大视野。

忌拘泥 我们《全书》的条目多出自各个领域著名学者之手，或者经过他们的审改，是可以信任的。说“智者千虑，必有一失”武断些，说“智者千虑，难免有失”大概能被接受。不能《全书》有的就照抄，释文写了的就照录，而是要尽可能审察一番。举几个似乎有失的例子。

《教育》卷的“清华大学”条，说该校“培育”了大批学者，“例如竺可桢、高士其、姜立夫……”《大气科学 • 海洋科学 • 水文科学》卷的“竺可桢”条，《数学》卷的“姜立夫”条都没有提到传主在清华大学及其前身清华学堂念过书。科学出版社 1990 年版 30 万字的《竺可桢传》也未提到。根据上述资料，竺可桢 1910 年赴美留学，姜立夫 1911 年赴美留学，而清华学堂 1911 年 4 月才成立，可见受清华“培育”一事，前者绝无可能，后者也极少可能。

《哲学》卷的“《中国哲学史大纲》”条释文说，胡适“留学美国哥伦比亚大学时，于 1917 年完成了博士论文《中国古代哲学方法之进化史》，回国后，经过一年的增订、修改，于 1919 年 2 月由上海商务印书馆正式出版，定名为《中国哲学史大纲》（上卷）”。《哲学》卷的“《先秦名学史》（*Development of the Logical Method in Ancient China*）”条释文说：“胡适在美国哥伦比亚大学留学时撰写的博士论文。发表于 1917 年，原名为《中国古代逻辑方法的发展》。1922 年由上海东方图书公司按英文原本出版发行，封面英文书名下列中文译名《先秦名学史》。”可疑的是，读学位为何会有两篇博士论文？经查耿云志著《胡适研究论稿》（四川人民出版社 1985 年）所载《博士学位问题及其他》和《胡适年谱》提到他的博士论文名称是前者，而不是后者。从所附的原文看，logical 只能译作“逻辑的”，不能译作“哲学的”。究竟如何？还有待研究。遇到这种情况，在弄清问题以前，简明百科全书就不能照录了。

《新闻·出版》卷有一条目开头部分是这样的：

> **《密勒氏评论报》**（*China Weekly Review*）美国人在上海办的具有资产阶级自由主义色彩的英文周报。1917年6月创刊，创办人为美国《纽约先驱论坛报》驻远东记者T.F.密勒。……此刊英文名称原为《密勒氏远东评论》，一度更名为《远东每周评论》，1923年6月改为《中国每周评论》。中文名称《密勒氏评论报》沿用未变。

《简明中华》也收了这个条目，考虑到这是一个英文刊物，名称的更改既然是英文名的更改，以给出英文为宜。这一段经过改写后是这样的：

> **《密勒氏评论报》**（*China Weekly Review*）美国记者密勒（T.F.F.Millard）创办的英文周报。1917年6月创刊于上海。英文名初为 *Millard's Review of the Far East*（密勒氏远东评论），后改为 *Weekly Review of the Far East*（远东每周评论），1923年又改为 *China Weekly Review*（中国每周评论）。中文名沿用不变。

简明百科全书的选条也不宜亦步亦趋跟着《全书》走，而应有所取舍，有所损益。《哲学》卷列有唐代高僧法藏所著的《金狮子章》这个著作条目。《哲学》卷所列佛学著作条目，《宗教》卷大多设条，或者有个索引条，而这部著作却未列，甚至《宗教》卷法藏传记条中提到著作17部，没有此书。《辞源》《辞海》《宗教词典》收佛学著作条目颇多，也未列此书。“《金狮子章》”条释文也并未介绍此书对后世的影响。在这种情况下，简明百科全书似乎可以不收了。

忌过长 我们编《全书》有个共同的经验，就是膨胀容易收缩难。后出的“胖卷”比“瘦卷”多。原因在于许多条目每一条都可以写成一部书以至几部书，稍稍放松，篇幅就会失去控制。《简明中华》的编纂条例规定平均150字，写一个朝代——例如唐朝也只许写1000字。可是实际写来的条目通常要超出50%～100%，有些人物一写就是几千字。遇上这样的条目，就篇幅而言，编辑加工就等于写一条压缩型条目，负担不轻。因此有必要反复强调国外百科全书编纂家提出过的“篇幅纪律”。

忌抄袭 近年“辞书热”中，抄袭之风颇盛。因此建议编辑同志在审阅简明百科全书条目时务必同有关辞书对勘，发现有抄袭之嫌的事情，一概退稿，并作出告诫。最好，把这一条列入审稿操作规程。

（原载《百科全书编纂求索》，中国大百科全书出版社1994年7月第一版）

审 读 篇

论条目释文的简化

清代桐城派巨擘刘大櫆（1698 ～ 1779）在《论文偶记》中说：“文贵简。”比刘氏稍晚的方志学泰斗章学诚（1738 ～ 1801）在《修志十议》中提出修志四要：“要简，要严，要核，要雅”，把要求简约（当然包括文字简约）放在首位。鲁迅在《答〈北斗〉杂志问》中说得更具体：“写完后至少看两遍，竭力将可有可无的字、句、段删去，毫不可惜。”作文修志如此，编纂百科全书自不例外。

我们正在编纂各种“简明”的百科全书和专科词典。每个条目的字数比综合性的大型百科全书少，篇幅限制也就更严格。撰稿人撰写条目的字数往往超额。这样，作为编辑就面临控制字数、压缩字数的任务。现在谨就读稿所见，介绍一些修改的例子，归纳成十种方法。修改的范围限于字和句。至于成段删去的“大手术”，因篇幅有限，这里就不谈了。

留干去枝　读稿时仔细审查条目释文内容，可以看出其中有主要的，也有次要的；有基本的，也有枝节的；有非写不可的；也有无关宏旨的。编辑加工时如果对文字有所调整，无疑要保留前者，舍弃后者。例如：

> 1933 年上海商务印书馆选印文渊阁《四库全书》231 种，1960 册，名《四库全书珍本初集》。1969 年台湾商务印书馆重印。此后每年选印一集，共 12 集又别集。1982 年影印全部文渊阁《四库全书》。

上例是介绍《四库全书》从 30 年代以来影印出版情况，共举四个例子，似乎多了。其实只选一、四两例即可。一例是上海商务印书馆首次选印，具有开创性，以后重印、再选印，不妨不提。四例为影印全部《四库全书》，是出版史上创举，理应写上。又如：

> 作者以毕生精力写作这部作品，40岁时已初具规模，以后不断补充修订，直到晚年。

如果篇幅充裕，此例的写法并无不可；如果篇幅不足，则保留“作者以毕生精力写作这部作品”，删去具体的细节——作者写作进程的描述：“40岁时已初具规模……”

化繁为简 这种方法就是将原来用词较多的句子简化成为用词较少的句子而不影响释文。例如：

> **监本** 历代国子监刻印的书。……明代南京设国子监，称为南监或南雍，北京设国子监，称北监或北雍，同以刻印经、史图书为主，故称南监本或北监本。

此例如果单单说明南京和北京的国子监简称为“南监”和“北监”以呼应“南监本”和“北监本”还是可以的，而引出“南雍”“北雍”就不但没有必要，而且使读者生出疑团：何以称“雍”？当然可以再加解释：隋朝开始设国子监为最高学府，因为周朝设置的最高学府称为辟雍，所以国子监又称辟雍。这样就成了“国子监”的释文，离开了“监本”的题目。因为条目开头已经对“监本”定义为“国子监刻印的书”，南京国子监刻印的书称为“南监本”是顺理成章的事，“南京国子监”称为“南监”也无须说明。这样，可把此段文字简化成为：

> **监本** 历代国子监刻印的书。……明代南京和北京均设国子监，它们所刻印的经史图书分别称为南监本和北监本。

再举一例。初稿是：

> 人类社会从渔猎时代逐步过渡到畜牧时代，某些野兽经过人的驯养逐渐转变为家畜，并开始分担人类的劳动。人背逐渐转变为兽驮，驮兽便成了人类的重要运输工具。（“车辆发展史”条）

修改稿是：

人类从渔猎时代进入畜牧时代，某些野兽经过驯化成为家畜，供人役使。驮畜便成了人类的重要运输工具。

此例初稿对人类从渔猎时代到畜牧时代用了“逐步过渡到”，是对的，不过本条是讲车辆发展史，是从宏观的远望，线条可粗些；再说，从下文看强调的不是过程，而是结果，故改为“进入”。“驯养”当然是人的行为，故删“人的”；改“驯养”为“驯化”，化就表示渐变，可省去“逐渐转变”字样。“开始分担人类的劳动”的提法，突出了牲口的主动性，好像小孩长大了分担父母的劳动一样，似不相宜，故改为“供人役使”。驮兽既然成了人类的交通工具，“人背转变为兽驮”这句话也就没有保留的必要了。

取实舍虚 条目释文常常遇到虚实并存的情况。虚为概括语，比较原则；实为具体事例，比较生动。如需取舍，有时以保留概括语为宜，有时因实例已充分说明概括语的内容，则不妨保留实例。下面是舍虚取实的例子。原句为：

富水力资源，建有龙羊峡水电站。（“龙羊峡”条）

湾内航运条件较好，北岸可通万吨海轮。（“杭州湾”条）

对于一个峡谷来说，既然建设了水电站，那么“富水力资源”也就不言而喻了。对于一个海湾来说，只说它“航运条件较好”，给读者是个模糊概念，靠后一句“北岸可通万吨海轮”，才明确“航运”的区域和“较好”的程度。删去前例的“富水力资源”（如果给出水力蕴藏量数据，则不宜删），后例的“航运条件较好”，都无损于内容。“岸”指靠水的陆地，“北岸”宜改为“北部”。

有时用具体事实代替抽象用语更恰当。如：

虎门 珠江要塞。……历史上曾彪炳史册。

何事“彪炳史册”？令人琢磨。“历史上曾彪炳史册”改成“鸦片战争时林则徐在此焚毁鸦片，痛击英国侵略军”，就清楚得多，不过字数增加了。

删除重复 重复是文章的常见病，是啰嗦的伴生物，是简约的对立面。例如：

《郡斋读书志》中有不少图书是《宋史·艺文志》所不见著录者，著录500多种现已佚亡的图书，为典籍研究提供了有价值的参考。传世本有袁本、衢本两种版本，清末王先谦合校为一本。其中所录图书多已失传，仅赖此目得以考其大观。

此例写得枝蔓，重复了该书的价值：先说“著录了500多种现已佚亡的图书”，再说“其中所录图书多已失传”；又重复了该书的意义：先说“为典籍研究提供了有价值的参考”，再说“仅赖此目得以考其大观”。此外，“袁本、衢本”的登场也有令人蓦然之感。试作删繁就简并对“袁本、衢本”稍作补充。修改稿是：

《郡斋读书志》所录图书不少为《宋史·艺文志》所未见。著录书籍中有500多种现已亡佚，赖此得以观其大略。传世本有南宋淳祐九年（1249）衢州出版的“衢本”，次年袁州出版的“袁本”。清王先谦合校为一本。

运用参见 百科全书建立有参见系统，它的主要功能是把全书的条目互相连缀起来，构成知识网络，使全书结合成为整体。条目之间可以相互参阅就可以减少释文的重复。所以，运用参见系统是简化释文的必要手段。下面是运用参见手段压缩条目释文的例子。初稿是：

文澜阁 清代专贮《四库全书》的藏书馆。清代七座大藏书阁之一。《四库全书》修成，共抄四份，分藏“内廷四阁”，乾隆帝认为江浙为“人文渊薮”，命再缮三份分藏江南。乾隆四十九年（1784）就杭州孤山圣因寺藏书堂改建而成文澜阁……

如果是一篇介绍文澜阁的文章，这样说明颠末当然可以，但作为百科全书的一条，就得重新考虑了。这段话中提到的《四库全书》缮写收藏之事，如初缮份数，再缮份数，藏于何处，应由《四库全书》这个条目去写。这里只须把《四库全书》这个词作为参见词处理，按体例排成楷体字（《中国大百科全书》的体例规定，条目释文内的“参见词”均排成楷体字），就可以省去许多篇幅。运用参见手段加上定性语的修改，可简化成为：

> **文澜阁** 清代专贮《四库全书》的七座大藏书阁之一。乾隆四十九年（1784）就杭州孤山圣因寺藏书堂改建而成……

又例如：

> 1924年，中俄代表在北京签订《中俄解决悬案大纲协定》，规定除中东铁路营业事务外，所有关系中国国家及地方主权之各项事务概由中国官府办理。

此例是一部百科全书大事年表中的一条记事。百科全书的大事年表不同于作为独立著作的大事年表。它只是百科全书的知识性附录，又是按时序检索百科全书条目内容的手段。所以它要求记事内容更加简化，并且运用参见手段同条目内容挂起钩来。这样，上述记事便可简化为：

> 1924年，《中俄解决悬案大纲协定》签订。

因为同书收有《中俄解决悬案大纲协定》条目，既然有条目可参见，欲知内容、签字地点，一查即得，无须重复。中俄双边协定由双方代表签署，是不言而喻的，故可省去“中俄代表”。

避免延伸 百科全书的条目有严格的“四至”，只求介绍主题知识，不作蔓衍广延。我们也看到稿件中有向边缘延伸过多的情况。例如：

> **“澹生堂”** 明代藏书家祁承㸁的藏书室。在浙江绍兴。祁承㸁积书20余年，归为收藏，潜心阅读。在家乡绍兴梅里建“旷园”庄园，园中修造“澹生堂”藏书室，“东书堂”读书室，“旷亭”游息场所。澹生堂藏书9000多种10万多卷……

这里用了一些篇幅叙述祁氏积书和建园。如果是一个长条目，这样写是未始不可的。对于只给一二百字篇幅的条目，就有延伸过远之感。我们百科全书编辑部有一句行话，叫作“确保核心，舍弃边缘”。这是对选条立目的要求，也是对撰写条目的要求。按这个要求，建园部分就属于边缘，只好割爱。既曰藏书家，而且他的藏书之堂竟可在百科全书上立条，必然是个好读书的人，何况下文还提到祁氏著有《澹生堂藏书目》等，那么“潜心阅读”之类描述也就可有可无了。

砍掉尾巴 一些人写文章常常到了该结束时还不刹车，拖一个“光明的尾巴”。百科全书的条目释文有的也受到这种文风的感染：有作期望，有作猜测，也有用套话煞尾的。例如：

至今尚缺版本学专著，有待今人的整理和总结。

这是“版本学”条初稿最后一句。说“至今尚缺版本学专著”是必要的，它陈述了这门学问虽然形成已久而专门著作尚未面世的实际情况。至于“有待今人的整理和总结”，并不提供什么信息，似无保留的必要。又如：

他学诗兼采众家之长，无偏狭之弊，但因重摹拟，又因早逝，未及熔铸创造出自己的风格。

例中的“未及熔铸创造出自己的风格”，作为作家评论则可，作为百科全书的条目释文就有待商酌了，因为它是一种假定，一种推测，而且微含惋惜之意。百科全书的条目释文是主张“言其有而不言其无”，要求不带感情的。再如：

合理开发、利用、保护 ×× 资源，是现代化建设一项必不可少的基本任务。

以诸如此类的通用性很大的套话做结尾也不少见。试把文中的 ×× 填上“土地、森林、农业、水”等，或者某一种金属，以至“人力”都无不可。砍掉这种谈不上知识内容的尾巴，有何不可？

改变结构 有些词句的简化，不是单纯的删节，而要改变原来的结构，重作安排。例如：

墓室四壁有彩色壁画。墓已被盗，随葬品无存。

句子含义清楚，文也简练。如果仔细推敲，还可省些字。试改为：墓已被盗，仅存墓室四壁彩画。用了“仅存”，也表示已无他物。又如：

东海女真 明代东北女真人的一部分，又称野人女真。分布在建州女真和海西女真以北、以东的广大地区，即松花江中游以下至黑龙江两岸，东至海（今日本海）。

例中的“分布在建州女真和海西女真以北、以东的广大地区”，作者的意图是想说明东海女真同建州女真和海西女真的相对位置。不过后两个女真部落究竟在何处？读者不得而知，相对位置也就没有着落，等于不介绍。作者也意识到这一点，所以下文便给出稳定的参照系：“松花江中游以下……”如果了解一下明代东北地区女真人的活动情况便知道，当时东海女真同建州女真、海西女真一起是东北地区女真人的三个主要部落。介绍这个信息似乎比介绍三个部落的相对位置更重要。因此，将原有释文修改为：

东海女真 明代东北女真人三个主要部落之一（另外两个是建州女真和海西女真），又称野人女真，分布在松花江中游以下至黑龙江两岸，东至海（今日本海）。

解放思想 思想有顾虑，对于某些感到需要避讳的事物往往会闪烁其词，不敢明说而另选用语。陈望道在《修辞学发凡》里把这种情况归入修辞方法的“讳饰”格。百科全书条目是主张意在言内，不赞成拐弯抹角、含蓄蕴藉的。不过在读稿中偶然也会遇到怕犯忌触讳而造成的行文繁琐现象：

中国第二历史档案馆 收藏辛亥革命至全国解放这一历史时期内各政权中央一级机关及其直属系统档案的国家历史档案馆。

为什么称“辛亥革命至全国解放这一历史时期”呢？可能是忌讳“中华民国”（或简称“民国”）一词而不称“中华民国时期”。中华民国是历史上存在的客观事实，似无避讳的必要。《辞海》就收有“中华民国”条，定性语是“1912 ～ 1949 年中国国家的名称”。20 世纪 60 年代初问世的翦伯赞主编的《中外历史年表》（公元前 4500 ～公元 1918 年）自 1912 年起就用公元和中华民国纪元纪事。

不妨拿下面一个条目的开头与上述条目的开头作对比：

中国第一历史档案馆 保存明清两代中央国家机关档案的国家历史档案馆。

这里没有用朱元璋称帝至辛亥革命这一历史时期内各政权字样，而迳称“明清两代”，可以明显地看出两个条目定性语的不平衡。

精打细算 简约就是要处处精打细算，上列九端均可归入其列。这里另列一类，是用来放置那些被认为“油水不大”，但可挤出小水分来的例子。

紫皮蒜 百合科，一年生，为蔬菜、医药两用植物。

标点符号占版面，也要打打主意。动标点连带也要改动文字。释文试改为：“百合科一年生菜药两用植物。”虚词有时也用得过多。例如：

在大运动场中，由于观众和运动员间的距离较大，因而需要较高的照明度。

不妨删去“由于”“因而”以及“的”字，成为：

在大运动场中，观众和运动员间距离较大，需要较高的照明度。

拿腔拿调的语言也不利于文章的简约，如：

它（指废水处理系统）是系统工程在解决环境问题应用上的一个重要方面。

不妨改为：

它是系统工程在解决环境问题方面的一种应用。

有两点要说明：第一，上面举的例子，有的是限于篇幅而割爱的，有的则是即使篇幅允许也要删除；有的出于百科全书的要求，并不适用其他文章。第二，压缩是编辑加工的一种手段，并不是唯一的手段。有时为了把内容表达清楚还要加些词，上文提到的“虎门”“东海女真”两条的修改例子就是这样。

（原载《编辑之友》1990 年第 4 期）

“董仲舒”条的修改和修改说明

“董仲舒”条是一部简明百科全书的条目，我在读稿时作了加工，现将修改情况作如下的介绍。

一、原稿

董仲舒（公元前179～前109）　中国汉代思想家、今文经学大师。广川（今河北枣强东）人。景帝时任博士，讲授《公羊春秋》。在其著名的《举贤良对策》中，建议“罢黜百家，独尊儒术”，为汉武帝所采纳，其后，任江都易王刘非的国相10年；元朔四年（前125），任胶西王刘端的国相，4年后辞职居家著书。著作现存《春秋繁露》及严可均《全汉文》辑录的文章两卷。

董仲舒是汉代官方统治哲学的奠基者。其学以儒家宗法思想为中心，吸收阴阳五行说，把神权、君权、父权、夫权贯串在一起，形成一套完整的封建神学体系。体系的中心是“天人感应说”。认为“天”对地上统治者经常用符瑞、灾异分别表示希望和谴责，用以指导他们的行动。“天人感应”实质上是为“君权神授”制造理论。他说：“道之大原出于天，天不变，道亦不变。”假借天意把封建统治秩序神圣化。董仲舒还提出“三纲五常”的封建伦理和“性三品”的人性论，并认为历史是按照赤黑白三统不断循环的。每一新王受命，必须根据赤黑白三统，改正朔，易服色，行改制之名。由于董仲舒体系博大，因而被尊为群儒之首，成为汉代和整个中国封建社会的重要理论家。

二、修改稿

董仲舒（前179～前104） 汉代思想家、政治家。广川（今河北××）人。景帝时任博士，讲授《公羊春秋》；武帝时任江都王相、胶西王相共14年，后辞官著书。他在《举贤良对策》中提出“罢黜百家，独尊儒术”，为武帝采纳，开封建时代宗儒学为正统之先声（见罢黜百家）。他以儒学为基础，结合宗法天地观和阴阳五行学说，吸收法道诸家思想，建立起新的思想体系，成为汉代官方哲学。其中心为天人感应说，认为天与人相类相通，天能干预人事，人的行为也能感应上天。他提出“天不变道亦不变”的命题，认为天是宇宙最高主宰或天意，是永恒不变的；按照天意建立的“道”，即封建制度的根本原则也是永恒不变的。三纲、五常两个术语是他提出的，就其内容则源于孔孟学说；从宋朝朱熹起，合称三纲五常，成为封建伦理的主要原则。董仲舒倡性三品说，认为人性有上、中、下之别。他认为历史是按赤、黑、白三统往复循环的（见三统说）。他反对土地兼并，揭露了“富者田连阡陌，贫者亡（无）立锥之地”的现象。董仲舒学识渊博精深，被尊为群儒之首。他的思想体系反映了巩固中央集权制度的需要。著《春秋繁露》《春秋决狱》（已佚）等。

三、修改说明

1. 考虑条目表。本书条目表中列有“天人感应说”“性三品说”“三统说”，都是董氏提出的；“三纲五常”也同他有关。在这种情况下，要从条目组群观点处理好条目间的相互关系。写组群中的任一条目，都要考虑到组群中的有关条目。就“董仲舒”而言，释文中要提到上述条目的正式名称，作参见词处理。因为这些术语都不好懂，要对基本意义略作说明，又不能说得太多而同这些条目释文重复。如能下定义，写个定义即可。这一组群条目最好一起写，便于通盘安排。

2. 考虑董氏名言。董氏流传士林的千古名言有：“罢黜百家，独尊儒术”“天不变道亦不变”“富者田连阡陌，贫者无立锥之地”。前两个提到了，后一个未提到，宜补上。“罢黜百家，独尊儒术”原作只说为汉武帝采纳，应补充说明其深远影响。“天不变道亦不变”也宜略加说明。

3. 关于采取《辞海》资料。《辞海》是编得很好的辞书，值得借鉴。但我们写条目切忌成条整段采用，其理由不言而喻。即使采用它的资料，也须鉴别取舍。本条原稿第二段有 200 字左右，基本上是《辞海》的原话，不可取。

a）关于定性语。本条原写作“汉代思想家、政治家”，我看蛮好。大概受《辞海》影响，改“政治家”为“经学大师”。董氏为经学大师没有错。就本条内容而言，除讲授《公羊春秋》外，别无其他。而政治家内容则有两次任相，共 14 年，而且他是反对土地兼并的。在著作中加上《春秋决狱》(《中国大百科全书•法学》卷有董氏专条，言此书为儒学法律化，关于他在法学上的贡献，因限于篇幅，只录此著作，聊备一格）。这些都是政治家的作为，故定性语仍用“政治家”，以保持定性语和释文的一致性。

b）关于籍贯。《辞海》本条为“广川（今河北枣强东）人”。《辞海》“广川”条释文为“古县名，汉置，治所在今河北景县西南广川镇。”我以为，在这方面地理学家比哲学研究家精细。上海辞书出版社比《辞海》后出的《哲学大辞典》“董仲舒”条作“广川（今河北景县）人”。

又据谭其骧主编《中国历史地图集》(第二册第 47 ～ 48 页图)，

西汉广川的位置在今地名河北省枣强、景县两县之间。《中国大百科全书·哲学》卷“董仲舒”条释文未介绍董氏籍贯，而《哲学》卷彩图第11页刊有“董仲舒石像”照片。照片中有河北省“枣强县人民政府立”的“河北省重点文物保护单位”标志，但照片是河北省景县文化馆提供的。立像之地，当为董仲舒出生地；枣强县人民政府立文物保护单位标志，立像之地当属枣强县。可是照片为什么由景县文化局提供呢？这使人产生一种想法：莫非该地现今划归了景县？因此这个问题须致函河北省景县文化局查询核实。

c）关于“三纲五常”。《辞海》“董仲舒”条释文说：他“提出‘三纲五常’的封建伦理”，这是大而化之的说法。《中国大百科全书·哲学》卷“三纲五常”条说：“三纲、五常这两个词来自西汉董仲舒的《春秋繁露》”，“从宋代朱熹开始，才将三纲五常连用”。何况，董氏提出三纲也未明确指出是君臣、父子、夫妇关系。本书宜取较严格的说法，以求同“三纲五常”条的提法一致。

d）关于“天人感应说”的解释。《辞海》“董仲舒”条说，董仲舒的封建神学体系“中心是所谓‘天人感应’说。认为‘天’对地上的统治者经常用符瑞、灾异分别表示希望和谴责，用以指导他们的行动，为君权神授制造理论。”这个解释是对的，但只说“天感应人”的一面，而没有解释董氏此说感应的相互性，即“人也感应天”的一面。《哲学》卷“天人感应”条引董氏原著：“天有阴阳，人亦有阴阳。天地之阴气起，而人之阴气应之而起；人之阴气起，而天地之阴气亦宜应之而起。其道一也。”并具体说明人的道德行为对天的感应作用：“世治而民和，志平而气正，则天地之化精，而万物之美起；世乱而民乖，志癖而气逆，则天地之化伤，气生灾害起。”因此，在说明“天人感应说”时，似应两方面都说到。修改稿采用了《哲学大辞典》通俗而精练的解释：“指天和人相类相通，天能干预人事，人的行为也能感应上天。”

4. 纠正笔误。原稿董氏卒年为“前 109”，查了多种资料，董氏卒年均为“前 104”，无一例外，才敢肯定为作者笔误。

5. 商讨一些小问题。这些问题不涉及正误与否，主要是受条目篇幅限制，必须舍弃一些次要信息。

a）“著名的《举贤良对策》”可省“著名的”。不妨这么说，上百科全书的著作大概都是“著名的”，同条中《春秋繁露》也并非不著名，可是未冠此衔。动辄加“著名的”是当今一种时尚，百科全书以不卷入为好。

b）文中有“元朔四年（前 125）”字样，全条用古代纪年仅此一处，甚孤，无补于文，以删为宜。

c）“任江都易王刘非的国相”“任胶西王刘端的国相”，两处介绍出两个小国王姓名，似无必要，改为“任江都相、胶西王相”（参考《史记·儒林列传》）简洁的提法。

d）“严可均《全汉文》辑录的文章两卷”，虽有资料价值，但不悉为何文，要解释恐非三言两语说得清，故割爱。

（原载《探讨》1989 年第 4 期）

《中华人民共和国国史百科全书》“大事年表”审读意见

大事年表的主要功能是供检索之用，是一种时序检索（有别于音序检索、分类检索等）手段，并便于对不同事物作时间上的比较对照。当代这方面综合性的出版物，应首推翦伯赞主编的《中外历史年表》（中华书局 1961 年版）。

大事年表无论是作为单独出版物，还是像此稿那样作为一种百科全书的附录，都要求做到内容准确，选事得当，相对平衡，表达精练。

此稿有可取之处是：①上限定得正确；②选事密度合适；③文字简明扼要。

我只读了 1949 ～ 1955 年的记事，谨陈管见，向作者求教。差错之处，请不吝指出。

一、有欠准确

“大事年表”是史，尤其是当代人写当代事，留传下来，后人对它有一种信任感，因此，务求正确。于此，提两点意见。

1. 系年要准确。

（1）1952 年人民英雄纪念碑落成。

据《中国大百科全书・建筑》卷“中国现代建筑”条说：“人民英雄纪念碑高 37.94 米……1958 年 5 月 1 日揭幕。”（第 579 页）《中国名胜词典》（上海辞书出版社）“人民英雄纪念碑”条说：“1952 年 8 月正式动工兴建，1958 年 4 月落成，同年 5 月 1 日隆重揭幕。”（第 2 页）

由此可见，例（1）说“1952年……落成”，系年有误。此条应移置1958年。如改为“1952年……动工”也不相宜，以免给读者留下悬念：不知建成没有？此等事也不宜写两条，一条动工，一条竣工。

2. 事实要准确。

（2）1949年12月16日至1950年2月14日，毛泽东访问苏联，两国签订中苏友好同盟互助条约。

据《新中国大事季刊（1950年第一季）》（新华书店1950年版）记载：“二月十四日，中苏友好同盟互助条约在莫斯科签订。……十六日，斯大林大元帅欢宴毛主席及周总理。……十七日，毛主席、周总理离莫斯科返国。”（第43页）

据此，例（2）有两点可议。

a）毛泽东访苏的下限至少是1950年2月17日，而不是“2月14日”。

b）中苏条约的签订，不能是一个跨年的“时段”，而只能是一个“时点”（某一天）。

此条似可改为：“1949年12月16日至1950年2月17日，毛泽东访问苏联，1950年2月14日签订《中苏友好同盟互助条约》。”

（3）1955年5月，《人民日报》发表三批材料和按语，批判“胡风反革命集团”。

据入选《毛泽东选集》第五卷的《〈关于胡风反革命集团的材料〉的序言和按语》说：“我们现在将《人民日报》在一九五五年五月十三日至六月十日期间所发表的关于胡风反革命集团的三批材料……编在一起。”可知，例（3）的“5月”不确切，应改为“5月13日至6月10日”。

（4）1950年5月1日，人民解放军解放海南岛。

（5）1955年1月18日至2月25日，人民解放军解放一江山岛。

上面两例对照，“海南岛”是大岛，一天就解放了；“一江山岛”是弹丸小岛，打了一个多月，令读者生疑。据《中国大百科全书·军事》卷“海南岛登陆战役”条说，1950年3月5日登陆，5月1日解放整个海南岛。同书“解放一江山岛”条说，1955年1月18日14时登陆，19日2时一江山岛解放。一江山岛解放迫使大陈、披山、渔山等岛的国民党军撤往台湾。至2月26日，浙江沿海岛屿全部解放。因此，例（4）宜改为：“5月1日，海南岛全境解放。”例（5）宜改为“1月19日，一江山岛解放。”也可加一句：“至2月26日，浙江沿海岛屿全部解放。”

二、划定范围

中国是中国共产党领导的国家，因此，写大事记有时会出现党政不分的错误。但是作为中华人民共和国国史的百科全书，党政之间能够分开的地方，应尽量分开，避免写成党史，大事记也是如此。下面两条属于党史，似可删去。

（6）1949年11月9日，中共中央纪律检查委员会成立。

（7）1950年10月27日，任弼时逝世。

前者是党的机构，可不列。而后者，因任弼时是当时唯一不担任任何政府职务的中共领导人，故也可不列。

最高人民法院、最高人民检察署是与政务院平行的机构，它们是1949年10月成立的，似须记事。

三、事有始终

大事年表的写法要以编年体为主，以纪事本末体为辅。以日记事，凡跨日以至跨月、跨年的事件，不妨记其本末。有的事件虽然跨日，也可以在事件终了之时记事。但求告诉读者以完整的事实，不留悬念。下面商榷几个例子。

（8）1949 年 6 月 15 日，新政治协商会议筹备会在北平召开。

这次会议不止一天，开头宜写作“6 月 15 ～ 19 日”。又“召开”有二义，似用“举行”更好些。

（9）1949 年 10 月 23 日，中国少年儿童队成立。

“少年儿童队”名称早已不用了。因此宜加一句：“1953 年 8 月 21 日改名‘中国少年先锋队’。”

（10）1950 年 9 月 25 日，全国战斗英雄和工农兵劳动模范代表会议召开。

这次会议不止开一天，宜补结束日期。

四、注意序次

下面的例子宜按“文有序”的原则调整。

（11）1949 年 9 月 21 日至 30 日，中国人民政治协商会议第一届全体会议在北平召开，通过中华人民共和国国都、国歌、国旗等决议案，通过中国人民政治协商会议组织法和中央人民政府组织法，通过《中国人民政治协商会议共同纲领》，选举毛泽东为中央人民政府主席。

这次会议内容无论按当时的议程先后，还是按逻辑顺序，都不宜把关于国都、国歌、国旗的决议放在开头，因为“国”还没有出现。首先应该写政协宣布自己执行全国人民代表大会的职权，然后宣告建立中华人民共和国。

会议通过的两个组织法宜加书名号，后一组织法宜用全称，以示庄重。

国都似须具体写明“建都北平，改北平为北京”。还须补上“采用公历纪年”。建都和改元，在我国历史上一直极为重视。此条请修改。

五、务求平衡

“平衡”是写大事年表的基本原则。《中国大百科全书》各学科卷写大事年表要求：一、地域平衡。包括中外内容的学科卷要求中外兼顾；写国外内容要考虑各个国家，不宜偏颇。二、时间平衡。即古今兼顾，不能给某一时代留下太大的空白。三、学科平衡。一个大学科要顾及各个分支，撰写者不能因为个人专业所在强调某一分支的重要性而造成记事失衡。当然平衡是相对的，要从实际出发，不能搞平均主义。

虽然这个大事年表跟《中国大百科全书》各学科卷的大事年表情况不同，平衡的原则仍然要力求做到。下面提两点。

1. 选事的平衡。1949 年 11 月记有“两航起义”，1950 年 1 月记有“香港招商局起义”，都应该记载。据我所知，1949 年 6 月（本表的上限）以后，各地国民党将领纷纷起义。就省级而言，1949 年 8 月湖南程潜起义；9 月绥远董其武起义，新疆陶峙岳、鲍尔汉起义；12 月云南卢汉起义，西康刘文辉起义。这些起义的意义和影响，不在两航、香港招商局之下，也应记其事。

2. 用词的平衡。

（12）1955 年 4 月 3 日，潘汉年错案发生。

潘案指明为“错案”，而上引例（3）的“胡风反革命集团”，未说明是冤错案，不平衡。尽管加上引号，而引号是有多种解释的。经历过那个时代的人都知道，胡风案株连之广，远远大于潘案。

六、避免笼统

上面说过，大事年表的功能是供检索之用的。因此要求所记之时之事是具体的，而不是某一时段或某类事件的概述。因此，感到下述记述失之于笼统。

（13）1950 年 12 月 2 日，中央人民政府委员会任命全国地方军政委员会和行政领导人。

例（13）所说的“地方”，从乡到大行政区，都可称为“地方”，意思含混，实际上这里是指设置华东、中南、西南、西北四个军政委员会（华北、东北则称“人民政府”），应写明确。这种全国性的大行政区的划分，历史上未有过。

此外，a）“任命……委员会”动宾不搭配；b）“行政领导人”提法未当，疏忽了“军政”之“军”。

此条似可改为“中央人民政府设置华东、中南、西南、西北军政委员会，并任命领导人。”（不知已设“大行政区”条目否？如未设，应补。）

此外，凡是本书所述的时间范围内省级以上政区变革均应记事，如绥远归入内蒙古自治区，东北六省并为三省等。

（14）1949 年 8 月中旬至 9 月底，人民解放军解放中南、西北和东南地区，湖南、绥远、新疆和平解放。

例（14）有几点可议：

a）“西北和东南”含义模糊，无明确范围，“中南”一词在当时还未作为行政区划名称出现。

b）前后两分句既可作并列关系理解，也可作包容关系理解，因为“湖南”属于后来设立的“中南”地区。

c）湖南是 8 月 4 日和平解放的，广州、厦门是 10 月解放的，“至 9 月底”这个时间用语覆盖不住。

愚见以为这一条应该具体化。如写明“8 月 4 日，程潜、陈明仁起义，湖南和平解放。”以一个省的解放或省会城市的解放为列条的界线，低于此一般不列。

（15）1949年10月3日起，中国政府决定和苏联等国建交，确立独立自主外交政策。

上条的“10月3日起”，到何时为止？“等”字，也是无边无界，这类词在年表里徒增麻烦，尽量少用。建立外交关系是国史的重要内容，似应具体起来。建议凡建交都立条，如果一个时期建交密度大，可放在一起写。此条似可改为：“10月3日，中国和苏联建交；4日和保加利亚、罗马尼亚，6日和匈牙利、朝鲜、捷克斯洛伐克，7日和波兰，16日和蒙古，27日和德意志民主共和国，11月23日和阿尔巴尼亚，1950年1月8日和越南，先后建立外交关系。”

又，“确立独立自主外交政策”，“确立”很难说是哪一天的。在20世纪50年代中苏蜜月时期，“一边倒”是公开宣布的，外交上也不例外，唯“老大哥”马首是瞻，人所共知，这几个字不妨删去。

七、大事有漏

篇幅有限，沧海遗珠之事难免。但重要事件不能遗漏。这里提两件事。

（16）1949年10月1日，中央人民政府成立，任命毛泽东为人民革命军事委员会主席，朱德为人民解放军总司令；举行开国大典，毛泽东宣告中华人民共和国成立。

同日，朱德发布中国人民解放军总部命令。

这条记述，未提到任命周恩来为中央人民政府政务院总理，宜补上。按次序，宜置于任命“人民革命军事委员会主席”之前。

又，在文字表达上，后一个“毛泽东”之前宜加“中央人民政府主席”，以免误会为承前以“人民革命军事委员会主席”身份宣布的。

又，朱德是在开国大典上发布命令的，宜写在一起。现在另起行，加“同日”，会被误会为在另一场合发布的。

（17）1950年10月19日，中国人民志愿军赴朝进行抗美援朝战争。……1951年7月10日，朝鲜停战谈判在开城举行。

上例只说“赴朝”，年表中未提到志愿军回国。据《中国大百科全书·军事》卷“中国人民志愿军”条说，最后一批于1958年10月26日撤离朝鲜回国。宜补上。凡是有头有尾的事件，务必做到前后照应，有始有终。

又，开城“停战谈判”不止谈一天，宜加“开始”字样。

八、选好角度

许多事物可从不同角度立条，从不同的方向切入，宜选最能说明事物的角度下笔。例如：

（18）1951年11月30日，中共中央批转刘青山张子善贪污案的报告。

此事，愚见以为，以1952年2月10日法院判处刘张二犯死刑立条更好，也表明案件结束。

（19）1952年6月中旬，教育部进行全国高校院系调整工作。

此等大事，教育部做不了主，也不是“中旬”（至多10天）办得完的。可核查政务院《改革学制的决定》文件，以发布文件作为记事的切入口。

九、典章制度

有些机构名称关系典章制度，不宜轻加改动。例如：

（20）1949年10月9日，中国人民政治协商会议第一次会议举行，通过毛泽东为全国委员会主席。

这次会议名称不准确，应是“中国人民政治协商会议全国委员会第一次会议”。

十、文字斟酌

1. 务必简明。例如：

（21）1950年人民解放军解放万山群岛。

似可改为“……万山群岛解放”，并加月日。

2. 慎用动词。例如：

（22）两国签订中苏友好同盟互助条约。

“签定”宜用“签订”，条约名加书名号。

又如上引例（20）的“通过毛泽东为全国委员会主席”，宜改为“选举毛泽东为主席”。

3. 语言力求通畅。例如：

（23）1949年11月11日，中国、中央航空公司宣布“两航起义”。

此句宜改为“中国航空公司、中央航空公司宣布起义。”也可加一句“称为‘两航起义’”。

（24）1949年9月，中国军事顾问团帮助实施援越抗法边界战役。

文中“帮助”和“援”似乎重复，有可能是作者过分照顾了参见词而造成句子不顺。

十一、其他问题

（25）1951年5月20日，《人民日报》发表毛泽东撰写的文章，批判电影《武训传》。

实际上，那是一篇毛泽东撰写的《人民日报》社论（见《毛泽东选集》第五卷）。此句似可改为“《人民日报》发表毛泽东写的社论《应当重视电影〈武训传〉的讨论》，发动批判《武训传》运动。”

（26）1951 年 9 月 9 日……发出农业生产互助的决议……

“决议”名称用了简称，省字有限，不如用全称“《关于农业生产互助合作的决议》”。

（27）1955 年 3 月 1 日，中共中央指示批判资产阶级唯心主义思想活动。

（28）1952 年，第一批女飞行员起飞。

例（27）所记之事内容太泛，似可不列。例（28）所记之事对后来影响不大，也未见出现过杰出的女飞行员，似可不列。

此外“新中国”“旧中国”之类字样，按《中国大百科全书》体例规定是不用的，最好避开。

标题《中华人民共和国史大事年表》中的“史”字似可删去。

1999 年 2 月 12 日

（原载《探讨》2003 年第 1 期）

先出卷和后出卷

《中国大百科全书》是按学科大类分卷出版的。因为很多事物有多重属性，某些人物有多方面的成就，而每一个学科卷又必须确保核心，相对完备，所以，同一内容的条目在两卷以至多卷出现便不可避免。《中国大百科全书》是这样，别的按学科分卷出版的大型辞书也有同样情况。因此《全书》的编辑便有一项任务：处理学科之间的交叉关系，包括先出卷和后出卷之间的关系。

编辑《建筑•园林•城市规划》（以下简称《建筑》）卷时，我们查了一下已出各卷，发现一些条目已见于先出的几卷。如与《考古学》卷相同的条目有“半坡遗址”“汉代崖墓”“邺城”“大昭寺”等；与《土木工程》卷相同的条目有“地下建筑”；与《交通》卷相同的条目有“航空港”，等等。

这些相同的条目大多不是出自一人之手。我们认为，同一内容的条目见于不同的学科卷之中，彼此之间所出现的在选材侧重、阐述角度、文字结构、表达方式等方面的不同，是允许的。但基础信息和基本数据不宜有出入，不能造成扞格抵牾。如果彼此发生矛盾，就按以下原则处理。凡是两卷的条目内容有出入，经查证先出卷条目内容无误，则向先出卷靠拢；两说均无误，则或取其一，或两说并存，均说明依据；经查证，先出卷确实有误，不宜跟着走，建议先出卷在重印时改正。不论采取何种方式处理，都要征求有关条目撰稿人的意见，取得一致的认识。下面是处理先出卷和后出卷关系的几个实例。

例一：《建筑》卷“侯马金代董氏墓”条释文所述的墓室平面尺

寸为 47.4 米 ^{2}，《考古学》卷“侯马金墓”条所述的尺寸则为“2.26 米 ×20.8 米”（乘积为 47.008 米 ^{2}），稍有出入。我们分别征求两位撰稿人的意见。《建筑》卷撰稿人认为“实测均属手测，而且所测的位置也不尽一致，事实上手测结果差几平方公分，那是常有的事。”《考古学》卷撰稿人也说两个数据都不算错。《考古学》卷责任编辑认为“《考古学》卷依据的是 1959 年第 6 期《文物》杂志发表的侯马金墓发掘报告中正式公布的数据，如无其他正式报告更改，应以此正式材料为准”。这样，《建筑》卷就采用了《考古学》卷的数据。

例二：《建筑》卷“隋唐长安城”条释文说城内有 108 坊，《考古学》卷“隋大兴唐长安城遗址”条释文则说 110 坊。经过两个条目撰稿人核实，两说都对，是统计方法上的差异。隋唐长安城内的居住里坊为 108 坊，此外，长安城内有东西两市，有的学者作两坊计，以此合计为 110 坊；有的学者把两市作一坊计，外加城东南角的“曲江池”为一坊，共为 110 坊。既然两说都不错，为了同先出的《考古学》卷取一致，《建筑》卷“隋唐长安城”条的释文也改为 110 坊。

例三：《建筑》卷“庞培城”条释文说，“城呈椭圆形，东西长约 1200 米，南北宽约 700 米”；而《考古学》卷“庞培城址”条释文说，“城址略呈长方形，东西长约 2600 米，南北长约 1600 米”。数字出入甚大。我们把《考古学》卷的释文所列数据提请《建筑》卷“庞培城”撰稿人核查。作者复信援引了四种外文材料证明自己的数据的可靠性。我们又把复信转请《考古学》卷该条撰稿人再查证，这位撰稿人来信说，经过查考权威的《普林斯顿古城遗址辞典》，证明《建筑》卷该条目所列数据是正确的，要求在《考古学》卷再版时改正过来。于是，后出的《建筑》卷仍用本卷的正确数据。

（原载《编辑之友》1989 年第 2 期）

从罗马帝国说起

罗马帝国国势强盛，在古代世界曾称雄数世纪。鼎盛时，疆土辽阔，东起幼发拉底河上游，南抵撒哈拉大沙漠，西濒大西洋，北达不列颠岛中部、莱茵河和多瑙河，地跨欧、亚、非三洲，整个地中海成了它的内海。

“罗马帝国”之名广泛传布，以致有人一提“罗马”便连上“帝国”。在稿件中就有这种误解的反映。例如：

> 公元前二世纪，罗马帝国开始大规模的征服活动。
>
> 古罗马帝国独裁者凯撒（公元前102/100～前44）的《高卢战纪》中有大量古代高卢人活动的记载。
>
> 公元前200～100年，罗马帝国兴起，成为地中海地区的奴隶制强国。

其实，罗马并不是像中国传说中一开始就有三皇五帝那样，从一开始就建立帝国的。它的国内政治制度，在公元前8世纪是以建立王政制度发端的，由国王执政；约在公元前509年建立共和国，由执政官主政，后来加选了保民官；到公元前27年屋大维建立元首制，才是罗马帝国的开始。可见，上面举的三个例子所讲的事情都发生帝国建立以前。这是不适当地把“帝国”的上限“向上推进”了，宜删“帝国”。

另一种疏失是把“帝国”的下限“向下延伸”，即把“西罗马帝国”推到帝国灭亡之后。有这样的句子：

> 波爱修（约480～524），后期罗马哲学家，政治家，曾任西罗马皇帝提阿多列克的宫廷顾问……

这也同历史事实有相左之处。罗马帝国存在到公元 395 年，分裂为东西两部。西罗马帝国国势渐衰，大部领土为日耳曼族一些部落占领。公元 476 年，日耳曼人雇佣军首领废除西罗马帝国末代皇帝罗穆路斯，西罗马帝国灭亡。虽然此后东罗马帝国（拜占廷）继续存在到 1453 年，但是历史学家通常把 476 年作为古罗马时代的终结，并把它作为欧洲古代史和中世纪史的分界线。

上述哲学家波爱修（Boethius）虽然生活在西罗马帝国灭亡之后，但在学术上仍然继承古罗马的余绪，况且他所在的日耳曼人国家仍然承认东罗马帝国的宗主权，因此学术界仍然把他视为罗马学者。这里要提出的是提阿多列克（Theodoric）的身份问题。他的生卒年大约是公元 454 ～ 526 年，主要活动年代在西罗马帝国灭亡之后。他是日耳曼族的东哥特人，而不是罗马人。他的身份是在意大利统治了 33 年的东哥特王国的国王，而不是西罗马皇帝。世界知名的综合性百科全书都列有 Theodoric 的条目。《辞海》未列专条，但在“鄂多亚克”（Odoacer）条提到“东哥特王狄奥多理”。

疏失之因，少了一个“查”字。

说实在的，这种疏失古人也有。有一类从事历史考订的著作如清钱大昕的《二十二史考异》、赵翼的《二十二史札记》等，就做了不少考证纠谬的工作。

例如《二十二史考异》对《史记 • 货殖列传》中的下面一句话作了考订：

> 白圭曰：“吾治生产，犹伊尹、吕尚之谋，孙、吴用兵，商鞅行法。”

钱大昕指出：“白圭当魏文侯时；而商鞅佐秦孝公。孝公即位，距魏文侯薨已二十五年矣。不得如《史》所言。”钱氏认为《史记》这句话中“商鞅行法”一语有问题。理由是：白圭处在魏文侯时代，商鞅处在秦孝公时代，魏文侯死了 25 年后秦孝公才即位，白圭怎么可能去学商鞅呢？钱氏的论证是有说服力的。

不过钱氏所说的“孝公即位，距魏文侯薨已二十五年”的年数有值得商榷之处（虽然不影响“不得如《史》所言”这一结论）。钱氏大概是依据《史记·六国年表》计算出来的。《六国年表》记魏文侯在位年为周威烈王二年（前424）至周安王十五年（前387），秦孝公登位年为周显王八年（前361），中间相隔为25年。如果依据《辞海》的《战国纪年表》，魏文侯的在位年为前445～396年，秦孝公的登位年为前361年（与《六国纪年》同）。据此计算，文侯死到孝公即位中间相隔年数则是34年。《辞海》的《战国纪年表》注明“据《古本竹书纪年》编制，并参考今人考订”。王国维在《古本竹书纪年辑校》中对魏文侯的在位年作过考订，《辞海》可能是参考了王氏的说法。

减少一些给后人考订纠误的可能，则是百科全书编纂者要做的事情。

（原载《编辑之友》1989年第6期）

时间的越位

大约在半个世纪前，上海拍过一部名叫《荆轲刺秦王》的电影。银幕上，风萧萧的易水之滨有一家酒店。酒店中，高渐离击筑，荆轲和而歌之，气氛悲凉。背景上却出现了“太白遗风”的题匾。唐朝酒仙李太白之“风”竟然“遗”到战国时代，观众为之不解。

这种差错，无以名之，故名曰“时间的越位”。

除了纯粹讲历法的著作外，稿件中提到时间，总是同事同人联系着的。同事同人相对照，往往能发现这种时间的越位。先举同事相关的例子：

1930 年，西德 BSI 公司首先使用盘形制动设备。

北京万牲园于 1908 年开放，后毁于八国联军之乱。

前一个例子把西德的出现时间提前了。大家知道，德国是在第二次世界大战中失败后才分为东西两部分。1949 年，东部（原苏联占领区）成立德意志民主共和国，简称东德；西部（原美、英、法占领区）成立德意志联邦共和国，简称西德（出版界提倡用“民主德国”和“联邦德国”的简称）。1930 年时只有一个德国，何来“西德”？后一个例子把八国联军之乱移后了。大家知道，八国联军是在 1900 年侵略中国的，1901 年《辛丑条约》签订后撤离，事情发生在北京万牲园开放之前。

应该说上面这些例子还属于一般常识范围内，比较容易发现、纠正。有的时间越位则要涉及专业。下面就是一个涉及计量历史的释文句子：

1783 年巴黎城市规划规定，新建街道宽度不得小于 9 米。

米制计量单位是法国大革命时期制定的，后来推广到全世界。今年是法国大革命200周年，米制的出现不会早于1789年。查《科学单位词典》得知，米制是1893年8月制定的。据《拉鲁斯辞典》解释，米制是1895年4月7日批准的。可见，这句释文至少把米制的出现提前了10年。如果meter（米）一词早已作为单位长度应用，只是长度跟后来规定的标准不合，那么就要另加说明了。

时间的错位也常出现在人物身上。大概有两种情况，一种出于疏忽大意，一种出于考证不精。有一位逻辑学家的条目，条头注明生于1921年，而释文则有“1935年毕业于北京大学”字样。有一位将军的条目，条头注明生于1900年，而释文则有“1905年入省立第七中学”字样。这样的“超级神童”世间罕见。从以后叙述的履历来看，前者可能错在生年，后者可能错在入学时间。

有些人物我们当编辑的是相当熟悉的，书稿中也时有时间的越位：

> 1894年马克思在《资本论》中论述了生产和消费排泄物的利用及其对环境的污染。
>
> 1896年恩格斯提出协调发展和环境关系的思想。

马克思逝世于1883年，恩格斯逝世于1895年。他们不可能在长眠地下后“论述”什么，“提出”什么的。

以上都可归入疏忽大意之列，用心的编辑不难发现。关于中国明代地理学家徐霞客生年的重新订定，则需要有考据的功力了。徐霞客生于明万历年十四年，一些出版物如《徐霞客游记》（1982年版）的《前言》《辞海》（1979年版）、《中国大百科全书·中国文学》卷都简单地推算为公历1586年。《中国大百科全书·地理学》卷经过考证，徐氏确切的生日为万历十四年十一月二十七日，换算为公历应为1587年1月5日，如论年应为1587，而不是1586。

编年史家都提到关于中国古代以至近代人物系年要注意两个问题，一是虚岁和周岁的计算问题，一是阴阳历换算问题，特别要考虑到中国传统历法到年末时换成公历可能要跨年度。某些用过不同历法的国家的人物的生卒年月日，也有新旧历换算问题。例如英国大物理学家牛顿的生日，按旧历为 1642 年 12 月 25 日，换为公历则为 1643 年 1 月 4 日。

时间越位现象也见诸报章。例如《光明日报》1987 年 8 月 18 日刊出戚继光纪念馆的照片。图注说：

> 戚继光纪念馆坐落在东海之滨的浙江省椒江市。这座保存完整的建筑始建于明代洪武年间，由前殿、戏台、水池、看楼几部分组成。

令人疑惑的是，戚继光是明中叶嘉靖年间的抗倭名将，在明代开国之初的洪武年间怎么能“预先”替他造庙呢？据《辞海》，戚继光的生卒年为 1528 ～ 1587 年，洪武年号的起讫年为 1368 ～ 1398 年，可见，建造时间大约比庙主生活年代早了 100 多年。我听一位中国建筑史专家说过，近来一些人爱把古建筑的建筑年限提前，以为古董总是“越古越好”。这个图注之错也许与此风有关。另一可能是这个建筑物原先是派别的用场的，后来改作“戚庙”，果真如是，图注就得交代了。

《人民日报》（海外版）1988 年 9 月 30 日刊登一位书法家写的条幅图片，内容是录“唐苏舜钦”的咏太湖诗：“杳杳波涛阅古今……”诗为大家手笔，书亦遒劲可观，却不知为什么在这位北宋前期同欧阳修、梅尧臣齐名的杰出诗人苏舜钦的名字前冠一“唐”字。

足球场上出现“越位”，裁判只判“违例”了事。书刊上，尤其是工具书上出现“时间的越位”，后果要大得多，盖“人寿百岁，书寿千年”也。

（原载《编辑之友》1989 年第 2 期）

神话和历史

神话是反映初民对宇宙起源和人类起源、自然现象和社会生活的原始理解的故事和传说；历史是指人类社会发展中已经过去的事实。神话是想象的虚构的产物；历史是昨天的实际情况。这是两者首先要划清的界限。当然也要考虑到，神话是“通过人民的幻想用一种不自觉的艺术方式加工过的自然和社会形式本身”（马克思《政治经济学批判·导言》），所以神话中也包含着某些历史资料，某些人类发展早期阶段的痕迹。要写没有文字记载的或者很少文字记载的时代或地区的历史，除了采用考古发掘的地下资料外，也借助于神话故事。因此，写希腊远古的历史，都援引荷马两部史诗《伊利亚特》《奥德赛》的材料；写中国上古的历史，也利用《山海经》等神话资料。

严肃的历史学家绝不把神话传说同历史事实混淆起来。范文澜在所著的《中国通史简编》（修订本）中，对夏代用“夏朝传说”的标题，对商代用“商朝事迹”的标题，泾渭分明。因为《史记·殷本记》所记世系已为殷墟发现的甲骨文所证实，所以商代的历史成为世所公认的信史；而夏代的历史还缺乏地下发掘的遗物、遗迹的确证。鉴于对夏代的存在史学界有不同的看法，《中国大百科全书·考古学》卷设置了《夏文化问题》条目，综述了中国学者对同夏文化有关的龙山文化、二里头文化、郑州商城等遗存的不同见解。

在百科全书的稿件中，也看到在神话传说和历史事实的关系上重视不够的例子。

一种是把神话传说人物当作历史人物。在一个介绍爱琴海地区古代建筑的条目中，提到考古发掘一座陵墓，说它“建成于公元前 14 世纪，是迈锡尼国王阿伽门农之墓”。这位阿伽门农（Agamemnon）在历史上有无其人不得而知，在希腊神话中却是大名鼎鼎的，他作为迈锡尼国王率领 10 万军队出征特洛伊进行了 10 年战争。《不列颠百科全书》说他可能是一位历史人物。既然只是“可能”，还是在“迈锡尼国王阿伽门农”之前加上“传说中的”为宜。又有一个关于“伯牙”的条目，肯定他为“春秋时代的琴师”。伯牙的知名度很高，而且有一些故事流传，如善奏高山流水之音，只有好友钟子期理解琴意，知音者钟子期死后不再鼓琴等等。至于他是不是实有其人，尚无定说。《辞海》“伯牙”条开头写作：“古代传说人物。相传生于春秋时代。”两句用了两个“传”字，足见其下笔之慎。在学术界没有足够的证据证明确有这个人以前，宜取慎重态度是对的。

另一种情况是把传说的事情同真实的事情串混在一起。有一条目中提到：“传说周穆王乘骏西征，曾带着大规模的舞队，在玄池和漯国地方都举行过乐舞表演。在瑶池会见了西王母，他的行程最远到了新疆以西的中亚细亚。”这段传说出自晋武帝时从汲冢魏襄王墓出土的竹书《穆天子传》。而《穆天子传》被称为小说的滥觞，有很多虚构成分，《四库全书总目》说此书中所写的东西“恍惚无征”。如果仅仅介绍周穆王在“瑶池会见了西王母”，一般读者都知道西王母为神话人物，瑶池是西王母居处，知道这是一段神话传说也就可以了，可是接着，把西王母居处同真实地名“新疆以西的中亚细亚”连在一起，就令人大惑不解了。

（原载《编辑之友》1989 年第 2 期）

琉璃瓦的色彩

北京雍和宫是一座由王府改成的喇嘛庙，它的屋顶用黄色琉璃瓦却有一番来历。这个建筑群建于清康熙三十三年（1694），最初是作为康熙帝第四子胤禛的府邸——雍亲王府，屋顶覆绿色琉璃瓦。按照明清制度，宫殿寺庙可用黄琉璃瓦，亲王府许用绿琉璃瓦。胤禛继康熙帝登位（年号雍正）后，其府邸于雍正三年（1725）改称雍和宫，实际上是特务机关粘杆处驻地。雍正十三年，雍正帝死了，因为要在此处停放他的灵柩和设置灵堂，便将屋顶绿琉璃瓦改为黄色，以符皇帝身份。乾隆九年（1744），改雍和宫为喇嘛教寺院，名称仍旧。

中国古代建筑有严格的礼制要求。城池、殿堂、坟墓、住宅的面积、设施、尺寸都有严格规定，色彩也不例外。例如按周朝制度，天子的宫室宗庙可建庑殿顶（四面坡，像北京故宫太和殿那样的屋顶），柱用红色；诸侯、大夫、士只能建两面坡屋顶，柱分别涂黑、青、黄色。曲阜孔府为孔子嫡系子孙住宅，可谓高门宅第。现存孔府虽建于明代，仍恪遵古制。其中主要建筑正厅也是两面坡的悬山顶，大门黑柱黑门，足见礼制之严。

建筑色彩不仅象征森严的等级制度——权力，也象征事物。北京故宫为帝王施政、居住之地，宫中建筑都用黄色琉璃瓦屋顶。从景山顶上望去，金光灿灿，气象非凡。可是故宫中唯独珍藏《四库全书》正本的文渊阁却是绿色和黑色琉璃瓦顶，因为黑绿两色是水的象征，寓有防火保全藏书之意。这同中国现存最古的藏书楼——宁波天一阁（明嘉靖年间建）的取名有点相似。“天一”一词出自汉代郑玄《易经》注中有

“天一生水，地六成之”一语，也是寓水能克火，寄托藏书楼免遭火灾之意。天一阁建筑有很高的风火墙，藏书楼前有一个既为园林景物又有消防功能的大水池，取名“天一”，无非讨个吉利。

南京中山陵是大建筑师吕彦直（1894 ～ 1929）设计的。总体布局采用木铎形（钟形）图案，寓唤起民众之意。建筑物从牌坊到主体建筑祭堂都用蓝白两色，白柱白墙，上覆蓝色琉璃瓦，用以象征国民党的旗帜——青天白日旗的颜色，因为陵主孙中山先生是作为中国国民党总理葬于此地的。

北京天坛是一座闻名世界的宏伟建筑，从 15 世纪始建迄今已经 500 多年，它的功能、形制、屋顶颜色都有一个演变过程。《中国大百科全书》的《建筑·园林·城市规划》卷的“坛”条对天坛主体建筑祈年殿作了这样的介绍：

> 祈年殿的前身，是明代永乐十八年（1420）建造的天地合祭的大祀殿。嘉靖十九年（1540）在大祀殿原址建成行祈谷礼的大享殿（即现在的祈年殿），有三重檐分别覆以三种颜色的琉璃瓦：上檐青色象征青天，中檐黄色象征土地，下檐绿色象征万物。至乾隆十六年（1751）改为三层均蓝色，以合专以祭天之意。

看了这段话，对于琉璃瓦的颜色所具有的象征意义的解释颇表赞赏。按《建筑》卷的条目设计，“坛”条是建筑类型条目，另外还有“天坛”这个建筑实例条目。再读“天坛”条，赞赏转为疑惑。“天坛”条释文说：

> 天坛始建于永乐十八年（1420），原称天地坛，主体是合祀天地的大祀殿，为矩形殿堂……。嘉靖九年（1530）为分祀天地，在大祀殿南面建祭天的圆坛，即现在的圜丘。嘉靖十九年又在原大祀殿处建行祈谷礼的大享殿，即现在的祈年殿。至此，天坛的规模形成了。乾隆年间，……改祈年殿三层檐分用蓝、黄、绿琉璃瓦为纯用蓝琉璃瓦，成为现在天坛的面貌。

两条一对照，事实并无出入，详略虽有不同也是允许的。不过“坛”条没有提到 1530 年另建圆坛祭天一事，给人以一种错觉，以为 1540 年建造的大享殿同原来的大祀殿一样，也是合祀天地的，所以对释文中三重檐的三种颜色象征三种事物还以为颇有道理。然而从“天坛”条知道，后建的大享殿的功能已不是合祀天地，而是专作祈年祀天之用，三种颜色象征三种事物之说就失却依据了。何况，也正是在嘉靖九年（1530）另在今天北京安定门外兴建专门供奉地祇之神的地坛。“天坛”条还有一段话在介绍大享殿（祈年殿）的结构之后还说明了设计思想：

> 据说此殿设计时以圆形平面象征天，以四龙井柱象征四季，以十二根金柱和檐柱分别象征十二月和十二时辰。

作者很慎重，对三重檐的三色琉璃瓦只说事实，不提象征意义。清乾隆年间把三色琉璃瓦改为蓝一色，可能出于追求色彩与功能一致的考虑。

我们把上述读稿意见向“坛”条撰稿人提出，并建议删去“象征青天”“象征土地”“象征万物”字样。撰稿人复信表示“完全同意”。这是一个从赞赏到疑惑，又到否定的过程，可惜，来不及在版面上改正了，留下一点遗憾。

（原载《编辑之友》1990 年第 2 期）

孔庙大还是孔府大

百科全书条目释文中数据很多。有人认为，这些条目作者都是所在领域的专家，数据不至于出差错，编辑应持信任态度，无须核对。也有人认为，信任专家这一点必须肯定。不过，专家所援引的资料来源不同，统计方法不一，一卷百科全书的条目由许多撰稿人执笔，在不同条目中对同一项目或近似项目的统计数字有时就不免有出入，有时可能出入很大。何况专家也难免有疏忽。如果有条件，最好核对一下。自然，后一种观点占据优势。

《中国大百科全书》的《建筑·园林·城市规划》卷有“曲阜孔庙”“曲阜孔府”两个条目。曲阜孔庙是全国现存仅次于北京紫禁城宫殿的大建筑群；曲阜孔府是现存最完整的一座公府。因为它们在中国古代建筑史上的重要地位而被选为《中国大百科全书》的建筑实例条目。何况，两者都是国家规定的全国重点文物保护单位。

两个条目是一先一后送到编辑部的。在“单条读稿”时并未发现这两个建筑群面积数据有问题。到“组群读稿”时，两条都属明清建筑，靠得近，就可以进行比较了。“曲阜孔庙”条说，孔庙“占地10公顷”；“曲阜孔府”条说，孔府“占地16公顷”。这说明孔庙小于孔府。可是据笔者参观曲阜所得印象：孔庙大于孔府。印象未必可靠，就得查考资料。几部辞书所载资料如下：

资料来源	曲阜孔庙	曲阜孔府
《辞海》*（1979）	占地 3.27 公顷	
《中国历史文化名城词典》（1985）	现存孔庙面积 327.5 亩	占地总面积 16 万平方米
《中国名胜词典》（1982）	总面积 327 亩	面积 240 亩

*1989 年版《辞海》为 3.27 万平方米，面积相同，只是换了计量方法。

从上表可知，关于孔庙的面积，《中国历史文化名城词典》和《中国名胜词典》的数据是一致的（0.5 亩可以忽略），而《辞海》的数据则与上述两辞书大有出入。3.27 公顷或 3.27 万平方米，都只合 49 亩。“327”这个数字是相同的，可能是换算失误造成的，按 1 公顷 =100〔市〕亩计算了，实际上 1 公顷 =15〔市〕亩。《辞海》没有给出孔府面积，无法把两者占地大小进行比较。

从《中国历史文化名城词典》和《中国名胜词典》提供的可比数字表明，孔庙大于孔府。从山东美术出版社 1984 年出版的《曲阜游览图》所绘的几何图形也可以看出，孔庙大于孔府。

因为“曲阜孔庙”条所述数据与上述资料有差异，加上两条数据对比得出孔庙小于孔府的结论，我们便请两个条目撰稿人再次审核。一位回答说：自己的数字有依据；一位回答说：过去搜集的资料散失了，无从查对。

后来得知，南京工学院建筑系潘谷西教授正在准备出版关于曲阜建筑的专著。他是建筑卷的编委，我们向他求教。他告诉我们，曲阜孔庙根据 1985 年的实测，面积约 9.6 公顷；曲阜孔府面积明代为 240 亩（16 公顷），到清代逐渐缩小，1985 年实测结果仅为 68 亩（约 4.5 公顷）。由此可见，孔庙条撰稿人提供的“占地 10 公顷”是接近 1985 年实测数据的；而孔府的“占地 16 公顷”则是采用了明代数据，以致造成“孔府大于孔庙”。《中国大百科全书》根据“全、精、新”的要求，在建筑卷中采用了潘教授提供的资料。

令人思考的是，孔府占地 240 亩（16 公顷）这个明代的数据，为何一直被许多出版物所沿用。除了上面提到的以外，中国展望出版社 1982 年出版的《中国古典名城巡礼（1）》，人民日报出版社 1982 年出版的《神州漫步》中的关于曲阜孔府的占地面积也是用了这个数字。

（原载《编辑之友》1990 年第 2 期）

新历和旧历

百科全书集人类知识之大全，许多条目涉及人类社会的历史。记述史事离不开衡量时间的标尺——历法。

历法上常用“新历”和“旧历”两词。虽然在历法史上任何一次历法变革前后两种历法都可以称作新历和旧历，但在目前实际使用中通常指两组相对而有交叉的历法。

在西方，旧历是指公元前 1 世纪罗马统治者儒略·凯撒制定的“儒略历”，新历指 16 世纪教皇格雷果里十三世制定的“格雷果里历”，即今天世界通用的公历（伊斯兰国家仍用回历）。在中国，旧历指我国传统农历，与之相对的新历也指世界通行的公历。它们的正式名称是儒略历、公历、农历。《中国大百科全书》的《天文学》卷就用这三个规范名称作为条目标题的。它们的释文是：

> **儒略历** 十六世纪以前西方采用的一种历法，世界通用的公历的前身。公元前 46 年罗马统治者儒略·凯撒采纳天文学家索西琴尼的意见制定的。儒略历……历年平均长度为 365.25 日，此回归年长度要长 0.0078 日，400 年要多出 3.12 日。到十六世纪后期，累差已约 10 天。因此罗马教皇格雷果里十三世进行修订，于 1582 年颁行格雷果里历，即公历。
>
> **公历** 目前全世界通用的历法，又称格雷果里历，实质上是一种阳历。它是罗马教皇格雷果里十三世对原来的儒略历进行修订后于 1582 年颁行的。由于儒略历的年长度是 365.25 日，同回归年度 365.2422 日相差 0.0078 日，从实施儒略历到十六世纪后期，累差

已约 10 天。为了消除这个差数，格雷果里十三世把儒略历 1582 年 10 月 4 日（星期四）的下一天定为格雷果里历 10 月 15 日，中间销去 10 天，这样使春分日又恢复到 3 月 21 日。同时还修改了儒略历置闰的法则，公元年数被 4 除尽的仍为闰年，但对世纪年（如 1600，1700…），只有被 400 年除尽的才为闰年。这样，在 400 年中只有 97 个闰年，此儒略历减少 3 个，即历年的平均长度为 365.2425 日，与回归年长度 365.2422 日更为接近。……

农历 中国采用的一种传统历法，这种历法中安排有二十四节气，以指导农事活动，而且主要在广大农村中使用，因此称为农历。又名夏历、旧历、中历，民间也有称为阴历的。

上面介绍了两种“旧历”，一种“新历”。“新历”的提法虽然不是正式名称，但不会引起误解。而“旧历”就不同了。“儒略历”这种“旧历”确实“旧”了。全世界最后一个放弃使用儒略历的国家是希腊，它于 1923 年改用公历。中国的“农历”则不同。农历中的二十四节气还在指导农事活动，并没有“旧”。不仅中国广大农村在用，而且不分城乡以至世界各大洲华人聚居之地，每逢春节就要庆贺，清明、端午、中秋、重阳，这些节日也没有忘记。《人民日报》等报纸每天除刊出公历年月日以外，都在报头载明农历的干支纪年和月日。它们都不用“旧历”这一常用却不规范的名称，而称为“农历”。

英国大科学家牛顿的生日恰好在新旧历交替的岁尾年头。下面以他的出生年月日为例，谈谈百科全书人物条目如何表达新历和旧历的问题。《中国大百科全书》不同的学科卷对此有不同的表达方式。

牛顿（1642 ～ 1727） 伟大的英国物理学家，天文学家，数学家。1642 年 12 月 25 日（新历 1643 年 1 月 4 日）生于林肯郡。（《天文学》卷）

牛顿（1643 ～ 1727） 伟大的科学家，经典物理学理论体系的建立者。1643 年 1 月 4 日（儒略历 1642 年 12 月 25 日）生于

英格兰林肯郡……（《物理学》卷）

牛顿（1642～1727） 伟大的英国数学家，物理学家，天文学家和自然哲学家。1642年12月25日（格里历1643年1月4日）生于英格兰林肯郡……（《数学》卷）

《天文学》卷只在括弧内注明“新历”，未注明括弧以外的为何历，作者大概考虑到新旧对照，理所当然，故省却“旧历”字样。《数学》卷只在括弧内注明“格里历”，也未注明括弧以外的为何历，而格里历是什么历也未作说明，这会给读者带来不便。格里历是格雷果里历的简称，既然注，不妨径注“公历”。

三种表达方式都可以，都不错，但从规范化要求出发，则要考虑三个问题：（1）人物条头如何标明生卒年？（2）释文中提到两种历法如何安排主次？（3）如何选用历法名称？

笔者以为：（1）人物条头的生卒年应以公历为准。中国古代人物的生卒年都是由传统纪年换算成公历的，外国人物自不例外。因此，《物理学》卷“牛顿（1643～1727）”这一表达方式是合宜的。（2）释文如果提及两种历法宜以传主当时当地行用的历法为主，以公历注释之。这一点也应该中外一致。例如《天文学》卷所列中国古代天文学家条目就是这样表达的。明末科学家徐光启条：“生于嘉靖四十一年三月二十日（公元1562年4月24日）”就很相宜。同样的，牛顿出生年月日也应以儒略历为主，注以公历。格雷果里历（公历）虽在1582年即已颁行，但各国开始行用则有先有后。英国是在1752年9月14日开始行用的。牛顿生活的时代还是用儒略历，自应以儒略历为主。这一点，《天文学》《数学》卷的表达方式可取。对于地名、职官等等也应以同样方式处理。既保持历史的真实，又为现代读者易于理解。例如明代名将于谦，只能说他当过兵部尚书而注以“国防部长”，不能说他当过国防部长然后注明“当时叫兵部尚书”。《中国大百科全书》的《哲学》卷中的德国哲学家康德条的籍贯是这样写的——“康德生于东普鲁士的柯尼斯堡（第二次世界大战后归属苏联，改名加里宁格勒）”。

（3）历法名称最好不用相对的名称——旧历、新历。《现代汉语词典》中“旧历”一词释为“指农历”，用于中国则可，用于域外就不相宜了。历法有几个名称，宜选用规范的通用名。上文提到的“格里历”，不如用“公历”。

顺便提一下，《辞海》的“十月社会主义革命”条释文说：“俄国无产阶级在布尔什维克党和列宁领导下，联合贫苦农民所进行的社会主义革命，因发生在1917年俄历10月得名。”这里所说的“俄历”就是“儒略历”。沙皇俄国并没有单独的历法，而是行用儒略历。16世纪末格雷果里历（公历）制定后，俄国也一直未采用。十月革命后，苏维埃政府宣布于1918年2月14日开始采用公历。

中国是在辛亥革命后的1912年开始采用公历的，不过当时还用中华民国纪年。中华人民共和国从1949年10月1日成立时起采用公历纪年。《中国大百科全书》和现下出版的其他辞书在体例上都要求在人物条头标出生卒年，这对于在使用传统农历的时代以及将农历年末的生卒年换算成公历的时候可能会造成“年差”。早在20世纪20年代，著名历史学家陈垣在《拟编中西回三历岁首表意见书》中就指出：

> 民国纪元以前，中西历法不同，西历岁首，恒在中历岁暮，少者差二十余日，多者差五十余日。今普通史学年表，多只为中西年之比照，而月、日阙焉。据此计年，中西历恒有一岁之差异。

这种“一岁之差异”常在近年出版的辞书上出现。清代数学家、天文学家、翻译家李善蓝在《中国大百科全书·天文学》卷条目释文中被写为“嘉庆十五年十二月二十八日（公元1811年1月22日）生于浙江海宁县”，并在条头标出“1811—1882”，可是比它晚出版的《中国翻译家辞典》没有利用这一资料，“李善蓝”条的生卒年仍为“1810—1882”。宋代大诗人苏轼生于北宋景祐三年十二月十九日，换算为公历为 1037 年 1 月 8 日。《辞源》修订本“苏轼”条“只为中西年之比照”，定为 1036 年生。在这方面，《中国大百科全书 • 中国文学》《辞海》都正确地定苏氏生年为 1037 年。可惜，都没有给出他的按中国传统纪年计算的出生年月日。

（原载《编辑之友》1991 年第 1 期）

辞书条目中的纪年换算

鸦片战争后，西方文化陆续输入中国，西方使用的公历也随之传入。辛亥革命后，中国虽然还用中华民国纪年，但于 1912 年起采用了世界通用的公历。某些辞书也采用公历纪年。例如 1934 年上海光明书局出版的谭正璧主编的《中国文学家大辞典》，在每个人物条头之下都用公历纪年注明人物的生卒年（少数不可考的例外）。1949 年中华人民共和国成立，宣布以公历纪年。从此以后编纂的辞书不仅对现代的、域外的人和事使用公历，就是对中国历史事件或古代人物也用公历注释中国传统纪年，或直接使用公历。因为公历纪年是世界通用的，便于对事物作中外对比；也因为公历纪年是统一的，时间跨度大，还便于事物先后对比，所以受到读者的欢迎。不过中历和公历之间有月差现象，尤其在中历的十一月、十二月，是公历的下一年的一月、二月，纪年却跨两个年度，月差往往变成年差。这种情况就给辞书编纂者（当然不仅仅是辞书编纂者）带来麻烦。经验丰富的辞书编纂家对此都是十分注意的，但是要把精确换算纪年的要求落实到有关的每一词条上，却并不容易做到。

有些辞书编者习惯于只按年份推算，未注意月差、日差，结果使时间相差一年。

金代第三代皇帝金熙宗是做过一些改革的皇帝，他卒于皇统九年。《中国大百科全书•中国历史》的《辽宋西夏金史》分册的“金熙宗完颜亶”条，简单地将皇统九年换算为 1149 年。确切地说，他是皇统九年十二月初九被杀的，换算为公元时间应是 1150 年 1 月 9 日。因此他的条头卒年应注为 1150 年。

北宋之亡是中国历史上的大事，而按公历计算北宋亡于何年，辞书上却有不同的提法。《辞海》（1979 年版）“北宋”条说：

> 从公元 960 年赵匡胤称帝起至 1126 年金兵攻入开封止，史称北宋。

“宋”条说：

> 钦宗靖康元年（1126 年）金兵攻入开封，北宋亡。

这两条释文都以金兵攻入开封作为北宋灭亡的标志。那么金兵究竟在何时攻入开封的呢？

《宋史·钦宗本纪》说，靖康元年闰十一月丙辰“金兵登城，众皆披靡……京城陷”。《金史纪事本末》说，天会四年闰十一月“丙辰，克汴城”。北宋靖康元年即金天会四年，这年闰十一月丙辰，据《中国史历和中西历日对照表》换算为公历则为 1127 年 1 月 9 日。可见，《辞海》“北宋”条中所述年份，是值得商榷的。至于“宋”条说“靖康元年（1126 年）金兵攻入开封，北宋亡”，则是可以接受的。因为金兵攻入开封确在“靖康元年”，括弧内“1126 年”，可理解为相对年份的注释。

有些历史事件条目将发生时间精确到日，但在换算时，编纂者却忽视了月、日的相应换算。这个问题在将中历换算成公历和将公历换算成中历的时候都曾发生过。

民族英雄郑成功从荷兰侵略者手中收复台湾也是中国历史上的大事。究竟是何时收复的？《辞海》（1989 年版）“郑成功”条说：

> 永历十五年（1661 年），率将领士数十万人，自厦门出发，经澎湖，于台湾禾寮港（在今台南境）登陆，围攻荷兰总督所在地赤嵌城（今台南市西安平），经过八个月的战斗，康熙元年（1662 年）二月一日荷兰总督揆一投降，台湾重回祖国怀抱。

同书“台湾省”条说：

明天启四年（1624年）和六年，荷兰和西班牙殖民者分别侵入台湾。明末，郑成功驱逐侵略者，收复台湾。

从这两条释文来看，有两点疑问。一是前一条所述郑氏收复台湾的时间是康熙元年二月一日，还是公元1662年2月1日？按《辞海》体例，凡是中国传统历法的年月日，序数用汉字表达；凡是公历的年月日，序数用阿拉伯数字表达。可见，应理解为康熙元年二月一日（有点小疑惑是为何用“一日”而不用“初一”）。括弧内的公元年份“1962年”应作为注释的相对年份来看待。二是如果作这种理解，那么台湾是“康熙元年”“重回祖国怀抱”的，康熙是清朝年号，那就是说，台湾是清朝回归祖国怀抱的。这同后一条所说的“明末，郑成功驱逐侵略者收复台湾”就有了出入。这不仅有年份之差，而且有朝代之差了。

据陈国强《郑成功与高山族》（江西人民出版社1982年版）考证，郑成功收复台湾的日子确定为荷兰人投降之日，即公元1662年2月1日。

那么，按中国传统历法公元1662年2月1日又是哪一天呢？如按南明纪年为永历十五年十二月十三日，如按清纪年为顺治十八年十二月十三日。于是，又有用哪个纪年的问题。清军是1644年入关的，虽然到这时已近20年，但朝廷势力从未到达台湾，郑成功也一直在进行抗清斗争，行用南明桂王朱由榔的永历年号。明清之际学者顾炎武在《日知录》中主张“年号应当实书”。这样，郑氏收复台湾的日期应为南明永历十五年十二月十三日。这就与《辞海》“台湾省”条释文“明末，郑成功……收复台湾”这一说法相符。而“郑成功”条之所以与之发生扞格，是因为把按公历计算的1662年2月1日简单地误推为康熙元年二月一日，致使历史事件由年份差异变成朝代差异。

凡处易代之世，不同的著作采取不同的纪元是正常现象。如金兵攻入宋都开封，《宋史》用靖康年号《金史纪事本末》用天会年号。郑成功收复台湾正在易代之时，今人记其事用何种年号是费斟酌的。通常，把 1644 年作为明清改朝换代的界线，因为到这时明王朝作为全国性政权已经灭亡。南明虽承明祚，事实上已只是一个地方政权。如果持这种观点，按掌握全国性政权的政府所用纪元记事，对郑氏收复台湾的时间也只能写作“顺治十八年”。不过作为同一部辞书，对不同条目记同一事件，仍须考虑提法的统一协调问题。

有人作过粗略调查，从公历元旦到农历元旦通常相差 21 ～ 50 天，平均为 35 天左右。由此可见，如果把中国传统纪年径直换成公历纪年（不是指公历注释中国传统纪年的相对年份），可能发生的误差率为 10% 弱，就历史人物而言，由于过去的著作对人物的生卒年份都不够重视，更不要说月日，以致今天要弄清楚它，成为相当困难的事情。如果今天的辞书编纂者能在这方面作些努力，无疑是件功德无量的事情。

上面谈的主要是中国传统纪年与公元纪年互相换算方面存在的问题。不过，切勿认为只有涉及中国历史的条目才有纪年换算的问题，两种历法的差异在涉及外国历史的条目中也是存在的。俄国在 1918 年 2 月 14 之前使用的俄历（儒略历），就与公历相差 13 日。公历 1917 年 11 月 7 日，是俄历 10 月 25 日，所以这天爆发的社会主义革命称作“十月革命”。若辞书编纂者对历法差异处理不当也会造成外国历史事件或人物生卒年跨年的问题。

（原载《编辑之友》1991 年第 2 期）

从徐霞客生年说起

——生卒于岁尾年初人物的生卒年标示问题

《中国大百科全书·地理学》卷（1990 年 9 月出版）考定徐霞客（宏祖）的生年是明万历十四年十一月二十七日（1587 年 1 月 5 日），因此条头的生卒年正确标作“（1587 ～ 1641）”。

《中国大百科全书》（以下简称《全书》）有三卷收有“徐霞客”条。在《地理学》卷以前出版的《中国文学》卷（1986 年 11 月出版）中的徐氏条，生年作 1586 年；在《地理学》卷以后出版的《中国历史》卷（1992 年 3 ～ 4 月出版）以“徐宏祖”立条，生年仍为 1586 年，可知，《地理学》卷的成果没有得到应用。

《辞源》《辞海》是权威性的工具书，它们也不例外，“徐宏祖”或“徐霞客”条所注生年都误为 1586 年。

1912 年中华民国建立，开始行用世界通用的公历，尽管纪元仍用“中华民国”。从此，中国的历史学家（包括文学史家、科技史家等）有了一项把中国传统历法记载的史事或人物的时间转换成公历的工作。

早在 1925 年，著名历史学家陈垣（1880 ～ 1971）在《〈中西回史日历〉自序及例言》中说：

> 辛亥革命以前，中西历法不同，西历岁首，恒在中历岁暮，少者差十余日，多者差五十余日。今普通年表，多只为中西年之比照，而月日阙焉。据此计年，中西历恒有一岁之差异。例如陆九渊之卒，在宋绍熙三年，据普通年表为西历之一一九二年，本无误也。然九渊之卒在十二月十四日，以西历纪之，当为一一九三年一月十八日。又如施闰章之生，在明万历四十六年，据普通年表为西历之一六一八年，

亦无误也。然闰章之生在十一月廿一日，以西历纪之，当为一六一九年一月六日。……苟欲实事求是，非有精密之中西长历为工具不可。

笔者根据中国科学院紫金山天文台编制的《1901 ～ 2000 一百年日历表》（科学出版社 1981 年版）统计，这 100 年中公历岁首和农历岁首之差，最少的为 1966 年差 20 日，最多的为 1920 年和 1985 年各差 50 日，平均相差 34.84 日，公历历年姑且以 365.25 日计，差错率为 9.54%。换句话说，如果像陈垣先生所说的“只为中西年之比照”推算出来的年份，那会有 9.54% 的差错率。

笔者抽查了《全书》人物条目生卒时间在岁尾年初的一些人物条目，他们的生卒年标示状况有下述情况。

岳飞的卒年，各卷标示正确

读过正史、看过演义、听过说书、翻过连环画的人都知道，宋代民族英雄岳飞是在农历除夕被卖国贼秦桧杀害于杭州风波亭的，具体日子是南宋绍兴十一年十二月二十九日（1142 年 1 月 27 日）。《全书》的《中国历史》《军事》《中国文学》三个学科卷条目中都正确地标出岳氏生卒年是 1103 ～ 1142 年，并且提到他被害的具体月日。《辞海》《辞源》岳氏条目的生卒年标示也是正确的。

宋代大文豪苏轼生于北宋景祐三年十二月十九日（1037 年 1 月 8 日）。《全书》的《中国文学》《中国历史》《美术》三个学科卷条目中都正确地标出苏氏生卒年为 1037 ～ 1101 年，可惜都没有具体写明苏氏的生日。《辞海》也标得正确。《辞源》则“只为中西年之比照”，误标为 1036 ～ 1101 年。

近代大学者章炳麟（太炎）生于清同治七年十一月三十日（1869 年 1 月 12 日），《全书》的《中国历史》《中国文学》《哲学》《语言》《教育》《政治学》《社会学》七个学科卷立有他的条目，生卒年都标作 1869 ～ 1936 年，全无差错。《中国历史》《哲学》《政治学》《社会学》四学科卷条目还有章氏生卒具体的月日。

一卷的成果，未为他卷所用

上面提到的《地理学》卷的徐霞客生年考证成果没有为他卷所用，这种情况，不止一端。例如：

明代抗倭名将戚继光，《军事》卷（1990 年 5 ～ 6 月出版）戚氏条，确定传主卒年为明万历十五年十二月初八（1588 年 1 月 5 日）。这一成果未为后出卷所用。《中国历史》（1992 年 3 ～ 4 月出版）的戚氏条目，卒年误作 1587 年。《辞源》《辞海》戚氏条的卒年也都误作 1587 年。

清代后期的数学家、翻译家李善兰，在《全书》的《天文学》《数学》《中国历史》三个学科卷中都设有条目。在《天文学》卷（1980 年 12 月出版）中李氏条，写明他生于清嘉庆十五年十二月二十八日（1811 年 1 月 22 日）。在《数学》卷（1988 年 11 月出版）李氏条中，其生年写作 1811 年，可是释文中却来一个“倒推”，推定为“嘉庆十六年”，这就错了。出现该错误的原因可能是撰稿人只看《天文学》李氏条的条头，没有看释文。《中国历史》卷把李氏的生年错定为 1810 年，也是未能利用先出卷的成果。《中国翻译家辞典》（对外翻译公司 1987 年版）所收李氏条目也把传主生年错写成 1810 年。

考证的成果，未为本卷所用

《全书》有的学科卷对生卒于岁尾年初人物的生卒年是做过考证的，却没有利用起来，标示在条头。

中华民国首任内阁总理唐绍仪，《中国历史》卷考定他生于清咸丰十一年十二月初三（1862 年 1 月 2 日），可是条头的生年却写作 1860 年。

《辞海》1979年版也把他的生年错定为1860年。

古文字学家唐兰。《考古学》卷（1986年8月出版）唐氏条确定他的生年为清光绪二十七年十一月二十九日（1902年1月8日），可是条头的生卒年却写作（1901～1979），造成条头和正文分歧。后出的《语言文字》卷（1988年2月出版）中的唐氏条目，也没有用《考古学》卷考出的唐氏的生年，误定为1901年。

金朝第三代皇帝熙宗完颜亶。《中国历史》卷这一条目的释文说："皇统……九年十二月，太祖孙、完颜宗幹子完颜亮……等合谋将熙宗刺死。"按照中西历对照表，皇统九年十二月初一，即为1150年1月1日。既然金熙宗死于皇统九年十二月，应视为1150年死的。可是《中国历史》卷此条的条头却写作1149年卒，这样就自相矛盾了。据《金史纪事本末》（中华书局版）第380页所载，金熙宗被杀的精确的日期是金皇统九年十二月初九（1150年1月9日）。

后来者居上，正确标出生年

中国近代实业家周学熙，北洋政府时代当过财政总长，《经济学》卷（1988年8～10月出版）立有他的条目，生卒年定为1869～1947年。《中国历史》卷（1992年3～4月出版）是后出卷，所收"周学熙"条，考定传主生于清同治四年十一月三十日（1866年1月12日），周氏后人周一良先生是《中国历史》编辑委员会常务副主任，可以肯定《中国历史》卷的这一资料具有权威性。

国民党元老、思想家戴季陶，《哲学》卷（1987年10月出书）立有他的条目，标示生卒年是1890～1949年。生年有误。《辞海》《民国史大辞典》《哲学大辞典•中国哲学史卷》的戴氏条目，都把他的生年误定为1890年。后出的《中国历史》卷的戴氏条目，确定他的生年是清光绪十六年十一月二十六（1891年1月6日）。《辞海》《民国史大辞典》《哲学大辞典·中国哲学史卷》的戴氏条目，都把他的生年误定为1890年。

*　*

对于生卒于岁尾年头的立条人物误标生卒年份的原因很多，如封闭编书，轻信作者，不仔细核对和考证等，最根本的是未能贯彻下面的体例要求。

《〈中国大百科全书〉成书编辑体例》34-11规定：“人物条目属于资料性条目，人物的生卒时间力求精确到月日。”这样的规定也是世界各国大型综合性百科全书的通例。如果对上书人物的生卒时间都能力求精确到月日，不正确的生卒标年就能减少很多。

《全书》二版体例必须贯彻“人物的生卒时间力求精确到月日”的规定。中国人物凡是民国纪元前出生的或死亡的，务须写上中国传统历法的年月日，注明公元年月日。这一工作对有些人物是难以做到的，例如司马迁的卒年；对有些人物有一定难度，如徐霞客的生年；对有些人物则比较容易，只要编辑部提出要求，撰稿人有现成的资料，因为撰稿人都是一个领域的专家——历史学家、文学史家、艺术史家、科技史专家等。把这项工作做好了，无疑将裨益当代，嘉惠后世。

就国内辞书出版界来说，我们《全书》有比较充分的条件担当起此项任务。舍我其谁！

最后附带说一点，《全书》立条的中国现代人物出生时间，有的还不如《不列颠百科全书》具体，这也是有待改进的。例如，《法学》卷中的中国共产党和国家领导人彭真的条目只标出他生于1902年，而《不列颠百科全书》标出他的出生时间为1902年10月12日；《戏曲》卷中的中国京剧演员程砚秋条，写明他生于1904年，卒于1958年3月9日，而《不列颠百科全书》程氏条目则写明他生于1904年1月1日，卒于1958年3月9日。

（原载《探讨》1997年第5期）

“内联陞”条审读小记

“内联陞”是《中国大百科全书》第一版《轻工》卷的短条目，只有200多字，准备作为二版的条目，读后觉得存在一些问题。原条目照录如下：

> **内联陞** 中国鞋业老字号。1853年创办[1]于北京东江米巷（今东交民巷）。创办人赵廷，河北武清县人[2]。当时主要为清廷皇室、官吏制作靴鞋，并[3]集望族名士的鞋码鞋样编成《履中备载》。其传统的经营方式是前店后厂[4]。1911年辛亥革命后，内联陞以呢、缎面布鞋为主要产品。其中“千层底”布鞋制作精巧，以鞋面不涂浆糊的软帮和鞋边[5]不饰白粉为特色，家喻户晓。1957年起逐渐以生产、销售皮鞋为主，但仍保持传统布鞋的生产[6]。现内联陞鞋厂位于[7]北京市感化胡同，鞋店位于[8]小齐家胡同。

内容短缺 读稿既要看稿面的文字，还要思考内容是否完整。我以为该条目缺两项内容。

第一是所有制的变革。20世纪50年代实行的私营工商业社会主义改造不能不涉及内联陞，这要在释文中提到，改革开放以后如有变动也要言及。

第二是鞋店的规模。这是企业条目不可或缺的。释文中只字不提，究竟是几个人的小作坊，还是千人大厂？不得而知。规模是有变动的，应该提供有代表性年代数据，有两三个即可，如职工人数、产量、产值（按不变价格计算，这对老字号较难）。

修改意见 按注码分述如下。

[1] 用“创办”虽然不错，谱大了点，似可改为“开设”或“开业”之类。

[2]“创办人”也有跟“创办”同样的情况。实实在在地讲，按当时的说法应该是“店东”。又，当时“武清县”属“直隶省”，1928 年“直隶省”改名“河北省”。1973 年武清县由河北省划归天津市。因此，“河北武清县人”应改作“直隶武清县（今属天津市）人”。

[3] 用“并”字，把“制鞋”和“出书”并列，不宜。制鞋，过去的鞋店家家如此；出书，对于鞋店来说，极为罕见，也极为难得。“并”字前的逗号宜改为句号，改“并”为“曾”，独立成句，增加分量。

[4]“其传统的经营方式是前店后厂”一语中的“其”指代内联陞，意思是“内联陞”的经营方式，此说不很严格。“前店后厂”实际上是当时兼事销售的手工业以至小型工业普遍采用的经营方式。当今，个体私营手工业以至小型工业仍多采用这种方式。这不仅仅是内联陞的传统经营方式，所以“其传统的”四字可删。

[5]“鞋边”所指不明确，似可改为“鞋底边沿”。

[6]“但仍保持传统布鞋的生产”可简化为“仍生产传统布鞋”。去“但”，因此处无明显的转折意思；去“保持”，因为有“仍”，已含此意。

[7][8]“位于”意思是“位置处在”，通常用于相当固定、难以搬迁的主体。例如“北京市位于华北平原北部”“天坛位于北京永定门内大街东侧”。鞋厂有可能搬迁，用“设在”足矣。

（原载《探讨》2003 年第 2 期）

拾 零 篇

题和文

百科全书标题一般都质朴无华，不像新闻标题那样丰富多彩，但它关系到正名问题必须严肃对待，因为“名不正”，则会“言不顺”。

百科全书条目标题的制定大致分两步：第一步是制条目表时的“拟题”；第二步是编辑加工阶段的“审题”。前者是为了把完整的知识切成碎块，从宏观角度勾划轮廓；后者是从微观角度仔细推敲。如果说前者是“成批生产”的话，那么后者就是“逐个检查”了。制定条目表时对条目名称是作了反复研究的，一般说来问题不大，然而毕竟是“成批生产”，一下子定出成百上千个标题，难免照顾不周。到了编辑加工阶段，撰稿人都已按题作好文，编辑集体（包括编辑部和学科编辑委员会）经过一段时间的实际工作，对百科全书编纂有了较深的体会，对学科的状况也有了较全面的了解，这样就具备了“逐个检查”的条件。

《中国大百科全书·天文学》卷原拟条目标题中有一条叫“本影和半影”。在天文学中，“本影和半影”这对概念指两种东西。一种应用于太阳的黑子。黑子的暗核称为黑子本影，本影周围颜色较淡的边框称为黑子半影。另一种应用于日月食。以日食为例，本影指太阳和月球的外公切线所形成的影锥，半影是内公切线所形成的影锥。“本影和半影”条的释文却只讲太阳黑子的事情，即涉及两个义项的内容只写了一个。修改的办法是：或者补写另一义项，或修改标题。鉴于日食、月食两条的文和图已把本影、半影两个概念写得很清楚，无须在此条内重复，因此，就在原有条目名称之上加限制性定语，成为“黑子的本影和半影”。

《天文学》卷原拟题目有一条叫作“月球运动”，这个条目本来应该写月球运动的表现和成因，即应该介绍月球的真运动，同时也不能忽略它的视运动。可是撰稿人一下笔就深入到天体力学领域，这就写得有点偏了。但考虑到有关月球的条目较多，已有一些条目介绍了月球的视运动，于是把这个条目改名为“月球运动理论”。

“国际太阳联测和数据”是又一条目的名称，它同释文内容大体一致，但也存在一些问题。从释文看，“联测”指世界上许多国家联合起来共同从事对太阳的观测工作。“联测”是天文学界熟悉的简称，不过在百科全书上则以避免使用为好。此其一。“联测和数据”是一个联合词组，用“和”连起来。用“和”连接的前后两部分要求词性相称，这里未合这个要求：“联测”是偏正结构，而且还是“副＋动”，而“数据”则是一个名词。此其二。从释文看，全篇讲的是联合观测的组织和实施，而数据仅仅只是观测的必然结果，无须强调。此其三。因此，把这个条目标题改为“国际太阳联合观测”较好。

“谱线的形成和展宽”“恒星球的半径及稳定”“天文镜面的磨制与检验”三条标题有共同之处，都是偏正词组，而“正”的部分都是联合词组，用连词连接起来。值得商榷的是连词分别用了“及”“和”“与”，从单条来看没有错，但让它们同时出现在目录和索引上就显得“不修边幅”了。因此，我们不仅把这三条，而且把《天文学》卷条目名称中的连词统一为“和”。吕叔湘主编的《现代汉语八百词》一书在比较“跟、同、和、与”四个词的时候说：“用作连词时，一般倾向于用‘和’。”

以上是“成批生产”之后的“逐个检查”工作中发现并加以修改的几个例子。

（原载《编辑之友》1988 年第 5 期）

有和无

有一位国际问题评论家，他的特长是评论两国元首或政府总理会谈公报之类的东西。对于这种文件，歌颂者往往吹捧一番，誉之为“里程碑”“揭开历史的新页”之类；抨击者常常谴责一通，毁之为“狼狈为奸”“沆瀣一气”，或者“同床异梦”“貌合神离”等等。而这位评论家则持客观态度，作深入分析，提出独具慧眼的见解，作入木三分的评论。因而一纸风行，读者赞赏。后来人们通过研究分析找到了他的写作特点，这就是他既看到了公报上“有”的东西，尤其是又注意到公报上“无”的东西。无，就是会谈双方不愿提，或者不肯提，或者不能提，或者不敢提的东西，或者双方争持不下，达不成协议，只好付之阙如的东西。这里面大有文章。评论家抓住“有”，发微探渐，特别是抓住“无”，索隐阐幽，就显得棋高一着了。

我觉得在百科全书的编辑过程中也要考虑到“有”和“无”的问题。无论是定框架，选条目，还是在编辑加工过程中都要留心这两个方面。想到“有”，就是看看纸面上写的是否得当；想到“无”，就是闭目想想释文之外有什么要补充的。“有”是现实的，当然要认真斟酌；“无”是空灵的，更要仔细思量。现实的东西容易引人注目；空灵的东西则容易被疏忽遗忘。注意“无”既要考虑到一句、一段中缺点儿什么，也要考虑一个条目释文中还缺些什么。下面举《天文学》卷的几个例子。

以一句而言，例如：

教皇格雷果里十三世把儒略历1582年10月4日（星期四）

的下一天定为格雷果里历 10 月 15 日，中间销去 10 天，这样使春分日重新恢复到 3 月 21 日。

句中的“中间销去 10 天”，这话来得突兀，上下文也未作交代。读到这里，会产生疑团：怎么会销去 10 天呢？其实，销去这 10 天在历法上是有科学依据的，这必须在释文中作出说明。为此，我们将其改为——

由于儒略历的年长度是 365.25 日，同回归年长度 365.2422 日差 0.0078 日，从实施儒略历到十六世纪后期，累差已约 10 天。为了销去这个差数，教皇格雷果里十三世把儒略历 1582 年 10 月 4 日（星期四）的下一天定为格雷果里历 10 月 15 日，这样使春分日重新恢复到 3 月 21 日。

以一小段为例，如“中国天文学史”条有这样几句话：

《尧典》中有“日中星鸟，以殷仲春”等四句话，说的是根据黄昏时南方天空中看到的不同恒星来划分季节。这里提到的只有仲春、仲夏、仲秋和仲冬四个季节。

这段话中引用的《尧典》只有“日中星鸟，以殷仲春”一句，并没有提到“仲夏、仲秋、仲冬”，与下文未能全面呼应，虽说有“等四句话”几个字，读者还是觉得有所缺欠。我们把《尧典》中在“日中星鸟，以殷仲春”以后的“日永星火，以正仲夏”；“宵中星虚，以殷仲秋”；“日短星昴，以正仲冬”补充进去就完整了。

以全条为例，可以举“北京古观象台”条。该条释文 1000 多字，对于观象台的历史沿革，从元代一直叙述到20世纪30年代，非常详细，可是释文到这里便戛然而止，而对此观象台的现状则未作明确交代，只在开头提到地点在北京建国门外立体交通陆桥的西南角。读完全条，掩卷回思，似有不足之感。我们请撰稿人补充，虽然只加了“北京古观象台现改为北京古代天文仪器陈列馆，属北京天文馆。”寥寥二十多字，这个古老的天文台便有了着落。

但是，补充增添工作要注意适可而止，不能面面俱到，更不能节外生枝，画蛇添足。

（原载《编辑之友》1988 年第 5 期）

先和后

《天文学》卷中的许多条目写得很成功，优点之一是讲求释文的伦序，因而有合理的布局，清晰的条理，分明的层次。读了这些条目，对作者所介绍的知识就会了然于心。《礼记》说：“物有本末，事有始终，知所先后，则近道矣！”正是这样。有的条目开始并未能做到这一点，例如“星图”条开头是这样写的——

> 天文观测的基本工具之一，可用来表示所绘天体的位置、亮度和形态。有的用来证认某天体（或天象）；有的用来对比发生的变异等等。有的星图只给出恒星，有的星图包括各种天体。国内外的星图种类繁多，按使用对象分，有供天文爱好者使用，有供天文工作者使用。按出版形式又分为挂图和图册两种。

从这段叙述看，作者对星图的内容、用途、种类和形式了如指掌，介绍简明扼要，又无题外之话。美中不足的是定义考虑得不够周详，叙述的次序缺乏安排。首先，作为“天文观测的基本工具”，星图不同于望远镜。望远镜是由工厂制成安装后就用于观测，而星图则要由天文工作者进行观测绘制，然后才能成为天文观测工具。因此，将“天文观测的基本工具之一”作为定义就值得商榷了。其次，为了区别各种星图，作者用了六个“有的”，其中四个放在“星图种类繁多”以后，两个则放在其前，这样安排是欠妥的。第三，星图的主要使用者是天文工作者，不宜把“供天文爱好者使用”放在“供天文工作者使用”之前。第四，紧接着这段释文以后的附表中列有“敦煌星图”“苏州石刻天文图”，因此释文所说“按出版形式又分为图册和挂图两种”，概括不够完备。基于这些原因，我们将释文改为：

将天体的球面视位置投影于平面而绘成的图，表示它们的位置、亮度和形态。它是天文观测的基本工具之一。星图种类繁多，有的用来辨认星星，有的用来证认某天体（或天象），有的用来对比发生的变异等等。有的星图只绘出恒星，有的星图则绘出各种天体。按使用对象分，有的供天文工作者使用，有的供天文爱好者使用。近世出版的星图按形式分为图册和挂图。

费的笔墨不多，而清晰度似乎大大增加了。

第二个例子是“天体力学”条中的一段话：

多体问题又叫做 N 体问题，它研究 N 个质点在万有引力作用下的运动。在 N=2 时为二体问题，这个问题已经得到解决，它是天体力学的基本问题之一。在 N=3 时为三体问题，至今仍未得到解决，正用分析方法、数值方法和定性方法进行研究。鉴于这个问题难度较高，多年来进展甚慢。

这段释文对天体力学中的二体问题和三体问题本质的认识、研究状况的介绍都是正确的，只是在叙述方法上未作妥善安排，不免使文章减色。关于二体问题，释文说，“这个问题已经解决，它是天体力学的基本问题”。这句话讲的是二体问题的解决情况和二体问题的属性两个方面。问题的属性是固有的，不变的；问题的解决情况则是发展的，变化的。一般说来，宜先说固有的，后谈发展的。例如：张三，男，28 岁；男是固有的，先说；28 岁是变化的，后说。关于三体问题，释文中有三个与时间有关的词：“至今”“正”“多年来”，照目前这样的次序，令人感到不顺。“这个问题难度较高”似乎不仅是“多年来进展甚慢”的原因，而且是“至今仍未得到解决”的原因，也是“正用……方法进行研究”的原因，所以“这个问题难度较高”的位置摆得不合适。为此，将这段话改为：

多体问题又叫 N 体问题，研究 N 个质点在万有引力作用下的运动。在 N=2 时为二体问题，这个问题是天体力学的基本问题之一，已得到完全解决。在 N=3 时为三体问题，这个问题难度较高，多年来进展甚慢，至今仍未得到解决，目前正用分析方法、数值方法和定性方法进行研究。

第三个例子是“北极星”条释文开头的一段：

即小熊座 α，中国星名是勾陈一或北辰。它是由三颗星组成的三合星。主星甲为离我们最近的造父变星，光电目视星等 V 的变幅为 0.09 个星等（+1.95 ～ +2.04 等），周期 3.97 日，是光谱分类为 F8Ib 的黄超巨星。主星甲又是轨道周期约 30 年的单谱分光双星。伴星乙目视星等 +8.6，距主星 18″。北极星距离我们约 400 光年，自行为每年 0.046″。它是目前一段时间内距天极最近的亮星，距极点不足 1°，因此对于地球上的观测者来说，它好像不参与周日运动，总是位于天极处，因而被称为北极星。正是这个特点使它成为全天重要的恒星之一。

这段释文写得相当不错，不必作什么增删。从内容上分析，除第一句为定性叙述外，以下可分为两部分。前一部分从“它是由三颗星组成的三合星”起，到“伴星乙目视星等 +8.6，距离主星 18″”为止，给出北极星的基本数据；此后为后一部分，描述北极星的一些一般状况。前一部分需要一些天文学的基本知识方能明白，后一部分一般读者也能读懂。我们觉得前后两部分次序应该对调一下，以符合由浅入深的原则，不至于使读者看到“光电目视星等”“变幅”“光谱分类”这些术语就望而却步，不至读下去，连下面较通俗的解释也没有机会接触了。这也是安排释文先后值得注意的。

作者脑子里涌现的思想，有时候写出来就是文章，而更多的情况则要下点整理功夫，包括去芜存菁，去繁就简，谋篇布局，斟酌字句之类。先想出来的可能放到后面去，后想出来的可能放到前面来。这一点就连大作家也不能免。鲁迅先生写的《自嘲》：“运交华盖欲何求，未敢翻身已碰头。破帽遮颜过闹市，漏船载酒泛中流。横眉冷对千夫指，俯首甘为孺子牛。躲进小楼成一统，管他冬夏与春秋。”这首诗后有题词：“达夫赏饭，闲人打油，偷得半联，添成一律，以请云。”鲁迅著作注释家说，“横眉冷对”一联（第五、六句）是作者在上一天想好，在郁达夫请吃饭时告诉郁，然后写成全诗的。

（原载《编辑之友》1988 年第 5 期）

简称和全称

在编辑《中国大百科全书·交通》卷时，编者手头有一幅彩色照片，准备编入彩图插页。初稿提供的图题是“长话大楼”。照片拍得不错，可是把这个不完备的图题编入百科全书却不合适。根据推测，“长话”当是“长途电话”缩成的，意义不明确，应改为“长途电话大楼”；另外，此楼在北京复兴门内，故“长途电话大楼”前应加上“北京”。至于“北京”之后该不该加“市”；“电话”之后该不该加“局”，就需要核实了。

类似情况在我们的稿件中是屡见不鲜的。例如把“行李包裹”写作“行包”，把“儿童铁路”写作“儿铁”，把“市内电话”写作“市话”，等等。

这里涉及用简称还是用全称的问题。一般说来，简称可以节省语言符号，迅速传递信息。譬如，打电话时对方如果是熟人，说一声“大百科”，受话人也就知道是指“中国大百科全书出版社”了。

不过简称往往受时间和空间的限制。“土改”一词在20世纪50年代家喻户晓是“土地改革”的简称（其实，“土地改革”一词还是一个简化了的名称，全称应是“土地占有制度的改革”）。但在80年代情况就不同了。我曾试着询问几位中学生，“土改”一词是什么意思，得到三种答复：“土地改革”“土地改良”“土壤改造”。语言学家朱德熙在《语法讲义》一书中也提到，“联大”一词在抗日战争时期指“西南联合大学”，现在则指“联合国大会”。可见，时间不同，同一简称可能有不同的含义，也可能有多种理解。上面提到的“市话”“行包”

之类，就流传范围而言，则有空间上的限制。前者流行于电话通信部门，后者使用于铁路运输范围内。越出了时间和空间界限的简称，如果写在书上，就会让读者大费思量，阻碍信息的迅速传递，并容易造成歧义。百科全书在空间上是广布宇内的，在时间上是传之百代的，自不宜使用有时空局限的简称。

至于50年代出现过的，把“中国人民保护世界和平反对美帝国主义侵略委员会”简称为“保反委员会”；“文革”中出现过的，把列宁的著作《唯物主义和经验批判主义》简称为“唯批”之类，恐怕要视为语言污染物了。

简称也并非绝对不可用。有什么条件呢？英国的一项标准文件《单语索引词典的确定和发展指南》中的有关规定，可以作为我们的参考。这个文件说：

> 缩略语和首字母缩略语（相当于汉语的简称——引者注），不应作为可取的用语，除非已广泛使用并易于理解。

我想，在通常情况下，用“苏联”而不用“苏维埃社会主义共和国联盟”；用“激光”而不用“利用辐射而激发出来的光”是允许的，因为它们完全满足“广泛使用”和“易于理解”两个条件。有时，即使有通用的简称，用全称也是必要的。“苏维埃社会主义共和国联盟”在正式文件，例如条约中仍然要用；而“利用辐射而激发出来的光”则只能作为定义性的说明语。

（原载《编辑之友》1989年第1期）

“其他”和“其它”之类

著名语言学家王力先生逝世前在1985年8月20日的《光明日报》上发表一篇短文，题为《“其他”、“其它”与其他》。他说：

> “其他”与“其它”同音同义，本来写作“其他”。后来有人觉得，“其他”只能指其他的人；至于其他的事物，应该写作“其它”。这种区别实在没有必要。无论指人或事物，一律可以写作“其他”，当然，在指事物时，有人偏要写作“其它”，也不算错；但在指人时，决不能写作“其它”。

这个问题，我们在从事《天文学》卷成书编辑时就曾遇到过。指人时，稿上写得倒很规范，都用“其他”。指事物时，有人用“其他”；有人用“其它”；有人在同一条目中，忽而用“其他”，忽而用“其它”。当时我们觉得有必要统一一下用法。当时考虑了两点：一是“其他”含义较宽，可指人，也可指事物。二是《现代汉语词典》列“其他”为主条，作了详细解释；立“其它”为副条，释文只有“同‘其他’（用于事物）”的说明。编辑组一致同意把所有的‘其它’统统改为“其他”，尽管我们当时未能像王力先生那样，把这对同音同义词的演变作出说明。

“那么”和“那末”这对同音同义词也在《天文学》卷（当然不止《天文学》卷）的条目中多次出现。撰稿人各有所好，有的用“那么”，有的用“那末”，有的两者皆用，无一定之规。因为都不算错，自然属于“可改可不改”之列。不过既然百科全书要求语言规范化，还是统一一下好。统一于何者？也考虑了两点：一是“么”（mc）本身无义，作后缀（词尾）用，组成“这么”“那么”“多么”等。二是在《现代汉语词典》中，“那么”列条，释文之末有“也作那末”的补充说明，未给“那末”列条。可见，词典编纂者是提倡用“那么”的。《现代汉语八百词》的“那么”条中，连“也作那末”这样聊备一格的注解也没有了。鉴于此，我们将“那么”作为标准用法。

对于两个同义词的选择举棋不定时，一些有权威性的辞书编纂者的倾向性或者权威性著译的用法，往往可以作为借鉴。“产业革命”和“工业革命”是通用的两个词。虽然平时阅读书报时感到“产业革命”用得较多，但没有频率统计作为依据。《辞海》把“产业革命”列为实条，释文长达 400 字（在《辞海》是长条目了）；而“工业革命”是个虚条，释文只有五个字：“即‘产业革命’。”我们还向经典著作请教，中央编译局翻译的马恩列斯著作对于 промышлен-ная революция 均译作“产业革命”，不取“工业革命”。辞书编纂者和经典著作翻译者之所以作出这种选择，可能认为这场革命所涉及的不只是工业，而且还有矿业、交通业等。

（原载《编辑之友》1989 年第 1 期）

科技和政治

题目虽大，还是“拾零”——拾点百科全书科学技术方面的学科卷编辑工作和政治关系之零。

《〈中国大百科全书〉编辑方针》中有些涉及政治的规定，例如：

> 《全书》编撰工作以马克思主义、列宁主义、毛泽东思想为指导，坚持辩证唯物主义和历史唯物主义。
>
> 《全书》对世界各国和地区，不论其大小和政治制度如何，都应作适当的介绍。
>
> 对中外古今人物要权衡其历史影响和学术成就选列条目。凡学术上有成就的人物，不论政治地位和政治观点如何，都应有适当的介绍。

这些规定也讲政治，但它们同“以阶级斗争为纲”年代提出的编辞典必须“把无产阶级专政落实到每一个辞条上”的要求是大相径庭的。

有人以为，编百科全书科学技术方面的学科卷，不会出政治问题。事情得分两方面说。一方面，科技条目的释文确实有不涉及政治的，诸如科学原理的论证，数学公式的推导，操作流程的介绍，实验参数的分析，即属此类。另一方面，科学技术有时也不能同社会绝缘，条目和释文难免涉及政治问题。

科技条目同政治有关，大概有两种情况。

一是立条。编辑《中国大百科全书》首卷《天文学》时，曾把海峡彼岸的台北市立天文台同紫金山天文台、上海天文台、北京天文台等一起列为条目。天文台好说，人物就难说了。虽然《全书》编辑方针规定“凡学术上有成就的人物，不论政治地位和政治观点如何，都应有适当的介绍”，但对中国天文学家张云是否应立条的问题却发生了一番争论。张云当过国民政府的立法委员，解放前离开大陆，后死在香港。有的同志据此认为不应立条，一些同志甚至认为他的名字都不能在《天文学》卷任何条目释文中出现。这不能怪他们，因为事情发生在党的十一届三中全会后不久的1979～1980年，骤雨初歇，人们余悸未消。而另一些同志则认为鉴于张云在中国天文学上的突出贡献应该立条，并且愿意承担风险，撰写条目。当时，中国大百科全书首任总编辑姜椿芳以其远见卓识和胆略，拍板决定立条。《中国大百科全书•天文学》卷为张云立传在当时确是一件打破坚冰、开通航道的行动。接着《交通》卷为当过国民政府交通部次长的中国铁路工程专家凌鸿勋列条。至于《物理学》卷为毕生从事科学研究的物理学家、现在台湾任“中央研究院”院长的吴大猷立条，更是理所当然的事了。今天完全清楚，这样做是有利于祖国统一大业的。

二是释文叙述。百科全书科技条目释文中涉及民族问题、对外政策的地方是不能掉以轻心的。例如《建筑》卷“罗布林卡”条介绍这座西藏著名园林时说，它的“湖心宫的设计，就有中国古代造园艺术中‘一池三山[1]’的痕迹”。又如“屋顶花园”条释文说：“近年来，中国和港澳地区的一些住宅、高层楼宇的裙房和一些建筑的屋顶兴建了简易屋顶花园。”两文出于两位作者之手，问题却颇为相似。前者把西藏园林同中国园林并举，后者把中国和港澳地区并立。欠妥之处，是无须论证的，尤其是在当前的情况下。我们把前者的“中国古代造园艺术”改为“汉族地区古代造园艺术”，把后者的“中国和港澳地区”改为“中国内地和港澳地区”。

（原载《编辑之友》1989年第2期）

---

[1] 汉武帝刘彻于公元前104年在长安城外营造建章宫，宫北辟人工湖——太液池，池中筑有蓬莱、方丈、瀛洲三座神山。这种“一池三山”的布局对中国后世园林建筑影响深远，成为创作池山的一种模式。

从“著名的”说起

“著名的”一词当今颇为流行。电视台转播各种晚会，报幕人介绍登场人物，在“歌唱家”“演奏家”“××家”之前，常常冠以“著名的”。有的知名度确实不小，有的声誉平平，有的严格说来并未入流。报刊上这种情况也屡见不鲜。至于社交场合，拒“捧”者不多，使用频率更高，颇有泛滥之势。对人如此，对物亦莫不然。君不见：我国早先有“八大名酒”，列名其中的，确属佳酿。前两年，队伍扩充四倍，成了“三十二大名酒”。据说“编制”还要膨胀，成为“五十几大名酒”。这样，“名”的浓度逐渐淡化，“名”的价值也就逐渐降低。弄得茅台之类货真价实的名酒对某些被“提拔”起来的“名酒”不免有羞以为伍之叹。

百科全书的稿件中也不免有这种情况。我们在编《中国大百科全书》首卷《天文学》时就遇到了。人物条目出自众家之手，各人的标准、视角、爱好、写作习惯各不相同，因此上书人物的定性语有“著名的天文学家”“杰出的天文学家”“天文学家”，等等。仔细衡量，有的冠以“著名的”字样的，论科学成就和贡献并不比未冠“著名的”更加出色。说“文责自负”吧，书一出版，读者会以为这是编辑者的着意安排——“书责谁负”呢？编辑集体在研究问题时提出，如加“著名的”拿什么做标准呢？谁来评定？都是棘手的问题。大家认为《天文学》卷人物选条相当严格，可以说不是国内以至世界著名的“天文学家”是不入选的。基于此，作出了一条体例约定，在“天文学家”之类字样之前，除了加时代、国别，以及适当地方加学科以外，不加其他表示成就大小的修饰性词语，对于划时代人物不在其例。因此全卷所收的130个人物条目（个别条目内容不止一人，如“卡西尼家族”），只有少数加上修饰性的定语。例如：

张衡：中国东汉时期伟大的天文学家。

祖冲之：中国南北朝时期杰出的数学家和天文学家。

郭守敬：中国元代的大天文学家、数学家、水利专家和仪器制造家。

哥白尼：伟大的波兰天文学家，日心说的创立者，近代天文学的奠基人。

伽利略：伟大的意大利物理学家和天文学家，近代实验科学的奠基者之一。

牛顿：伟大的英国物理学家、天文学家、数学家。

爱因斯坦：划时代的大科学家，现代物理学的开创者和奠基人。他的工作对天文学和天体物理学有巨大影响。

尽管上述几位人物的定性语还可以规范一些（例如“伟大的”一词放在国名之前或之后就不妨统一），但不随便加“著名的”这一点是做到了。例如海王星的发现者勒维耶，他是用数学方法推算出海王星的位置的。在海王星发现后不久，有一位天文台台长评价说，勒维耶没有朝天一瞥，却在笔尖上看见了这颗行星。恩格斯也盛赞这一发现在认识论上的巨大意义。在《中国大百科全书·天文学》卷上，勒维耶的头衔仍然只是“法国天文学家”。

各国百科全书编纂者对于上书人物的定性语（也有叫“概括语”的）都是十分谨慎的。在这方面，《苏联大百科全书》第二版下了很大功夫。该版大体上把上书人物分为几类，用形容词“伟大的”（великий）、“杰出的”（выдающийся）、“著名的”（известный）区别开来，然后是不加形容词的。有时用“天才的”（гений），也属于高层次的。举例而言，该书对屠格涅夫（巴金译过他的《父与子》，丰子恺译过他的《猎人笔记》等）定性为“伟大的俄罗斯作家”，对爱伦堡（徐迟、袁水拍译过他的《巴黎的陷落》等）定性为“杰出的苏联俄罗斯作家、社会活动家”，对卡达耶夫（他的《时间呀，前进！》《团的儿子》等有中译本）定性为“苏联俄罗斯作家”。等第似乎相当严格。

五四运动以后，外国文学作品陆续大量地介绍到中国来。文坛上不知哪一位带头把某些外国文豪尊称为“翁”。后来被普遍接受而稳定下来的大概只有三位：称莎士比亚为“莎翁”，称萧伯纳为“萧翁”，称列夫•托尔斯泰为“托翁”。解放以后，这种称呼已经很少见了。这三位称为“翁”的文豪，确实够得上世界级的大作家。如果按照今天什么人物都得定个级别的风尚，他们大概可以归入“翁级”作家了。

为了便于对比，笔者选了九位有世界名望的“翁级”作家。又选了三家有影响的百科全书：《不列颠百科全书》《苏联大百科全书》和日本的《平凡社大百科事典》，看看这些百科全书中所列的九位文豪条目是怎样写人物定性语的。

《苏联大百科全书》第二版（51卷本，1950～1957）对这些人物的评价是：

莎士比亚：伟大的英国诗人，世界最伟大的剧作家之一。

狄更斯：杰出的英国现实主义作家，英国浪漫主义者最大的光辉代表。

萧伯纳：杰出的英国剧作家和政论家。

雨果：伟大的法国作家，法国浪漫主义民主派领袖。

歌德：伟大的德国诗人、思想家，他的文学活动的意义是巨大的。

泰戈尔：伟大的印度作家。

普希金：伟大的俄国诗人，俄国新文学的鼻祖，他的创作确立了俄国文学语言的规范。

列夫•托尔斯泰：天才的俄国作家，世界最伟大的作家之一。

萧洛霍夫：杰出的苏联作家。

对上述九位文豪，《苏联大百科全书》第二版对其中的五位用了“伟大的”，三位用了“杰出的”，一位用了“天才的”。此外还有“光辉的”“鼻祖”之类褒词。可见该书编纂者在用词上是很讲求分寸的。编纂者尽管对萧伯纳和萧洛霍夫两位都给以“杰出的”称号，“待遇”仍有差异。萧洛霍夫条目只附一张 4 寸大小的黑白照片，萧伯纳条目却有一张整幅（16 开）彩色插页画像。这种插页彩图通常只给予评价为“伟大的”人物条目的。

同样是《苏联大百科全书》，它的第三版（30 卷本，1969 ～ 1978）在这方面比起第二版来就大有改变。上面那些形容词大多抹去，即将重彩改用淡墨。第三版对上述九位文豪的定性语是：

莎士比亚：英国剧作家和诗人。

狄更斯：英国作家。

萧伯纳：英国剧作家。

雨果：法国作家，浪漫主义民主派领袖和理论家。

歌德：德国诗人、思想家和自然科学家，德国启蒙运动的杰出代表，德国近代文学的奠基人之一。

泰戈尔：印度作家和社会活动家。

普希金：俄国作家，俄国新文学的奠基者。

列夫•托尔斯泰：俄国作家。

萧洛霍夫：苏联俄罗斯作家。

《苏联大百科全书》第三版上不仅人物的定性语简化了，人物条目所附肖像也简化了。第二版中人物条目有附 2 寸大小肖像的，有附 4 寸大小肖像的，也有用 16 开全幅彩色插页的，当然有的人物条目是不附肖像的。第三版则一律用 1 寸大小的照片，连这一版出版年代中苏联最高领导人勃列日涅夫也不例外。而在第二版，凡是苏共中央政治局委员都是用 16 开整页篇幅刊出肖像的。

下面再看《不列颠百科全书》第 15 版所列的九位文豪条目中的定性语：

莎士比亚：由于在世界文学中占有独特地位，被广泛认为是古往今来最伟大的作家。

狄更斯：英国最伟大的小说家。

萧伯纳：17 世纪以来英国最重要的剧作家。

雨果：法国诗人、小说家、文艺评论家、政论家。

歌德：德国作家，公认的世界文坛巨匠之一。

泰戈尔：印度孟加拉语诗人，神秘主义者。

普希金：俄国最伟大的诗人，俄罗斯近代文学奠基人。

列夫•托尔斯泰：俄国作家、改革家、道德思想家。

萧洛霍夫：苏联小说家。

总的来看，评价方式比较多样，不拘一格。用了三个“最伟大”，一个给了莎士比亚，一个给了狄更斯，一个给了普希金；用了一次“最重要的”，给了萧伯纳；用了“巨匠之一”，给了歌德。当然这些用语有范围的不同：世界的和国别的。对雨果、泰戈尔、托尔斯泰未用任何形容词，显然着墨淡了些。对萧洛霍夫可能出于意识形态上的原因，未加形容词是可以理解的，何况还有他的《静静的顿河》是否出于他本人之手的一段公案。

日本平凡社是一家历史悠久的出版社。20 世纪 20 年代以来，它一直持续出版百科全书，称得起老字号。它近年推出的一部百科全书是《平凡社大百科事典》（18 卷本，1984 ～ 1985）。它所刊的九位文豪的定性语是：

莎士比亚：英国诗人、剧作家。

狄更斯：英国小说家。

萧伯纳：英国剧作家。

雨果：法国诗人、小说家、剧作家。

歌德：德国诗人、小说家、剧作家、自然科学家，还是曾任威玛公国要职的政治家。

泰戈尔：近代孟加拉最大的文学家。

普希金：俄国小说家。

萧洛霍夫：苏联作家。

上述人物定性语除了说明国别、身份以外，不着一字。上述九例只有在泰戈尔条目中加上“最大的”字样。

《中国大百科全书》从自身的实践经验出发，参考了国外百科全书的做法，在《成书编辑条例》中对人物条目的定性语做了如下的规定：“人物条目属于资料性条目，人物的生卒时间在释文中力求精确到月日，身份简介包括国籍和专门家别，如‘英国物理学家’，一般不加‘杰出的’‘卓越的’之类定语。”

（原载《编辑之友》1990 年第 5 期）

谈“之一”

在古汉语中，“之”字用途甚广，可作动词、代词、连词、介词、助词。文言助词里以“之”字使用频率为最高，之乎者也，“之”字居其首。

在现代汉语中，“之”字仍然遗留下来，但只限于作代词和结构助词。前者相当于“他（它）”，如“恨之入骨”“求之不得”。后者相当于“的”，如“赤子之心”“宝中之宝”；还有只用“之”不宜换“的”的格式，如“之所以”“之极”“之流”。“之一”当然也可用“中间的一个”来表达，但人们在许多场合还是用“之一”，大概怕啰唆吧。

百科全书条目释文中，“之一”常在定性叙述中出现，有的用得十分恰当。例如：

唯心主义 哲学上两大基本派别之一，与唯物主义对立的理论体系。（《哲学》卷）

哲蚌寺 在西藏自治区拉萨市西北约10公里处的山坡上，为喇嘛教格鲁派（黄教）创始人宗喀巴的弟子绛央却结于明代永乐十四年（1416）所建，黄教六大寺之一（其他五寺是色拉寺、塔尔寺、拉卜楞寺、扎什伦布寺和已毁的甘丹寺）。（《建筑•园林•城市规划》卷）

说它们用得恰当，因为一是用“之一”引出条头概念的上层次概念，用以说明条头概念所处的位置；二是给出的“哲学上两大基本派别”“黄教六大寺”这些上层次概念是非常明确的；三是顺便介绍了读者希望知道的上层次集合概念的外延：“唯物主义”“色拉寺、塔尔寺……”。

不过，我们也看到用得太泛的例子：

澄湖 江苏南部湖泊，太湖流域湖泊之一。（稿）

泉州 中国历史文化名城之一，对外开放港口城市，闽南厦、樟、泉三角经济开放区之一。（稿）

上海博物馆 中国最大的综合性艺术博物馆之一。（稿）

正因为用得太泛，我们对于“之一”在条目定性叙述中的提出了如下的建议，并且探讨上述用得太泛的例子。

首先，条头概念的上层次概念如果是可数事物的集合概念，给条头定性可用“之一”。如“初唐四杰”“五岳”“建安七子”“九大行星”“二十八宿”“三十六计”即为可数事物的集合概念。如为这种集合概念所包含的某一人或某一事物定性，即可用“××××之一”作为定性语，或者定性语的组成部分。例如：

阮瑀 汉魏间文学家，建安七子之一。（《中国文学》卷）

其次，条头概念的上层次概念如为不可数事物的集合概念，给条目定性可不用“之一”。这里所说的“不可数事物”是概而言之的，既有确实不可数的，也有条目释文并不要求计算精确的。上文中的“太湖流域湖泊”同“江苏南部湖泊”一样，在这里并不要求计数，所以可不用“之一”字样。如果删去“之一”，句子需作调整。

第三，条目概念的上层次概念如果不是排他性的，给条头定性可不用“之一”。例如：

温宁温泉 云南著名温泉之一。（稿）

“著名温泉”一语并没排他性，即温宁温泉是“著名温泉”，并不排除其他排除也是“著名温泉”。甲温泉可以流量大而著名，乙温泉可以热度高而著名，丙温泉可以化学成分特殊而著名；更何况，以某种属性而著名的，也不限于一个。因此，“云南著名温泉之一”中的“之一”可以删去。

上文提到泉州的定性语“中国历史文化名城之一”也可不用“之一”。国务院于1982年公布了北京等24个城市为第一批历史文化名城，其中包括泉州。1986年又公布了上海等38个城市为第二批历史文化名城。可见，历史文化名城并不是只许有一个。如果说泉州是“国务院于1982年公布的全国24座历史文化名城之一”，则文中的“之一”就非有不可了。

第四，定性语中用了“之一”，如果“之一”以外的“其他”不多，不妨连带介绍。例如：

琼州海峡 中国三大海峡之一。（稿）

在这种情况下，最好补充一句：“另外两个是台湾海峡和渤海海峡”，以释读者悬念。这里还要说明两点：一是上层次概念如果在本书中另有条目，就可把它作为“参见词”处理，让读者去参阅。像“阮瑀”条定性语中的“建安七子”作为“参见词”，就不必介绍其他“六子”了。二是上层次概念如果外延较广，例如“二十四孝”“五百罗汉”，一一介绍势非篇幅所允，或者没有必要，也就不介绍了。

第五，部分对整体的关系不宜直接用“之一”来表达。例如前面说泉州为“闽南厦、樟、泉三角经济开放区之一”是值得商榷的。“泉州”同“闽南厦、樟、泉三角经济开放区”之间的关系，乃是部分同整体的关系，直接用“之一”表达就难以理解，似宜将“之一”改为“组成部分之一”。不过这个“之一”还是可有可无的，不如直接改为“组成部分”。

第六，尽可能少用“最……之一”的表达方式。这种表达方式颇为流行。按汉语“最”字的本义来说，这种表达方式在逻辑上有缺欠的。《现代汉语词典》“最”字的释文是：

表示某种属性超过所有同类的人或事物：我国是世界上人口最多的国家。

吕叔湘主编的《现代汉语八百词》对“最”作了简明的解释：

表示极端，胜过其余。

既然“胜过其余”，达到“极端”，“最”在某一空间、某一时间、某一领域内是有排他性的，否则像“世界之最”“中国之最”一类的选材就无肯定标准了。这种表达方式很可能是受了外语中的形容词最高级可以是复数的影响。

就实际应用而言，一方面这种表达方式在遇到两个或几个事物的某种属性都达到极高（或极低）的程度而确实难分轩轾，例如体育竞赛出现并列冠军的时候，是不得不采取的。另一方面也看到这种现象，即把本来可以判明高低的事物采用了“最……之一”，上面所举的“上海博物馆”一例就是这样。通常认为上海博物馆在中国综合艺术馆中，论规模和藏品是无出其右的。但在许多情况下，我们不能排除采取这种表达方式有图方便的因素。

（原载《编辑之友》1990 年第 6 期）

改，下笔宜慎

《中国大百科全书（青少年版）》（以下简称“《青少年版》”）“马拉”条有这么一句话：

> 生前撰写的大量政治、文学和科学著作被辑入《马拉文集》、《马拉通讯集》。

读稿时觉得这句话表达欠妥，且有歧义，促使我去翻看《中国大百科全书·外国历史》卷的“马拉”条，释文是：

> 马拉撰写的大量政治、文学和科学著作，死后辑为《马拉文集》、《马拉通讯集》等出版。

两相比较，觉得《外国历史》卷的释文蛮好，《青少年版》所有的改动都是欠妥的，分述如下：

一、“马拉撰写”改作“生前撰写”，没有必要。一个人的著作，撰写必然在生前，加“生前”是多余的；至于编辑、出版，倒有“生前”“死后”之分。例如马克思的《资本论》，第一卷在他生前就问世，第二、第三卷则是他死后由恩格斯整理出版的。像“他生前写了许多著作，死后才得出版”这样的并列复句，用“生前”是可以的。比较起来，“生前”在这里是可有可无的，而“死后”则是非有不可的。《青少年版》删“死后”，是删去“非有不可”的；加“生前”，是加了并非必要的。

二、“生前”是个时间状语，放在句首，既可理解为“撰写”的状语，也可理解为兼作“被辑入”的状语。因为一个人的著作，生前“被”他人“辑入”某书也不乏其例。例如萧军的《八月的乡村》在

20 世纪 30 年代写成后就被鲁迅辑入《奴隶丛书》。

三、“死后”这个时间状语删不得，删了，时间界限就混乱了。

四、“辑为”改为“辑入”，失宜。“辑为”意思是“编辑成为”，即原来没有某种书，经过编辑有了某种书，如这句话中的《马拉文集》等。“辑入”的意思是“编辑进入”。举例来说，已有某种丛书，把一部著作编辑进去，可用“辑入”，比如，巴金把曹禺的《原野》辑入《文学丛刊》；还有在新编多人的作品为丛书或书的情况下，把某人作品收进去，也可用“辑入”，比如，中国大百科全书出版社总编室把王德有的《丰碑又映一彩虹》一文辑入《中华文化丰碑》一书。对于马拉的作品，不存在这种情况，不能改“辑为”为“辑入”。

五、文中加“被”字，虽不错，但没有必要。“死后辑为”，当然是“被”辑的，不言而喻。吕叔湘先生等讨论“被”字用法时说：

“碗打破了”这种说法，几千年来都没有人误会，何以到了我们手上就非加个“被”字不可呢？（吕叔湘、朱德熙《语法修辞讲话》，中国青年出版社 1954 年版第 119 页）

六、删去“等”，如果《青少年版》“马拉”条撰稿人调查过，除了《马拉文集》《马拉通讯集》以外没有别的了，可以删。否则，我看还是尊重《外国历史》卷原作为好。

七、删去“出版”，如果《青少年版》该条撰稿人有充分证据说明《马拉文集》等只是编辑成书，并未付印出版，则可删，否则，不宜删。

咱们当编辑的有改文章的权力，不过权力的运用要慎重。改稿，要随时准备答复他人提出的质询，说明为什么要改，为什么这样改。诚然，真正提出质询的人是不多的，但随时准备“答辩”却有好处，能够促进自己思考问题，产生思想撞击，养成从理论上考虑问题的习惯，从而形成一种自我约束机制，防止滥用修改权力。我看，像《青少年版》“马拉”条撰稿人，就有滥用权力之嫌。

南朝齐梁时代学者刘勰在《文心雕龙·附会》中说："改章难于造篇，易字艰于代句。"笔者当编辑多年，深知改稿不容易，愿引此语，与同仁共勉。

（原载《探讨》1995 年第 2 期）

抄，也不容易

中国大百科全书出版社正在以《中国大百科全书》为基础，编几部“简明”百科全书。有的在书名上虽然没有“简明”字样，实际上仍可归入这一类。

有人说编写这些百科全书的条目，“抄抄嘛，容易得很”，我看不尽然。下面是《中国大百科全书（青少年版）》（以下简称“《青少年版》”）一个条目原稿的第一段，先照录原文。

> **高明**（？～1359） 中国元末明初南戏作家。字则诚，号菜根道人。浙江温州瑞安人。学识渊博，工诗文、词曲。元顺帝至正五年（1345）中进士。元末方国珍在浙东起义，曾召其为幕府，不从。明初朱元璋屡召高明，以老病不出，不久病卒。

这一段文章的信息全部来自《中国大百科全书·戏曲曲艺》卷（以下简称《戏曲》卷）“高明”条，似无其他资料来源[1]，所以说它是“抄”。在手法上，有照抄，有摘抄，也有自作主张有所损益。可议的地方计有7处。

一、高明是“元末明初”人吗？《戏曲》卷定性语为“元末南戏作家”，《青少年版》改作“元末明初南戏作家”，即加了“明初”。大家知道，明朝是1368年朱元璋称帝开始的。如条头所示，高明卒于1359年，怎么会是“明初”作家呢？

---

[1]《中国大百科全书·中国文学》卷也有“高明”条，生卒年为“1307～1371”，《青少年版》撰稿人未作为“一说”写入条目。

二、高明生活年代有“浙江”这个政区吗？《戏曲》卷说高明“生长于温州瑞安（今属浙江）”，《青少年版》简化为“浙江温州瑞安人”。按：“浙江”作为河流名，《山海经》就已用了；作为政区名，明代才开始。《戏曲》卷把“浙江”放在括号内作为注释的表达方式是正确的，《青少年版》把它搬到“温州”之前，有违历史事实。

三、方国珍在何时招高明的？《青少年版》说“元末方国珍在浙东起义，曾招其为幕府”。据《戏曲》卷说：“至正八年（1348），方国珍在浙东聚众起义，高明被［朝廷］调为浙东阃幕都事，参与镇压起义的战争。至正十二年，方国珍接受了元朝的‘招安’，高明也以任满告归。……路经庆元（路治在今宁波）时，已任元朝万户的方国珍要强留他在幕中，高明力辞不从……”从这段话可知，方国珍“强留”高明入幕，是方被“招安”当元朝官吏以后的事，并不是在“起义”时。《青少年版》的作者把《戏曲》卷的条目释文一压缩，史实便走了样。

四、什么叫“为幕府”？《戏曲》卷说“强留他在幕中”，很明白；《青少年版》改成“招其为幕府”，就不好懂了。“幕府”，《辞源》释为“将帅在外的宫帐。军旅无固定住所，以帐幕为府署，故称幕府”。可知，“幕府”前面的动词宜用“入”“留”之类。如果用动词“为”是任职的意思，宾语宜用“幕友”“幕客”之类。差错出于不了解词义，擅加改动。此外，给“青少年”看的书，也不应改用文言词。

五、朱元璋召高明在“明初”吗？《戏曲》卷说：“至正十九年（1359）春，朱元璋进攻浙东，方国珍献地归附，四明已为朱元璋统治。……朱元璋曾征召高明，但他以老病不出，不久病卒。”《青少年版》则说：“明初朱元璋屡召高明，以老病不出，不久病卒。”这么一改一简化，产生三个问题。①《戏曲》卷说得很清楚，朱元璋的征召是元至正十九年的事；而《青少年版》却置之不顾，说是“明初”，把元朝的事变成明朝的事，大概认为既然是朱元璋征召，朱是明朝开国之君，还不是“明初”吗？这是想当然。朱元璋是1352年参加农民起义军，后成为首领。东征西讨十余年，于元至正二十四年（1364）自称吴王，后改元至正二十七年为吴元年。吴二年（1368）正月在应天（今南京）称帝，国号大明，建元洪武。按条头所标示的卒年，高明没有活到“明初”。②《戏曲》卷作“曾征召高明”，《青少年版》改为“屡召高明”。“曾召”可以是召一次，也可以是召多次；“屡召”就一定是召多次。如果没有充分的依据，不能去改它，即使有充分的依据，也不必去改它。稿件加工，必须注意区分该改和不该改的，必须改的和不必改的。③《戏曲》卷说：“朱元璋曾征召高明，但他以老病不出，不久病卒。”《青少年版》求简，省去“但他”二字，这样句子就成分不全了。“以老病不出”缺了主语，承上句的主语“朱元璋”，就说不通。这个“他”字是省不得的。

这段释文连标点符号一共 106 字，问题有 7 处。可见，写“简明”百科全书的条目，抄也不容易。

（原载《探讨》1994 年第 5 期）

文贵简，要做减法

——以“纸草”条由 400 字压缩为 300 字为例

清代桐城派文豪刘大櫆（1698 ～ 1779）在《论文偶记》中提出“文贵简”。鲁迅先生在《答北斗杂志问》中说：“写完后至少看两遍，竭力将可有可无的字，句，段删去，毫不可惜。”他们是就一般文章而言的，至于辞书和百科全书的释文，应该说“尤其如此”。

有人提出，辞书体要像法律那样严谨，要像电报那样简明。说得很对。笔者厕身百科全书编辑工作 20 余年，一直向这方面努力，读稿加工，多做减法，力求以最少的符号，承载更多的信息，即古人所谓“文约义丰”。现以《中国大百科全书》二版“纸草”条为例，介绍释文压缩情况。

下面是这个条目释文的原稿。

纸草（Cyperus papyrus） 又名纸莎草[1]。莎草科莎草属的一种，多年生水生草本。茎高 3 ～ 4 米，直径 4 ～ 5 厘米，叶狭长丛生。此草分布于埃及尼罗河下游[2]。数千年前埃及人民就利用纸草造纸[3]，方法是将茎割下并剥去外皮，取出茎肉白色的髓心，将之切成薄条片，一条一条整齐摆在一种麻布上，摆好一层以后，再与第一层十字形交叉摆上第二层，然后在上面铺一层布，趁湿时用石头压在上面，等干燥后取出，就成了一层层美观悦目的米黄色的纸[4]。古埃及人利用这种纸（纸草纸）书写文字，并大量出口到西亚和欧洲，在当时促进了文化的交流[5]。公元前 6 世纪时，希腊人用的纸就是这种纸[6]。今天英语中的纸字“paper”就是从 papyrus 演变来的[7]。

纸草不仅供造纸用，古代埃及人还利用它造一种纸草船，因为纸草质轻，内含空气有浮力。纸草船就在尼罗河上作交通工具，渔人也利用它在河上捕鱼。1970 年，有位挪威旅行家杜希尔突发奇想，制造一艘大型的纸草船，竟利用这船成功地横渡了大西洋[8]。

这个条目释文写得信息充分，表述明白，有很好的加工基础。修改之道有二：一是改得精练些；二是按体例要求，同考古学科条目“纸草学”挂上钩。下面依原稿次序介绍释文加工情况。为便于说明，在原稿上依次标出序码。

[1]“又名”按体例应移至定性语之后。

[2]“此草”为代条目名，按体例，在主语未变动的情况下，不必重复条头。又，尼罗河为自然地理名，未有埃及国，先有尼罗河，未有埃及，先有纸草，故删“埃及”。

[3]“数千年前”是一个跨度甚大的模糊概念，改为“古”字，连下文成为“古埃及人”。人民教育出版社出版的初中《世界历史》（2002 年版）第一册第二课就介绍古埃及历史，从公元前 3500 年讲起。《中国大百科全书》（以下简称《全书》）以高中程度的读者为对象，他们应该具有这一背景知识。

[4] 制纸方法文字稍繁，做些加工精简，从“方法”起，到“米黄色的纸”止，原稿 114 字（包括标点，下同），压缩为 83 字，并将原来一长句断为三句。

[5] 当时还没有明确的“西亚”“欧洲”这些地名概念，故改为自然地理名称“地中海沿岸地区”。事实上，欧洲许多地方那时尚未进入文明时期，而南欧则开发较早。

[6] 纸草的重要意义在于造纸，留下纸草文献，形成纸草学。《全书》一版未立“纸草”条，但立有“纸草学”（《考古学》）、“纸草书卷”（《新闻出版》）、“纸草档案”（《图情档》）、“纸草文献”

（《图情档》）4 条。二版这 4 条势必合并，愚见以并入“纸草学”条为宜，由学术力量较强的考古学主稿。编辑部要承担起把相关条目（尤其是不同学科的条目）通过参见手段连缀起来的任务，即通常所说的学科编辑要有全书观念。因此，在这里加了一句：“有大量用埃及象形文字、希腊文、拉丁文写的纸草文献留传至今，成为历史学、考古学的研究对象，形成纸草学。”写这句话是“加法”，也就是“减中有加”。原稿中的“在当时促进了文化的交流”，“公元前 6 世纪时，希腊人用的纸就是这种纸”，这些话就可省去。

[7] 此句简化为：“英语 paper（纸）即源于 papyrus。”可省 8 字。两个外语词宜用小写。

[8] 纸草造船一段原作 114 字，压缩为 59 字，保留原有主要信息。也不用另起一段。

修改后的“纸草”条释文如下：

纸草（Cyperus papyrus） 莎草科莎草属的一种，多年生水生草本。又名纸莎草。茎高 3～4 米，直径 4～5 厘米，叶狭长丛生，产于尼罗河下游。古埃及人用它造纸。方法是将茎割下，削去外皮，取出髓心，切成薄条片，一条条整齐摆放在麻布上。摆好一层，横竖交叉再摆上第二层，覆盖麻布。趁湿压上石头，干燥后取出，就成为一层层米黄色的纸。古埃及人用作书写材料，后输往地中海沿岸地区。有大量用埃及象形文字、希腊文、拉丁文书写的纸草文献留传至今，成为历史学、考古学研究对象，形成纸草学。英语 paper（纸）即源于 papyrus。纸草质轻，有浮力，古埃及人还用来造船，航行于尼罗河，也用作渔船。挪威旅行家杜希尔造成大型纸草船，1970 年横渡大西洋成功。

稿子修改后，请撰稿人审阅，他在稿末加了一句话：“一些写世界史的书中，将纸草译成、写成为芦苇，显然是错误的，因为芦苇属于禾本科。”一般地说，百科全书不作驳难文章。如果大权威的大谬，影响极其广大的，则另当别论。例如希腊天文学家托勒密倡“地心说”，流行许多世纪。哥白尼的“日心说”提出后，当然要讨论“地心说”之误，为此，一版《天文学》卷还给“托勒密”“地心体系”立条。“地心说”之谬应当看作人类认识史上的一个阶段。至于说世界史著作中有把“纸草”写成“芦苇”的，不知是哪部书这么写的？

从 20 世纪 50 年代起，我国出版的世界史著作篇幅最大的是一部外文译著，一部国人著作。前者为苏联科学院主编的《世界通史》（生活 • 读书 • 新知三联书店 1959 年起出版，共 13 卷），后者为周一良、吴于廑主编的《世界通史》（人民出版社 1962 年开始出版）。前者说：“从 [埃及] 第一王朝中叶的时候保存下来整卷的纤维状的‘纸’，这种纸是一种类似于香蒲的高的沼地植物纸草的木髓制成的。”（第 1 卷第 19 页）可知没有错。后者说：“古代埃及人是用纸草书写。纸草是下埃及的特产，其茎干部为长条，彼此排齐连结成片，然后压平晒干成纸……”（1973 年版，上古部分第一编第 66 页）可知也不错。这两部书都没有错，别的书就不宜作为《全书》的讨论对象了。因此，撰稿人新加的一句话以删去为宜。

“纸草”条释义由约 400 字减到约 300 字，大约去掉 25%。笔者多年读稿所见，百科条目一般有 10% 上下压缩余地。当然也有不可改动一字的严谨作品。上面说的只是举一个例子，说明稿件是有水分可挤的。现在不揣谫陋，公之于众，敬请百科同仁惠于指正。

我们追求简明。“明”是第一位的，只能以“明”为前提，不能求“简”而伤“明”，造成伤筋动骨，损及条目内容。

（原载《探讨》2003 年第 2 期）

从歌德和席勒是否同龄说起

年轻时读过郑振铎先生的《文学大纲》，现在差不多忘光了，只是留下一个自己觉得有趣的印象：世界各国的文学大师往往是成群出现的，像天上的星宿。例如，古希腊有三大悲剧家，中国有“初唐四杰”“大历十才子”，英国有一群“湖畔诗人”。有时一个国家两大文豪，生年相隔很近，像双子星座，例如，中国文学史上的李白（701 ~ 762）和杜甫（712 ~ 770），英国文学史上的拜伦（1788 ~ 1824）和雪莱（1792 ~ 1822），德国文学史上的歌德（1749 ~ 1832）和席勒（1759 ~ 1805）。印象是当年的，生卒年大多是现在补注的。

从《中国大百科全书（简明版）》“戏剧”条稿上看到，歌德和席勒的生年都注为 1749 年，是同龄人。这与自己印象中他们的生年有个小距离不合。条目是依据《中国大百科全书》（以下简称《全书》）的《戏剧》卷概观性文章节录的。经查概观性文章，歌德和席勒也是同龄人。再查《戏剧》卷的条目和其他工具书，证明席勒的生年应为 1759 年，即，席勒比歌德小 10 岁。一处有误引起的疑惑，促使我把这篇文章提到的人物所注的生卒年同《戏剧》卷人物条作了核对，颇多出入，见下页表 1。

抱着找“裁判”的愿望，查了三种工具书，这几位戏剧家的生卒年见下页表 2。

对于表 1 和表 2，有几点要说明：

一、古代人物的生卒年有的难以考订，众说纷纭，有出入是难免

表1　《戏剧》卷戏剧家生卒年的分歧

序号	戏剧家	概观性文章提到的	人物本条给出的
1	埃斯库罗斯	前 525~ 前 456	约前 525~ 约前 456
2	阿里斯托芬	约前 446~ 前 385	约前 445~ 前 385
3	米南德	约前 342~ 前 291	前 342?~ 前 291?
4	C. 马洛	1563~1593	1564.3.6~1593.5.30
5	B. 琼森	1572?~1637	1572~1637
6	L.de 鲁埃达	1505~1565	约 1505~1565
7	席勒	1749~1805	1759~1805
8	L. 海尔曼	1905~	1905~1984
9	T. 威廉斯	1914~	1911~1983

表2　三种工具书中几位戏剧家条目所列的生卒年

序号	戏剧家	《外国文学》卷	《不列颠百科全书》	《苏联大百科全书》
1	埃斯库罗斯	约前 525~ 前 456	前 525/524~ 前 456/455	约前 525~ 前 456
2	阿里斯托芬	约前 446~ 前 385	约前 450~ 前 380	约前 445~ 约前 385
3	米南德	约前 342~ 前 291	约前 342~ 约前 292	约前 343~ 约前 291
4	C. 马洛	1564.2.6~1593.5.30	1564.2.26 受洗 ~1593.5.30	1564.2~1593.1.6
5	B. 琼森	1572?~1637	1572.6.11~1637.8.6	1573~1637
6	L.de 鲁埃达	1505~1565	1510~1565	1505 至 1510 间 ~ 约 1565
7	席勒	1759.11.10~1805.5.9	同左	同左
8	L. 海尔曼	1905~	1905.6.20~1984.6.30	1905.6.20~
9	T. 威廉斯	1914~	1911.3.26~1983.2.25	1911~

的。按理，我们《全书》应该择善而从之；兼列异说，也未尝不可。严肃的学者也是这样做的。《戏剧》卷的问题是在一卷之内前后矛盾，尤其是差错出在概观性文章上。《全书》二版是统编的，不仅要处理一个学科卷内部诸如此类不一致的问题，而且要处理各学科卷之间的问题，例如《外国文学》卷和《戏剧》卷之间就互有扞格之处。这是一项艰巨

的任务。

二、概观性文章提到的和人物条目给出的生卒年有出入，一般说来可以条目为准。因为人物条目中的生卒年是“单件生产”，比较细致；概观性文章中的人物生卒年是“成批生产”，难免照顾不周。不管在任何情况下，学科编辑都必须核对，不能完全责成资料核对统一编辑去做，二审、三审也要抽查。如果发现年份不同，或者提法不一致（如加“约”“？”等），须向双方（甚至多方）撰稿人提出，请他们考订。当然，这种核对工作不限于生卒年。

三、埃斯库罗斯是古希腊悲剧的开山祖。他的生年一般都定为“约公元前 525 年”，可以说是全世界不止一代文学史家的研究成果。《戏剧》卷概观性文章中删去“约”，把“大约是”变成“肯定是”，不知有确凿的根据否？如果有，倒可以写成一篇论文，驳倒持“约”字观的学者，将会震动希腊文学史界。

四、在我国，毕生孜孜不倦从事古希腊文学研究、翻译工作的，首推罗念生教授。他在这方面的造诣和成就，在全国是无出其右的。《外国文学》卷古希腊作家条目，如上述埃斯库罗斯、阿里斯托芬、米南德的条目，都是罗氏撰写的。关于这些人物的生卒年，不妨以罗氏确定的为准。

五、表 1 所列的 L. 海尔曼、T. 威廉斯，按《戏剧》卷本人条目，已分别于 1984 年和 1983 年作古，而概观性文章在卒年处还留着空白，表明他们健在，可以说是一个失误。顺便在此建议，《全书》第一版中所有立条的有生年、无卒年的现代人物，如果第二版中仍拟立条，务必一一调查是否健在，如已过世，须写明去世的年、月、日，避免上述情况发生。《戏剧》卷概观性文章提到的戏剧家人名与条目的人名不统一，见表 3。

表3 《戏剧》卷戏剧家人名不统一

序号	概观性文章提到的	人物本条给出的
1	H. 劳森	J.H. 劳森
2	阿里斯多芬	阿里斯托芬
3	耶苏	耶稣（《宗教》卷）
4	A. 斯特林堡	J.A. 斯特林堡
5	E. 尤奈斯库	E. 尤内斯库
6	傅锋	傅铎

说明：一、为便于对照，人物本条的姓名的缩写不采取工具书检索形式，而采取通常表达形式，即不采取“劳森，J.H.”形式，而采取“J.H. 劳森”形式。二、表列6人，有三点不妥。a）外国人名缩写首字母的选取不当。J.H. 劳森的全名为 John Howard Lawson，其中“Lawson”是姓，用汉字音译；前面的“John Howard”是名，按照《〈中国大百科全书〉成书编辑体例》27-1 的规定：“由姓和名构成的外国人名……在其他条目释文中第一次出现时，在姓的汉译前冠以名的外文缩写字母，并用下圆点隔开。”通常，John 和 Howard 的首字母“J.H.”都要写出。如果省略，可以省去“H”，不能省去“J”。例如美国历史上有两位总统都姓“罗斯福”。一位是 Theodore Roosevelt，第 26 任总统；另一位是 Franklin Delano Roosevelt，第 32 任总统。提到罗斯福总统时，为了区别，对于前者写作“T. 罗斯福”；对于后者，既可以写作“F.D. 罗斯福”，也可写作“F. 罗斯福”，但不能写作“D. 罗斯福”。表 3 中，概观性文章的 H. 劳森，应作 J.H. 劳森；A. 斯特林堡，应作 J.A. 斯特林堡。b）表 3 序号 2、3、5 译名不统一。“阿里斯托芬”这一译名，中国自 20 世纪 50 年代初期纪念这位世界文化名人以后，就肯定下来，似不必另创新译名。“耶稣”为《圣经》汉文本的定译，基督教徒和非基督徒都采用，《马克思恩格斯全集》也用这个译名，无须另起炉灶。“E. 尤奈斯库”应以人物本条的译名“E. 尤内斯库”为准。

c）“傅锋”显然是“傅铎”之误。

《戏剧》卷概观性文章中上述欠妥之处，我是在审读《简明版》的“戏剧”条过程中发现的，因为《简明版》的戏剧条目是这篇文章的节录。节录工作不理想，说明编辑工作有点马虎，不但将原来文章中上述差错全部承袭下来，而且把原来文章中正确的东西弄错了。见表4。

表4 《简明版》的“戏剧”条稿中新增的差错

序号	《简明版》“戏剧”条稿	《戏剧》卷概观性文章
1	高乃依（1604~1684）	高乃依（1606~1684）
2	克勒斯特（1777~1883）	克勒斯特（1777~1811）
3	皮兰德娄（1876~1936）	皮兰德娄（1867~1936）
4	果戈里	果戈理

“戏剧”这个条目是经过编辑之手的，但没有发现问题。这可能因为《戏剧》卷是已经出版的书，作者又有名声，有一种盲目信任的观念，做编辑工作又缺乏遇事查核的习惯，以致错误的东西就从眼皮底下溜过去。如果看稿时想一想，疑一疑，查一查，情况也许会好得多。例如，原稿中的克勒斯特竟活了100多岁，走走脑子就会生疑，由疑而查，错误也许会得到纠正。

“戏剧”这个条目不过七八千字，够得上“错”的在10处以上，大大超过新闻出版署对一般出版物的差错不得超过万分之一的要求。但愿这是孤例！《探讨》1994年第5期刊登秦晖教授的《关于〈文物·博物馆〉等卷的问题》一文，梅益总编辑批示说：

> ……让编辑部的同志考虑一下，为什么大百科会出现一些别人一翻阅就看出而我们却未能发现的错误，这些错误实在伤害大百科的声誉。

这一批示对我们每个编辑人员都很有教育意义。就个人平常翻翻《全书》一版若干学科卷所得到的印象，书中的错误绝不止于秦教授指出的这些。

《全书》二版正在策划，下一步编写必然要利用一版的资料，《中国大百科全书（简明版）》也是以一版为基础编写的。为了避免把一版的错误“承袭”下来，建议社领导拨出一笔专款，作为“收购”纠错的意见之用，并指定专人汇总这些意见（如工作量不大，可以由一人兼管这项工作）。纠错的意见必须经过鉴定，证明是对的，才能付给报酬。不能让错误的意见、片面的意见来纠正正确的内容和经过全面权衡的内容，不能让一家之说来纠正另一种一家之说，也不能让错误的意见来纠正错误的内容。

（原载《探讨》1995 年第 3 期）

《中国历史》卷“陶行知”条几点商榷

陶行知（1891 ～ 1946）是现代教育家，民主革命家。偶读《中国大百科全书・中国历史》卷“陶行知”条（第 1133 页），对其中关于陶氏生平事实有几个疑点，谨提出商榷。

一、陶氏家庭出身。《中国历史》（以下简称“《史》”）卷说：陶行知“出生于一个依靠教书谋生的清寒之家”。而据《中国各民主党派史人物传》第三卷（华夏出版社 1991 年版）所载的《陶行知传》（全文约 6 万字，以下简称“华夏版《陶传》”）说：“陶行知的父亲陶位朝，为人笃实，曾任休宁县万安镇册书（掌管田赋契约），并在万安街经营祖上传下的亨达官酱园。于 1902 年解职回 [歙县] 黄潭源村，靠种瓜种菜和打柴到县城出售维持全家生计。”言之凿凿。《中国现代社会科学家传略》（山西人民出版社 1982 年版）第二辑所刊的《陶行知传略》也说陶父在休宁县万安镇经营酱园店，后倒闭，回乡务农。可知,《史》卷所说“依靠教书谋生”一语，未必可靠。

二、回国年份和早期职务。《史》卷陶条说：“1916 年回国后，任南京高等师范学校教务长、东南大学教育系主任。”回国年份和回国初期的职务名称都值得商榷。《中国大百科全书・教育》卷“陶行知”条说：“1917 年获得该校（指哥伦比亚大学）都市学务总监学位，秋季回国。先后任南京高等师范学校、东南大学教授、教务主任、教育科主任……”华夏版《陶传》说得较为详细：1917 年 8 月，陶行知完成在美国的学业，获得都市学务总监资格文凭，应聘回国任教。……历任南京高等师范学校教授、教育科主任、教务助理、代理教务主任等职……

1921年，学校改组，成立东南大学，陶行知续任教授兼教育科主任，直到1923年离职（第6页）。山西人民版《陶传》说：1917年夏，获得哥伦比亚大学授予的政治学硕士和教育文监两个学位。1917年秋季，陶行知应南京高等师范学校之聘，历任教授、教育科主任和教务主任等职。可见，《史》卷陶条中的回国年份——1916年，未必可靠，应为1917年。《史》卷把陶氏的职务“教务主任”改为“教务长”，把“教育科主任”改为“教育系主任”，似乎也不恰当。历史研究者应重视典章制度，当时叫什么，就要写什么。

三、中华教育改进社等组织的成立年份。《史》卷陶条说：“1920年参与组织中华教育改进社、中华平民教育促进会……”这句话涉及两个组织的成立年份问题。《教育》卷“中国教育改进社”条说：“1921年冬季成立，由实际教育调查社、新教育共进社、新教育编辑社合并而成。”同卷“平民教育运动”条说：“1923年6月，陶行知、朱其慧等发起组织南京平民教育促进会，同年8月在北京清华学校召开第一次全国平民教育大会，成立中华平民教育促进会总会……”华夏版《陶传》说：“1921年底，新教育共进社、新教育杂志社和实际教育调查社三个教育社团，合并改组为中华教育改进社。陶行知参与了改组筹备工作，并于1922年2月被聘为该社主任干事。1923年8月，他辞去东南大学教职，专任改进社主任干事……”“1923年6月，陶行知参观晏阳初在浙江嘉兴创办的平民教育学校，大受启发。于是他与朱其慧、晏阳初等人在上海发起中华平民教育促进会筹备会。8月，中华平民教育促进会总会在北京正式成立……”

由此可见，中华教育改进社成立于1921年底，中华平民教育促进会成立于1923年8月，《史》卷陶条说：“1920年参与组织中华教育促进会、中华平民教育促进会”，是失实的。

笔者还查阅了《中国教育名人传略》（辽宁大学出版社1985年版）中的“陶行知”一篇。文中也提到上述二、三两项内容，年代、职务之误，与《史》卷陶条同出一辙。有可能，《史》卷陶条是以该书为依据写的，而未同其他资料互勘。《中国教育名人传略》一书说，陶氏“幼年家贫”“父亲亲自教儿子识字读书”。《史》卷陶条中的“依靠教书谋生的清寒之家”有可能是从上面的话推论出来的，似乎大胆了。我想《史》卷陶条撰稿人如果参考一下《教育》卷陶条以及有关条目，是可以避免一些错误的。《教育》卷在 1985 年就已经出版了，而《中国历史》卷则是 1992 年出版的。

《中国历史》卷是编得不错的。如果我提的意见能够成立，也只是白璧微瑕；如果我说得不对，请百科同仁指正。

这篇文章写于 1993 年，当时未及查阅《陶行知全集》。《全集》第 9 卷（四川教育出版社 1991 年版）所载《陶行知年表》，关于上述三个问题有下述记载：

一、“1891 年。10 月 18 日，诞生于安徽省歙县西乡潭源村。……父，陶位朝……原在休宁县万安镇经营族产酱园，后族人主张停业分款，卖给他人，便在万安镇任‘册书’（管田赋契约），收入可供家用。”

二、“1917 年。……8 月离美回国。”“1918 年。3 月，南京高师原教务主任郭秉文代理校长后，陶行知代理教务主任。”“1919 年。10 月 4 日，任南京高师教务主任。”“1922 年。12 月 6 日，南京高等师范并入东南大学。任东南大学教授、教育科主任和教育系主任。”

三、“1921 年。11 月 19 日至 26 日，新教育共进社、《新教育》杂志社、实际教育调查社决定合并为中华教育改进社。”“1923 年。8 月 22 日，参加中华平民教育促进会筹备大会，被推为大会主席……”“8 月 26 日，中华平民教育促进会总会正式成立。”

1997 年 11 月 3 日注

（原载《探讨》1997 年第 6 期）

“建业”和“建康”
——《中国历史》卷一个古地名引出的问题

《中国大百科全书·中国历史》卷“魏晋南北朝都城”条释文说：

> **建康** 今南京。东汉末，211年孙权自京城（今江苏镇江）迁治秣陵，次年改为建业。除211年至229年，265年至267年初两度徙都武昌（今湖北鄂城）外，建业始终是孙吴政权的首都，直至280年为西晋所灭。西晋末因避愍帝司马邺讳，改名建康。（第1210页）

可疑之处是，211年刚“迁治秣陵”，还没有改名，怎么同年（211）又“徙都武昌”呢？带着问题读下去，同条说：

> 武昌（今湖北鄂城），三国孙吴自221年自建业迁都于鄂，改名武昌。229年还都建业，以此为留都。265年迁武昌，267年还都建业，都此凡十一年。（第1210页）

翦伯赞主编的《中外历史年表》（中华书局1980年版）中公元221年有“孙权徙都鄂，改名武昌”的记载。由此可知，上述“除211年至229年，265年至267年初两度徙都武昌”中的“211年”应为“221年”。这样才能同下文“都此凡十一年”吻合。

再读下去，同条说：

> ……三国孙吴政权曾两次迁都武昌，然离东吴政权的根据地三吴地区过远，最后在江东世族地主的舆论“宁饮建业水，不食武昌鱼；宁还建康死，不止武昌居”的压力下，还都建康。（第1211页）

这个说法，同本条前一部分的记述有矛盾。上面两次说是“还都建业”，怎么变成了“还都建康”？

再者，上文说“西晋末因避愍帝司马邺讳，改名建康”，司马邺何时当皇帝的呢？有关资料都说他在位年是313～317年，改名“建康”当在313年。《中国历史文化名城词典》（上海辞书出版社1985年版）“南京”条，对南京的古名“秣陵→建业→建邺→建康”作了这样的介绍：

汉建安十六年（公元211年），孙权从京口（今镇江）迁治秣陵，第二年改秣陵为建业，并筑石头城。……西晋统一后，太康三年（公元282年）改建业为建邺。建兴元年（公元313年），为避司马邺之讳，改建邺为“建康”。（第169页）

由此可见，改名建康在313年。孙吴第二次从武昌还都在267年，也就是在“建康”这个名称出现以前46年。因此“还都建康”应作“还都建业”。另外，上引的《中国历史文化名城词典》“南京”条中有“孙权从京口（今镇江）迁治秣陵”一语中，“京口”应作“京城”。

莎士比亚有一部历史剧《尤里乌斯·凯撒》里面出现了后世才有的时钟。凯撒是公元前1世纪人，而机械钟的出现是14世纪的事情。《不列颠百科全书》“anachronism（时代错误）”条释文中把上述莎翁之误作为例子。“还都建康”也是把后世发生的事情归之于前代，虽然时间的距离不像莎翁之误那样长，也该属于“时代错误”。

对于《中国历史》卷上述条目的释文“还都建康”既经证实是错的，把它改为“还都建业”就是了，可是还有一个难以处理的问题就是释文有引文：“宁饮建业水，不食武昌鱼；宁还建康死，不止武昌居。”

引文中有“宁还建康死”，其中的“建康”就不能随便改动了。如果这是手稿，单引头两句“宁饮建业水，不食武昌鱼”已可说明问题，不妨将后两句删去，以避免矛盾。可是现在通读的是准备重印的已经出版的书，删去十个字，就短了一行，要补上去又不容易。这就得查核引文是否有误。

抱着试试看的心情，查了《三国志》，居然在《吴志·陆凯传》里翻到了。四句五言诗出于陆凯请求还都建业的《疏》里：“童谣言：‘宁饮建业水，不食武昌鱼；宁还建业死，不止武昌居。’”（见《三国志》，中华书局点校本第 1401 页）。原来，引文也有误，“建康”应作“建业”。

《毛主席诗词》中的《水调歌头·游泳》的头两句“才饮长沙水，又食武昌鱼”，就是用这个典故融化出来的。

（原载《探讨》1996 年第 6 期）

用照片，还是用画像?

建筑师、中山陵设计者吕彦直（1894～1929）是《中国大百科全书·建筑》卷的条目，条目配有他的照片图。据组稿编辑说，该图是从北京图书馆珍藏的一本20世纪30年代杂志上复制下来的。有人主张到北图用照相机翻拍一帧制版，有人主张重新画一幅画像。立条人物的像用照片，还是用画像？便成为问题。

我个人以为，《中国大百科全书》（以下简称《全书》）立条人物，如果是生活在19世纪中叶照相术发明之后的，他们的像宜用照片；在此以前的人物，只能用画像。

照相机摄制的人像能显现其真，拍得好的还能显示出“神”。画家绘制人物画像首先追求神似，并赋以作者个人的想象，并不严格要求形似，因画像往往难以画得形似。百科全书求真，因此，各国百科全书对于19世纪中叶以后的人物插图，凡是有照片传世的，都用照片，而不用绘画。《中国大百科全书·天文学》出版后，英国李约瑟博士在《自然》杂志发表评论文章，对于纯粹根据想象为张衡、祖冲之、一行和郭守敬画像的做法，表示“不敢苟同”，对古人尚且如此，对近现代人物似乎更无必要画像了。

对于照相术发明以前的人物画像，《全书》最好取传主同时代画家或者同传主时代较近的画家的作品，优先入选名家名作。中国汉至隋的帝王像，不妨取唐初大画家阎立本所作饮誉千载的历代帝王画像。《中国文学》卷中的屈原像，采用了举世推重明末画家陈洪绶的《屈子行吟图》。《戏曲·曲艺》卷中的关汉卿像，采用现代画家李斛在20世纪

50 年代为纪念世界文化名人关汉卿戏剧创作七百年的作品。《天文学》卷彩图插页中的 I. 牛顿像，采用了英国国家肖像馆的藏画；伽利略像，采用了画家苏斯特曼的作品。这些都是值得称道的。不过，牛顿和伽利略作为力学家出现在《力学》卷彩图插页上的画像，较之于《天文学》卷上的，似为逊色。

《全书》已出版的《体育》《法学》《教育》三卷都有孔子条，都有头像，不过三幅图各不相同。《哲学》卷已经发排，是否用第四幅，不得而知。分卷立传的同一人物的画像，是不是用同样的（照片、画像都有这个问题）？值得商榷。

（原载《百科动态》1987 年第 7 期）

后 记

人活到一百岁实属难得。[1]

正是我百龄初度，中国大百科全书出版社为我出版《百科全书编纂纵横》，列入《百科学术文库》，尤其难得！

依照个人惯例，每逢有拙著出版之时，总是写个后记，述说写作的经过，对读者有个交代，这本书也是如此。身处变革时代，社会的变动，往往关涉到成员，因而我也要说点个人是如何与百科结缘的。

我进中国大百科全书出版社工作的经过，说来也是一段巧遇。那时，“四人帮”已经打倒，人事调动比较机动。我因为“文革”前的工作单位“北京编译社”被撤销，要自己找事做。那时我正应商务印书馆邀请，为之翻译《神话辞典》一书，我就一面译书，一面视机而动。译《神话辞典》需要查考许多资料，北京图书馆（在北海）成为我常去之地。1979 年初夏，我在那里邂逅了多年未见的老友金常政先生，他是

[1] 我生于民国辛酉年十月初四（公历1921年11月3日），按传统的虚岁计算，共和国第二个庚子年（公历2020年1月25日）的到来，我就是一百岁了。这种年龄算法，我一直用到1949年，后来为了表示年轻些，才用周岁。年老了，倚老卖老，常常也用虚岁。史书上似乎都用虚岁，例如宋代历史学家司马光生于北宋天禧三年（1019年），卒于元祐元年（1086年）。《宋史·司马光传》说他“元祐元年 …… 九月薨，年六十八”。这个“六十八”，就是按虚岁算的。

我在北京编译社老同事张曼真女士的夫君。言谈中得知，他们夫妇都已进入中国大百科全书出版社工作，金常政担任《中国大百科全书》首卷《天文学》卷的责任编辑，张曼真任翻译室负责人，俱为中坚干部。我就委托他们夫妇联名代为推荐，向大百科求职。金常政说，大百科出版社爱才，你一定会受到欢迎的。过了几天，中国大百科全书出版社当时负责罗致人才工作的副总编辑阎明复先生（后出任中共中央书记处书记兼统战部长）约见。他已从推荐者金常政、张曼真那里知道，我是译书数百万言的翻译名家，曾担任苏联科学院主编的皇皇巨著《世界通史》的主要定稿译者及参加过《苏联百科辞典》的翻译工作，并且对现代汉语语法、修辞、逻辑有很深的造诣。阎明复在我们见面结束时就明确表示："希望黄鸿森同志立即参加我们的百科事业，其他单位就不要再去联系了。"一锤定音！自此我就同百科结下了不解之缘，直到如今。

如果从法国狄德罗主编的《百科全书，或科学、艺术与手工艺大词典》1751 ～ 1772 年出版算起，到 20 世纪末叶已有 200 多年。百年来，中国的知识精英希望编出中国自己的百科全书，多番努力均未成功，做了百年百科梦。大翻译家、中央编译局副局长姜椿芳先生有志于此久矣，只是自身职责繁重，无力分身。"文革"中，他被无端投入秦城监狱七年。在狱中他苦思冥索，构想未来中国百科全书图景；出狱后他又继续探索研究，写成万言书《关于编辑出版〈中国大百科全书〉的建议》，在中国社会科学院内部刊物《情况和建议》1978 年 1 月出版的第 2 期上发表了，国家出版事业管理局的《出版工作》也做了刊载，引起了广泛反响。当时在中共中央主持意识形态工作的胡乔木先生即通过国家出版事业管理局委托姜椿芳为国家出版事业管理局、中国科学院、中国社会科学院起草了联名向中共中央宣传部转报中央的《关于编辑出版〈中国大百科全书〉的请示报告》。三个单位经磋商确定的总编辑委员会由胡乔木任主任，周培源、严济慈、陈翰笙、于光远、周扬任副主任，总编辑部由姜椿芳、朱语今、曾彦修等主持筹备工作，也写进了报告。1978 年 5 月下旬，中共中央批准了这个报告。1978 年 11 月 18 日，国务院为此发布了文件，中国百科全书事业的进军号角正式吹响了！中国大百科全书出版社成立，姜椿芳被任命为总编辑。

我于 1979 年 7 月到中国大百科全书出版社报到，作为一个百科全书编辑直接上了前线。当时，《中国大百科全书》是分学科（或知识门类）编纂的，《天文学》被选为首卷。这有三个原因，一是中国古代的类书总把“天学”放在第一位；二是《天文学》研究的对象可以少些意识形态上的瓜葛；三是“文革”后中国天文学会率先开始组织活动。

出版社当时定下的学科卷编辑流程是：

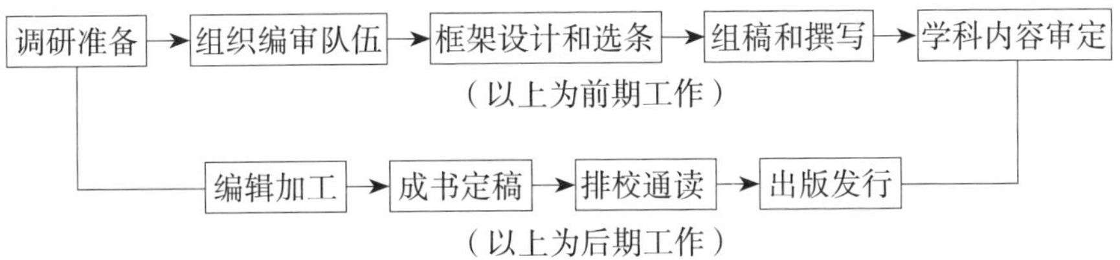

前期工作主要依靠专家学者，以保证百科全书内容的权威性，编辑部向他们宣讲体例和条目撰写要求。后期工作是编辑部梳理加工文稿，使之符合百科全书这种出版物的形态体例。

我到中国大百科全书出版社报到时，《中国大百科全书·天文学》卷的编辑进度正在由前期转入后期，编辑部的编辑加工重头戏开始了。

总编辑姜椿芳先生和副总编辑阎明复先生采取一项重大举措，为《天文学》卷组建了颇具规模且分工明确、搭配得当的编辑班子。一方面，从天文学界聘请了七位有职称的天文学家担任特约编辑（专业编辑），他们是：马星垣、任江平、杨建、宣焕灿、翁士达、阎林山、薄树人；另一方面，从出版社内抽出七位通晓外语的资深编辑担任（文字）编辑，他们是：黄鸿森、王伯恭、朱文浦、邓伟志、李钦、吕千飞、黄锡桥；安排两位责任编辑作为前线总指挥统筹其事：一位是百科全书专家金常政先生，另一位是天文学家林盛然先生；内定副总编辑、物理学家周志成先生坐镇大编辑组总其大成。参加编辑工作的还有特约图片编辑、天文学家李元先生，装帧设计专家张慈中先生，还配备了资料核对、名词统一的辅佐编辑。出版社在北京三教寺树有西方学者利玛窦墓碑的大楼里借了半片楼宇作为百科全书编辑工作场地。

工作实际是从最基础的分支学科编辑加工开始的。天文学有 12 个分支学科，划成 6 个编辑小组，每个小组配置专业编辑（外聘的天文学家）、文字编辑（社内资深编辑）各一人，辅佐编辑一人，每个小组负责两个分支学科的编辑加工任务。当时同我合作的是南京大学天文系教师宣焕灿先生。他从学科角度保证内容正确，我从百科角度做到体例要求。相互切磋琢磨，融洽无间，别后保持友谊多年，经常互赠著译。《天文学》卷的文稿经过三个多月昼夜奋战，群体修改加工，取得了出书又出人的成果。出书，初稿已经加工成为初具百科全书形态的“征求意见稿”，印行数百册，征求各方意见，然后进入成书定稿流程；出人，从这支队伍中培养出四位副总编辑，五位编审，充实了出版社的领导力量和高端百科全书编纂力量。

我作为文字编辑，在完成分支学科编辑后，又参加了“成书定稿”和最后“排校通读”编辑班子，深感任务萦繁，责任重大。约略估计，这期间我个人有一年多时间过着无周末、无假日，宵衣旰食，为《天文学》卷稿件和成书铅单涂抹、只有编辑工作的日子，直到 1980 年 12 月《天文学》卷进入“出版发行”流程。

这段时间，我先后奋战四地：北京三教寺树有利玛窦墓碑的大楼，北京外馆东街中国大百科全书出版社，上海新华书店倘促简陋的招待所，安徽胡适故乡绩溪县山沟里的海峰印刷厂厂房。我觉得百科大业同利玛窦、胡适两位文化巨子多少沾点边，有幸且有趣，不妨聊记一笔。

什么力量驱动自己这么干？主观原因有三：

一是出版《中国大百科全书》是一项宏伟大业，也是几代知识精英心怀已久的梦想。天赐良缘，我能参与，乃三生有幸，可学殖疏浅，只好将勤补拙，当个拼命三郎。二是蹉跎岁月，空耗十年，很想补点回来，别无良策，唯有诉诸“三更灯火”。三是年近花甲，所幸贱躯犹健，思维差强人意，“人生能有几回搏”，此番值得一搏，老牛也就着力奋蹄了。

《天文学》卷高质量问世！北京大学数理逻辑教授吴允曾先生一度对中国能否编好百科全书心存疑虑，《天文学》卷问世后，他查阅了此书 100 页，约 20 多万字，没有发现错别字，没有发现语法、修辞的瑕疵，也没有发现科学内容上的差池，对书的质量深表认可。这是我社《数学》卷责任编辑戴中器先生在一次学术会议上亲自听到吴先生所言。《天文学》卷能够高质完成并获得高度评价应归功于张钰哲院士为首的学科团队和姜椿芳先生为首的编纂群体的专业素养和辛勤付出。

百科全书的学术研究是和百科全书的编纂工作同时起步的。姜椿芳先生的《关于编辑出版〈中国大百科全书〉的建议》就是中国研究世界百科全书的开山之作。在大百科全书出版社，姜椿芳总编辑和阎明复副总编辑多次号召百科同仁在编好百科全书的同时，如果行有余力，要作百科研究，评论国内外百科全书，总结丰富的实践经验，交流编纂的心得体会。为此，社里办了内刊《探讨》（1980 年 5 月创刊），作为百科同仁的学术交流园地，同时鼓励研究文章发表在《百科知识》（1979 年创刊）和其他报刊。

1980 年 12 月《中国大百科全书》首卷《天文学》问世，姜椿芳总编辑特地在上海《辞书研究》1980 年第 4 辑上，编了“大百科全书专辑”，刊出四篇研究论文：

姜椿芳：《中国第一部百科全书》

于光远：《编好百科全书的几个问题》

金常政：《百科全书三题》

黄鸿森：《定义和定性叙述》

还刊出四篇《中国大百科全书》试写条目：

杨宪益：《荷马》

钱仲联:《韩愈》

季羡林:《罗摩衍那》

任江平:《地球自转》

写到这里，我要说说姜椿芳先生对我的培养和鼓励。在社里创办内刊《探讨》作为同仁交流的园地时，我积极响应姜椿芳先生和阎明复先生的号召，在编好百科全书的同时，开始撰写关于评介中外百科全书、百科全书编纂理论和实践研究的文章。

在百科全书编纂中，写好定义至关重要。我就写了一篇《定义和定性叙述》的文章介绍逻辑学定义规则；用实例讨论了四个不够理想的定义：出场较晚、离开实际、用语矛盾、未写定义；阐释了中国百科应用的“定性叙述”。这篇文章发表于内刊《探讨》，不期为姜椿芳先生认为有可取之处，立即推荐给权威刊物《辞书研究》，并列为上述“四篇论文”之一。姜椿芳先生、于光远先生是全国名流，金常政先生在百科全书研究上已崭露头角，我还是百科研究新人，居然同他们一起也刊出一篇，这是姜椿芳先生对我的提携和鼓励。其实，拙文只不过要求下定义要符合逻辑学的规定，避免脱离事物、数据相左等疏失。我很感谢姜椿芳先生培养和鼓励我走进百科全书编纂理论研究领域，在这方面，我是从写这篇文章开始的。

《天文学》卷完成后，我给自己选了一个研究课题：“百科全书的条目标题”。在百科全书编纂中，我看到一些条目标题，由于有的专家没有编过见过百科全书，不知道条目如何命题，出现了失妥现象。举几个例子：

（1）《凯因斯以前的庸俗经济学家关于世界经济学说》

（2）《单行浮动汇率与联合浮动汇率》

（3）《适应学生个性特点因材施教》

（4）《从固体废物中回收能源》

（5）《技术标准、卫生检疫规定、包装和标签对进口的限制》

上述例（1）是论文的标题或书名；例（2）可简化为“浮动利率”；例（3）可简化为“因材施教”，“因材”本身就有“适应学生个性特点”的含义；例（4）则是非名词结构不能作为条目标题且不具备检索性；例（5）则是用外贸中一些细节凑成的，可谓杂乱无章。于是我就萌生了整理的念头。

如何整理？首先是调查研究。我调查了《不列颠百科全书》第15版简编A部和《苏联大百科全书》第2版Л部各500条连续条目标题，经过逐个考察，发现它们主要只收“学术名词”和“专名”。我归纳出条目题要具有名词性、检索性、简明性、概括性、单义性。“学术名词”和“专名”的词性都是名词，故放在第一位。我对上述两家百科全书条目组成作了统计，结果如下：

《不列颠百科全书》第15版简编
条目组成统计

词数	一个词	二个词	三个词	四个词	五个以上	合计
条数	291	159	33	8	9	500
%	58.2	31.8	6.6	1.6	1.8	100

《苏联大百科全书》第二版
条目组成统计

词数	一个词	二个词	三个词	四个词	五个以上	合计
条数	294	162	34	6	4	500
%	58.8	32.4	6.8	1.2	0.8	100

从上表可以看出，这两家百科全书的条头组成非常接近，一个词的各占近60%，两个词的各占30%强，两者合起来各占90%左右，可以说是很简明的，即使把这些条目译成中文，一般也不会超过10个字。《不列颠百科全书》500条中译成中文最长的之一是一个印度哲学用语：《难以想象的区别和没有区别》，《苏联大百科全书》500条中译成中

文最长的是一个专名：《阿尔汉格尔斯克古比雪夫林业学院》，都是无法压缩的。我把这两家百科全书的条目组成统计列表放在“简明性”论述，作为我们百科全书的参照系。

我的这篇文章先在 1981 年 9 月出版的内刊《探讨》发表，颇受注意。《中国大百科全书・军事》卷编辑部内刊即予转载。此文后在《辞书研究》1986 年第 3 期刊出。杨祖希、徐庆凯主编的《辞书学辞典》（1992 年）将拙文《百科全书的条目标题》简化为小条目“条头设计”收入该书。他们用了我文章中的几个实例，如：“单独浮动汇率与联合浮动汇率”，即不如概括为“浮动汇率”；“从固体废物中回收能源”“重证据，不轻信口供”等不宜作为条头。还说，“有人对《不列颠百科全书》第 15 版和《苏联百科全书》第二版进行抽样调查，发现其条头中有一个词的都占近 60%，只有两个词的都占 30% 强。”可见这次条目组成的统计是很有意义的。这篇关于百科全书条目标题问题的文章使《中国大百科全书》的条目标题得到厘清。

作为百科全书编辑，上述工作也是我的职务之作。我当百科全书编辑多年（包括离休后返聘），编书之外的职务之作有三个方面：

第一方面是撰写百科全书的评介文章。我是从自己参加编纂的《中国大百科全书》的学科卷开始的。我先后参与过的《天文学》《环境科学》《矿冶》《力学》《建筑・园林・城市规划》诸卷的编纂，在这些学科卷出版之后我都为之撰写评介文章，投寄报刊登载。这些学科卷都是各个学科泰斗级人物主持编纂，学术精英参与撰写，在中国出版史上尚无先例，它们既是《中国大百科全书》的组成部分，又是中国前所未有的大型工具书，我作为编辑人员，有义务也有责任向社会向读者郑重推荐。

环境问题，已成为全球性问题。发达国家率先进行研究，提出防治措施，中国虽然起步较晚，但已在急起直追。1983 年政府提出“环境保护是我国一项基本国策”，中国大百科全书出版社同年出版了《中国大百科全书•环境科学》卷，这是一部面对现实问题的140万字大型工具书。为介绍此书出版，我写了《环境保护是我国一项基本国策——介绍〈中国大百科全书•环境科学〉卷》，因为事关环境保护这一重大问题，《人民日报》即予刊出。此文报导《环境科学》卷全面传布环境问题的知识，指出环境污染无处不在，必须大力防治。《环境科学》卷的出版，通过党中央机关报的宣传，影响广泛。此书问世后，受到社会的普遍关注。万里副总理看到后，认为编纂不易，是百科全书对中国建设事业的一大贡献。

第二方面是研究百科全书的编纂问题。我在编辑实践中发现，百科全书编纂中有不少值得探讨的课题。上面提到的定义和定性叙述问题，条目标题问题都是大有文章可做，我只是浅尝辄止。后来我研究了百科全书的参见系统，百科全书的条目交叉关系，百科全书的检索系统，百科全书条目释文的简化，百科全书对多种历法纪年的应用，百科全书附录大事年表的编撰，百科全书诸学科卷异卷重条问题等等，撰成研究文章，大多投寄上海《辞书研究》期刊发表。至于百科全书编纂中的平衡问题，从制定框架、安排分支、选择条目、规定篇幅，直至撰写释文，从宏观到微观都要斟酌的事项，可惜没有写成文章，引为一大遗憾。

其实撰写百科全书评介文章和研究百科全书编纂问题两者是相互关联的。写评介文章必须认真地、细致地以至重点地阅读原作，发现和归纳原作值得称道之处和存在的不足之处，无论是前者还是后者都是研究编纂的珍贵素材。我自知理论水平有限，不敢擅谈主义。因为是从事基层编辑工作的，我喜欢研究经常遇到的问题，写东西又宗奉“举例以明之”的古训，用实例说明问题，也从实例归纳观点。因此，我把撰写评介百科全书的文章看作百科全书编纂理论研究的重要资源。

第三方面是编辑百科全书过程中随手写下的点滴体会。归纳一下，称之为“读稿拾零”。

我撰写的关于百科全书评介、研究以及随笔类的文章，先后编成二本文集出版。它们是：一、《百科全书编纂求索》（中国大百科全书出版社，1994 年）；二、《回顾和前瞻 —— 百科全书编纂思考》（西藏人民出版社，2008 年）；三、《当代辞书过眼录》（商务印书馆，2013 年，因为内容包含语文辞书和专业辞书，故书名用宽泛的“辞书”）。

拙文在结集前，大多曾在报刊登载，应该向这些提供宝贵篇幅的出版刊物敬致谢忱。主要有：

一、《探讨》，中国大百科全书出版社内部刊物。该刊是我在百科全书编纂研究领域发表文章最早的（1980 年 5 月创刊号），也是发表文章最多的园地。我在该刊一共发表了多少篇文章，未作统计。仅就我的文集《回顾和前瞻 —— 百科全书编纂思考》而言，共收集的 62 篇文章中，就有 36 篇先在《探讨》刊出过。这些研究文章大多是为《中国大百科全书》第二版规划设计而写的，当时也不便公开发表。我很感谢《探讨》早期编者杨小凯先生、后期编者楼遂女士，他们对我这个投稿者的热情帮助和支持，感人至深，难以忘怀。

二、《辞书研究》，上海辞书出版社出版，中国辞书学会会刊，“中国人文社会科学期刊 AMI 综合评价”A 刊收录期刊。前面说过，姜椿芳先生 1980 年推荐拙文《定义和定性叙述》在该刊发表，是对我的鼓励和培养。我向《辞书研究》投寄第三篇文章《〈神话辞典〉及其翻译》时，该刊主编、作家耿庸先生即寄来“特约撰稿人”聘书，每期赠刊至今。2015 年我将 1979 ～ 2015 年，共 37 年珍藏的《辞书研究》全套共 210 册这一宝贵文献资料捐赠给中国大百科全书出版社图书馆，出版社派总编室任其昕主任来家里接收，摄影留念。

《辞书研究》2014 年第 5 期刊登的刘艳春、谢熠、冯晨合写的《试论我国当代的辞书研究 —— 基于〈辞书研究〉4603 篇文章的统计和分析》文中特别载有“《辞书研究》核心作者群”，列出 24 人名单和发文数，我有幸入选，其实我的发文数并不很多，仅 18 篇而已。《辞书研究》1995 年第 4 期发表黄燕君先生的书评《一份不可多得的百科全

书编纂研究文献 —— 介绍〈百科全书编纂求索〉》，对拙著《求索》赞誉有加，深感惶愧。

三、《编辑之友》双月刊，山西人民出版社出版。我在该刊辟一专栏，名曰《百科全书读稿拾零》，从1988年第5期起至1991年第3期，持续近3年，共发表随笔23篇，有的是一期一篇，有的是一期多篇，是拙作首次连载。在编辑类期刊还不多的1980年代后期，《编辑之友》能为我提供那么多宝贵篇幅，我一直心怀感谢之忱。

四、《中国出版》，国家新闻出版总署总管，中国新闻出版传媒集团主办。在该刊原名《出版工作》时，我就曾写过稿。易名后，我写过《姜椿芳和狄德罗》，他们都为本国主编了第一部百科全书，都曾经系狱，都是翻译家，都有戏剧著作。此文曾被转载多次。后来我又写了《〈新华大字典〉篆书失宜》，大概因为是辞书界首次讨论篆书问题，刊于头条，还加按语，倍加赞许。上文虽与本书内容无涉，但《中国出版》多年来对我研究工作的大力支持，感激在心。

“百科全书的编纂是一项实践性很强的规模巨大的系统工程”，《百科学术文库》主编杨牧之先生在《文库》总序中写到。编纂百科全书需要坚实的理论基础和不断完善提高的具体实践。改革开放四十多年来，中国现代百科事业从无到有，经过几代百科人的无私奉献和共同努力，编纂出版了第一版和第二版《中国大百科全书》，第三版网络版和纸质版的编纂工作也正在按计划实施；与此同时，在《中国大百科全书》的编纂过程中，中国百科人也总结创立了有中国特色的百科全书编纂理论并积累了丰富的实践经验。《百科学术文库》的推出，恰逢其时，不但为中国现代百科全书的编纂理论研究和实践经验做出系统性的总结，推动百科学、辞书学的学术研究发展，而且对百科全书的人才培养和编纂工作有着重要的实际指导意义。

编纂和研究百科全书、培育百科人才是我最钟爱的事业。作为中国第一代百科人，我非常有幸全程参与了《中国大百科全书》第一版和第二版的编纂出版，并且作了一些百科全书编纂理论的研究工作。在此，我深深感谢《百科学术文库》编委会杨牧之先生、刘国辉先生、刘晓东先生、刘杭先生、朱杰军先生将我的百科全书研究文集《百科全书编纂纵横》列入《文库》出版。特别感谢《文库》副主编朱杰军先生为此书出版所做的细致周到的工作和安排。一并感谢此书责任编辑张若楷先生和责任校对窦红娟女士的统筹编辑和细心审读。

在我百岁之年，能出此书甚感欣慰和满足。我从心底感谢我的妻子田玉洁女士、长子一黎、长媳曹莉琦多年来在我身边的悉心照顾和关爱，让我有精力安心愉快地研究和写作，完成此书。也感谢我的次子一庶、次媳龙洁和我的孙辈为凡、为中、为简、为涓对我的关爱和带给我的快乐。

黄鸿森

2020 年 2 月于北京芳古园，时年百岁